Jóvenes y migraciones

Norma Baca Tavira, Andrea Bautista León
y Ariel Mojica Madrigal
coords.

Biblioteca
Iberoamericana
de Pensamiento

Jóvenes y migraciones

Norma Baca Tavira, Andrea Bautista León
y Ariel Mojica Madrigal
coords.

Jóvenes y migraciones

Norma Baca Tavira, Andrea Bautista León y Ariel Mojica Madrigal (coords.)

Primera edición marzo de 2019, Ciudad de México, México

Derechos reservados para todas las ediciones en castellano.

D.R. © Editorial Gedisa, S.A.
    Avenida del Tibidabo, 12, 3º
    08022 Barcelona, España
    gedisa@gedisa.com
    www.gedisa.com

ISBN 978-84-17341-39-8
IBIC: JFFN

Libro de investigación arbitrado por pares ciegos

Impreso y hecho en México
Printed and made in Mexico

Queda prohibida la reproducción total o parcial por cualquier medio de impresión, en forma idéntica, extractada o modificada, en castellano o cualquier idioma.

CONTENIDO

Introducción 11

JÓVENES MIGRANTES EN CONTEXTOS DE MOVILIDAD

Hacerse joven en el contexto migrante y ser joven migrante: diferenciaciones y conexiones identificatorias 19
Olga Lorenia Urbalejo Castorena

México y los inmigrantes mexicanos. Cambios en la dinámica espacial de los mexicanos nacidos en Estados Unidos desde una perspectiva municipal 1990-2015 37
Diego Terán

Menores y jóvenes migrantes: la novedad que siempre ha estado presente 65
Oscar Ariel Mojica Madrigal

Jóvenes centroamericanos en México: estrategias y capital social migratorio 89
Alejandra Díaz de León

JÓVENES, ESCUELA Y TRAYECTORIAS

Trayectorias educativas de jóvenes en transición a la adultez en contextos binacionales: estudio comparativo-longitudinal 113
Enrique Martínez Curiel, José Manuel Ríos Ariza y Elba Rosa Gómez Barajas

Implicaciones de la migración internacional en la dinámica escolar del estudiantado de licenciatura de la UAEM 143
Norma Baca Tavira, Andrea Bautista León y Patricia Román Reyes

MIGRACIONES Y JUVENTUDES RURALES E INDÍGENAS

¿Y los que ya no se van? Cambio e imposibilidad de trayectorias migratorias de jóvenes rurales en el centro de México 163
Héctor Daniel Hernández Flores

Migración interna, apropiación del espacio y redefinición de las identidades de jóvenes indígenas en Tacubaya 195
Carlos Alberto González Zepeda y Adriana Paola Zentella Chávez

LAS JÓVENES MIGRANTES Y PROBLEMÁTICAS DE GÉNERO

Mitos personales de jóvenes mujeres mexicanas en *Puebla-York* y *Oaxacalifornia*: maternidad y migración irregular durante la era post-IRCA 223
Guillermo Yrizar Barbosa y Bertha Alicia Bermúdez Tapia

De la prótesis emocional a las relaciones líquidas. El uso de las TIC en la experiencia migratoria. Historia de una joven indocumentada en Italia 259
María del Socorro Castañeda Díaz

Autoras y autores 287

Introducción

La migración es un fenómeno transversal que involucra a todos los sectores de la sociedad, tanto en origen como en destino. También los jóvenes, voluntariamente o no, van y vienen, se desplazan, emigran, se mueven. La falta de oportunidades es probablemente su principal motivación para dejar el terruño y aventurarse en busca de mejores condiciones de vida, ya sea por iniciativa propia o acompañando a sus familias.

Los jóvenes migrantes son una categoría que vale la pena analizar con detenimiento, abarcando las diferentes facetas que ellos viven durante los diversos procesos migratorios que enfrentan en contextos disímiles que, sin embargo, tienen como punto en común la necesidad de encontrar un mejor modo de vivir.

De ahí el valor de la aportación de *Jóvenes y migraciones*, coordinado por Norma Baca Tavira, Andrea Bautista León y Ariel Mojica Madrigal, una obra en la que participan 15 investigadores de diez instituciones de educación superior y centros de investigación de México, España y Estados Unidos, y que pretende mostrar, en sus diez capítulos, la riqueza del tema como objeto de estudio, pero también se perfila como un trabajo realizado con la intención de poner los reflectores en el tema de la migración, justo en este momento histórico en que se hace necesario sensibilizar sobre ésta al mayor número posible de personas.

Así, Olga Lorenia Urbalejo Castorena abre con el capítulo "Hacerse joven en el contexto migrante y ser joven migrante: diferenciaciones y conexiones identificatorias", en el cual, a través de los testimonios de jóvenes ubicados en Tijuana, analiza a quienes llama "*nuevos* sujetos jóvenes y sus referencias", con la intención de ubicar cambios, ya sean en las configuraciones étnicas, como en la perspectiva de las juventudes en la ciudad fronteriza. De esta forma, explica cómo las y los jóvenes que crecieron en Tijuana, al interior de un medio que los asocia directamente con la migración familiar y sus procesos, con el paso del tiempo eligen los elementos de la experiencia étnica que conservarán y cuáles eliminarán para lograr ser más parecidos a los demás jóvenes urbanos.

Por su parte, Diego Terán, en su trabajo "México y los inmigrantes mexicanos. Cambios en la dinámica espacial de los mexicanos nacidos en Estados Unidos desde una perspectiva municipal 1990-2015", pone en la mesa la transformación histórica de la migración México-Estados Unidos y los cambios en el patrón migratorio, así como la diversificación de los perfiles, y la ampliación de los lugares tanto de origen como de destino. El investigador explica, con base en estos factores, la existencia de una cada vez mayor oleada de migrantes provenientes de Estados Unidos hacia México y subraya la tendencia que muestra la población extranjera en México que proviene de Estados Unidos, que en cuanto a volumen es muy similar a las que tuvo el retorno de mexicanos desde Estados Unidos en los últimos 25 años. Asimismo, enfatiza la gran presencia de inmigrantes que acompañan a sus familiares retornados a México, y especifica que el 87% de esa población tiene entre 5 y 29 años, y que son niños y jóvenes cuya presencia debería ser visibilizada y explorada desde una perspectiva espacial, a nivel municipal.

Oscar Ariel Mojica Madrigal, en "Menores y jóvenes migrantes: la novedad que siempre ha estado presente", profundiza en un tema complejo y cada vez más visible: el retorno por deportación. En su texto, hace referencia a las personas menores y jóvenes nacidas o criadas en Estados Unidos que regresan a México, específicamente a contextos rurales michoacanos, y enfatiza la necesidad de conocer los problemas que enfrentan en el nuevo entorno y el impacto que representan tales dificultades en el proceso de inserción. Asimismo, subraya la necesidad de entender que no todos los jóvenes migrantes son *dreamers* y que, por otra parte, no todos los *dreamers* tienen las mismas necesidades no obstante haya quienes se esfuerzan en hacer ver sus circunstancias como similares y pertenecientes a un mismo movimiento.

Alejandra Díaz de León, en "Jóvenes centroamericanos en México: estrategias y capital social migratorio", narra el tránsito por México de jóvenes migrantes hondureños de entre 16 y 29 años. En su trabajo, la investigadora busca dar respuesta a una cuestión específica: ¿cómo sustituyen los migrantes jóvenes la ayuda que sus redes sociales no les proporcionan? En este sentido, analiza el modo en que los jóvenes generan capital social migratorio durante su paso por territorio mexicano, donde enfrentan desventajas tales como estar separados de sus familias y ser víctimas de continuas amenazas institucionales y criminales. Para enriquecer su investigación, además, compara las experiencias migratorias en las fronteras sur y norte de México.

Los investigadores Enrique Martínez Curiel, José Manuel Ríos Ariza y Elba Rosa Gómez Barajas, en su capítulo "Trayectorias educativas de jóvenes en transición a la adultez en contextos binacionales: estudio comparativo-longitudinal", proponen un ejercicio para analizar los logros educativos obtenidos por jóvenes que residen en su lugar de origen, a partir de tres muestras: una de la zona rural, otra del medio urbano de Ameca, Jalisco, en el occidente de México y, la tercera muestra, integrada por jóvenes que viven en California, Estados Unidos, y que son tanto hijos de inmigrantes mexicanos, indocumentados o documentados que proceden de la zona de Ameca, Jalisco, México, así como ciudadanos estadunidenses. El estudio expuesto corresponde a una investigación basada en el principio de que la vida de un grupo de personas ya no puede ser entendida solamente contemplando lo que ocurre en los límites nacionales, sino que se requieren estudios comparativos internacionales. La investigación consiste en un seguimiento longitudinal que permite conocer hasta dónde han llegado los jóvenes de Ameca rural, Ameca urbana y California, para entender los factores de éxito o fracaso en su transición a la adultez, tomando en cuenta su contexto social, económico y cultural.

Otro de los capítulos relacionados con la educación de los jóvenes en contextos migratorios es "Implicaciones de la migración internacional en la dinámica escolar del estudiantado de licenciatura de la UAEM", a cargo de Norma Baca Tavira, Andrea Bautista León y Patricia Román Reyes, un trabajo que, además, aborda un asunto que ha sido poco tratado en la academia: jóvenes que cuentan con alguna experiencia migratoria y están dentro del sistema de educación superior en México. Las autoras señalan que, en la actualidad, poco se sabe acerca de las características demográficas de la población joven que en algún momento ha vivido en el extranjero y estudia en alguna universidad mexicana. De esta manera, con base en datos de la "Encuesta sobre Relaciones de género, salud reproductiva y la capacidad de decidir informadamente para aminorar la inseguridad biográfica del estudiantado de la Universidad Autónoma del Estado de México (UAEM)", que incluye un módulo sustantivo sobre migración internacional, las investigadoras pudieron llegar, por ejemplo, a conclusiones como la percepción que tienen esas personas jóvenes con experiencia migratoria, de ser discriminadas por el profesorado, compañeros, compañeras y por el personal administrativo, lo que representa un hallazgo significativo que nos pone de frente a la realidad de las personas retornadas, cuya inserción en la sociedad a la que vuelven resulta un asunto complicado.

En su capítulo "¿Y los que ya no se van? Cambio e imposibilidad de trayectorias migratorias de jóvenes rurales en el centro de México", Héctor Daniel Hernández Flores sostiene que actualmente la juventud rural dista mucho de ser homogénea. Asimismo, explica que a través de la práctica etnográfica es posible obtener datos para cuestionar la lógica de las dinámicas migratorias anteriores y además replantear las consecuencias para aquellos que ya no tienen la posibilidad de irse. El investigador plantea, además, que el incremento de la pluriactividad y de la movilidad regional evidencia cambios socioculturales que permiten la participación de los segmentos más jóvenes de las poblaciones rurales, lo que da origen a una transformación de los patrones migratorios.

Carlos Alberto González Zepeda y Adriana Paola Zentella Chávez en "Migración interna, apropiación del espacio y redefinición de las identidades de jóvenes indígenas en Tacubaya" hablan de cómo la migración de las juventudes indígenas y rurales que provienen de comunidades ubicadas en entidades cercanas a la Ciudad de México, trae como consecuencia un proceso de socialización en el que se ven inmersos jóvenes de diferentes culturas, regiones y lenguas que convergen en determinados lugares, como la plaza del Mercado Cartagena en el barrio de Tacubaya, en la Ciudad de México, donde varios grupos de jóvenes se encuentran, y llegan a identificarse y percibirse como iguales, al interactuar con y en el lugar. Así, la plaza se vuelve un punto de sociabilidad juvenil donde las personas migrantes indígenas del poniente de la Ciudad de México, re-significan sus identidades y experiencias juveniles, pertenencias diversas e híbridas que desdibujan lo rural, lo indígena y lo urbano.

En "Mitos personales de jóvenes mujeres mexicanas en Puebla-York y oaxacalifornia: maternidad y migración irregular durante la era post-IRCA", Guillermo Yrizar Barbosa y Bertha Alicia Bermúdez Tapia utilizan la teoría del "mito personal" de McAdams para exponer la historia de dos mujeres nacidas en el sur de México, madres y trabajadoras migrantes, quienes han vivido en Estados Unidos de manera irregular por más de una década. La investigación pretende mostrar, con base en entrevistas en profundidad y notas etnográficas, cómo el estatus migratorio irregular influye en el proceso de reconstrucción de la identidad y en el desenvolvimiento de la maternidad. De esta manera, la construcción de la maternidad en ambos casos, así como la incorporación social como inmigrantes indocumentadas es un proceso continuo, basado en relaciones, negociaciones y participaciones dentro de distintos contextos comunitarios e institucionales, y no obstante las desventajas que enfrentan para buscar un trabajo o bien atención médica y educación, son sus mitos personales los que demuestran que siguen en la lucha por criar a sus hijos e hijas.

Finalmente, María del Socorro Castañeda Díaz en "De la prótesis emocional a las relaciones líquidas. El uso de las TIC en la experiencia migratoria. Historia de una joven indocumentada en Italia", cuestiona, a través de exponer una historia de vida, si la tecnología es realmente una herramienta adecuada para optimizar el proceso migratorio, o si, en cambio, representa un riesgo porque puede impedir la socialización con el entorno. En su capítulo, cuenta el proceso migratorio de una joven indocumentada en Italia y esboza la importancia del uso de las Tecnologías de Información y Comunicación (TIC), que permiten a las personas migrantes mantener el contacto con los seres queridos en el lugar de origen, hecho que puede ser, sin duda, un apoyo para hacer menos traumática la migración. Sin embargo, el testimonio ayuda a comprender cómo un exceso de comunicación con el país de origen puede llegar a convertirse en un obstáculo para la adaptación al nuevo ambiente, sobre todo si, inconscientemente, se emplean los dispositivos electrónicos como prótesis emocionales, que sustituyen los posibles nexos que se podrían establecer en el mundo real.

La variedad de temas y metodologías propuestas por los investigadores participantes en "Jóvenes y migraciones" permite comprender cómo el fenómeno migratorio puede ser observado y analizado desde diferentes ángulos, permitiendo, además, que éste sea entendido no solamente por los académicos y los estudiosos, o por el sector gubernamental que es quien toma las decisiones acerca de políticas públicas, sino además, la propuesta se acerca también a la sociedad en general, como una aportación para sensibilizar a las personas acerca de un fenómeno humano que en realidad nos afecta a todos.

JÓVENES MIGRANTES EN CONTEXTOS DE MOVILIDAD

Hacerse joven en el contexto migrante y ser joven migrante: diferenciaciones y conexiones identificatorias

Olga Lorenia Urbalejo Castorena

Introducción

Tijuana es la ciudad más emblemática de la frontera norte mexicana, aquella en la que se piensa recurrentemente si se trata de migración hacia el norte y un espacio también de contrastes. Es tanto una ciudad con un notorio desorden urbano, como multicultural, expresión social y cultural que se filtra mediante sus pobladores, los mismos que son descendientes de los "verdaderos tijuanenses", y los migrantes, bien sean los llegados hace cuatro décadas, un año, o los que arriban por las políticas estadunidenses o bien en su tránsito intencionado por llegar al país con el que México tiene vecindad.

Como ha sido abordado en múltiples estudios, en la migración las redes sociales tienen un papel fundamental y esto se observa en la circularidad de migrantes en Tijuana. Como señala Pedone (2005:108), las redes "vinculan de manera dinámica, las poblaciones de la sociedad de origen y la de llegada y trascienden a los actores individuales"; la autora habla del dinamismo de dichas redes y para el caso que se aborda, ese dinamismo se ve reflejado en las repercusiones de los modos en la ciudad. Así, se deben poner en diálogo las situaciones de las ciudades donde se migra y los procesos que se viven luego del arribo y establecimiento de los migrantes. Las redes se pueden afianzar mediante distintos mecanismos de identificación, los cuales se convierten en referentes para quienes crecen en las ciudades receptoras, y de la misma forma son relevantes para quienes migran siendo jóvenes.

Las redes y la posterior socialización de quienes han circulado en ellas, alcanzan asimismo a los que no han migrando, porque quedan establecidas a manera de vínculos entre las comunidades radicas en la ciudad y en los miembros de las familias que las componen. Levvit y Glick (2004) han configurado las maneras en que individualmente se corresponde a las colectividades en contextos migrantes, sus formas de *ser y pertenece*r dan relevancia a los condicionantes estructurales de la migración, dando aparentemente pocas posibilidades de decisiones o limitando los modos de vida, pero para complejizarlo hay que considerar los entramados donde se sitúan los y las migrantes, especialmente jóvenes, así como los mecanismos de reconocimiento, en este caso étnico, que se llevan a cabo. Es pertinente observar que las redes referidas y las dinámicas sociales en las ciudades, tienen un lazo que va reconfigurándose, ya no llamamos redes a las relaciones una vez que se han establecido los migrantes, pero debemos pensar que éstas no tienen un inicio y un final y es la razón por la cual siguen siendo utilizadas aun con el pasar de los años. Es decir, las redes se mantienen dinámicas y toman otras figuras y se reactivan constantemente como inicios de los proyectos migratorios.

En el amplio panorama que representan los habitantes indígenas y sus problemáticas, se abordará el tema de los jóvenes, concretamente las implicaciones de identidad por el hecho de haber crecido en una ciudad que les es propia, y donde sus relaciones se dan en un entorno en el cual desde pequeños conviven con las prácticas étnicas familiares y del grupo de adscripción. Se abordarán de la misma forma las diferencias con aquéllas personas que migraron a Tijuana siendo jóvenes, considerando a la juventud como una construcción cultural situada y no sólo como una categorización por edad. Se realiza un análisis sobre las diferencias identificadoras entre ambos grupos de jóvenes e igualmente se discute acerca de las articulaciones que tienen. Se hace referencia a las redes por considerarlas elementales en los aspectos de la vida grupal y los *distanciamientos* en lo individual, tanto cuando se emprende el proyecto de migrar, como en la continuación de la permanencia de la comunidad. Habrá que distinguir que, los jóvenes a las que refiere el análisis, se encuentran relacionados con las redes en temporalidades distintas, pero en algún momento se vinculan mediante la condición de juventud.

La anterior es una propuesta situada en una ciudad fronteriza, a la que podemos considerar como *mestiza*, pero con características étnicas heredadas principalmente de los adultos, que es lo que confrontan los jóvenes. Resulta importante el análisis de estos procesos y aproximarse a los *nuevos* sujetos jóvenes y sus referencias, para dar cuenta de los cambios, tanto en las configuraciones étnicas, como en la perspectiva de las juventudes en una ciudad como Tijuana. El texto se compone de los testimonios de jóvenes –recabados desde 2014– puestos en diálogo con las propuestas analíticas. Se refiere, en un primer apartado, a los jóvenes que no migraron, sino que lo hicieron sus padres y, posteriormente, a aquellos que tomaron, por distintas causas, la decisión de migrar. Las palabras finales en el texto, recogen algunas de las conjeturas realizadas y se plantean también algunas propuestas para dar continuidad al tema.

Ser joven *no indígena* en un contexto migrante

El panorama migratorio en Tijuana visto desde su población indígena, ubica colonias con núcleos de poblaciones que comparten lugares de origen, relaciones familiares y tiempo de llegada a la ciudad, entre otras. Es en estos espacios donde se encuentran algunos jóvenes llamados de segunda y tercera generación. Sus padres, hombres en la mayoría de los casos, migraron solos desde estados como Oaxaca, Michoacán y Guerrero, en las décadas de los 70, 80 y 90. Diferenciados por los grupos de adscripción y por el contexto de la frontera norte al momento de su llegada, las relaciones familiares respecto a la identificación étnica fueron distintas. Al referir a la identificación esto se hace como los "modos en que la acción individual y puede ser gobernada por concepciones particularistas del "yo" la localización social en lugar de serlo por intereses universalmente determinados y putativamente universales (Brubaker y Cooper, 2002: 47).

El trabajo de Laura Velasco (2005) que aborda a los mixtecos oaxaqueños que conformaron la Colonia Obrera, refiere una negación en el aprendizaje de la lengua materna a los niños y niñas que llegaron pequeños a Tijuana o a quienes habían nacido ahí, bajo el argumento de que eran más susceptibles a ser discriminados. No hablando la lengua, la vinculación con lo étnico, fue mediante a las actividades que como grupo se realizaban. De esta manera, una de las características que podemos encontrar entre jóvenes hijos e hijas de migrantes, es que no saben la lengua y eso les hace muy difícil acceder al universo simbólico que ésta representa, pero no están exentos de una clasificación exterior de lo indígena, y tampoco de una interior, donde el grupo les sigue distinguiendo como tales.

Un ejemplo de las actividades que refiero, en este caso laborales, es la venta ambulante, que es frecuente entre las mujeres indígenas que habitan las zonas metropolitanas, y que en algunos de los casos incluye a niños y niñas. Este trabajo continúa como una de las actividades económicas, que son racializadas por los *otros* habitantes de Tijuana, que además consideran que los indígenas son sucios, por estar en la calle, y las madres, descuidadas, por trabajar con sus hijos e hijas. Las condiciones económicas para quienes se han ido incorporando a la ciudad y sus estrategias de trabajo, singularizan la vida de quienes han crecido en el entorno migrante. Eleuterio llegó a Tijuana finales de la década de los 70; tenía cinco años, sabía hablar mixteco y español, como su padre, a diferencia de su madre, que sólo hablaba mixteco cuando él era niño. Creció en la ciudad trabajando al lado de ella, tal como narra:

> Yo anduve en el famoso Puente México [aledaño a la garita internacional de San Ysidro] vendiendo ahí, en la cola de carros, Tijuana lo conozco bien, porque yo fui parte de los niños de la calle de Tijuana. Anduve yo limpiando carros, boleando, de todo un poco, menos robar, pero sí vendiendo chicles y crecí así, porque mi mamá, en ese tiempo le decía "María", traía sus hijos "acá", a mi hermanita, otra niña, mi hermano, traía como seis y mi mamá ahí andaba, veníamos caminando de la Colonia Alemán, Castillo, [cercanas al centro de la ciudad] y mi mamá venía caminando, todo mundo le agarraba la falda, y llegamos a la calle al frente del *Jai Alai*, me acuerdo mucho que ahí había un *Mexicoach*, de esos de carros de turismo, y ahí guardábamos las cosas, mi mamá vendía flores, o muchas veces mi mamá se sentaba a pedir. Eso me marcó muy fuerte, porque le dije "ma', cuando tenga una edad, yo te voy a quitar de aquí" y sí la quité (Eleuterio, 2016).

De esta forma se considera que, autocomprenderse como persona inscrita a una etnia resulta ser más complejo que sólo decir que se habla la lengua o no, o que se llevan a la práctica otros identificadores de la cultura y la organización social. Nos encontramos con que hay una clasificación sobre lo que distingue a un indígena de quien no lo es, y esto a su vez conlleva a exclusiones, por lo que en una decisión personal hay jóvenes que deciden alejarse de lo que sus grupos realizan. Por mencionar un ejemplo, es frecuente escuchar comentarios de jóvenes que discuten con sus madres y padres, porque no quieren estar en los festejos religiosos, y que acuden sólo para complacerlos, sin que lo que se realiza les parezca identificatorio, o bien el significado que le dan es distinto. Así lo ve Edgar, que nació en Tijuana, hijo de padre y madre de la mixteca oaxaqueña, quien expresa el sentido que da a su asistencia al festejo de la virgen de las Nieves en la Colonia Obrera.[1] "[...] nos gusta y nos volvemos a encontrar personas que teníamos años de no mirarlas, y nos sorprendemos de vernos y nos ponemos a platicar ahí otra vez, retomamos el mismo contacto, cada evento, cada encuentro que hay. Se siente bien el ambiente y la convivencia, la plática, y no es por obligación, por gusto lo hago" (2011). Mientras su hermana Ita y su hermano Edgardo consideran que si desde pequeños se hubieran relacionado con aspectos como las ceremonias, no les parecería extraño, o como en el caso de Ita, no les resultarían aburridas; ella se refiere al tema exclusivo de las ritualidades que se siguen en las bodas mixtecas, "[...]si yo desde un principio estuviera habituada a este tipo de ceremonias pues no me aburrirían, ya sabría lo que van a hacer, pero como no, a veces se queda uno como *qué aburrimiento*" (2011). Su referencia al *desde un principio*, alude a los lugares de donde son sus padres, porque no obstante que en Tijuana conocen desde pequeños sus "tradiciones", entre estos hermanos reconocen que su padre tiene arraigo a sus costumbres, por lo que además de ser la familia un medio de reproducción social, se considera el entorno social de la frontera. Las fotografías que enseguida se muestran, permiten observar la asistencia de jóvenes a las actividades convocadas. Es importante hacer hincapié en que estar ahí no precisa de una participación, como se alude en los testimonios expuestos.

---

[1] Entre las festividades que durante el año se realizan en San Ixpantepec Nieves, Oaxaca, la más importante es aquella dedicada a la Virgen de las Nieves, dicha fiesta también *migró* a Tijuana y para celebrarla hay una organización que reproduce el sistema de cargos (reconfigurado en el contexto urbano-fronterizo). Se celebra en agosto en la Colonia Obrera como espacio principal, y puede incluir otras colonias, varía según el lugar donde viva el mayordomo.

Fotografía 1. Jóvenes observadores. Torneo relámpago basquetbol, de la fiesta patronal en honor a San Esteban Atatlahuaca

Fuente: Colonia el Pípila, Tijuana, 2016. Lorenia Urbalejo

Fotografía 2. Espectadoras de la quema del castillo. Festejo a San Francisco de Asís (mixtecos de Guerrero)

Fuente: Colonia Valle Verde, Tijuana, 2016. Lorenia Urbalejo

De esta forma, no es extraño que varias de las actividades que realizan desde pequeños se vean conectadas con lo que sus padres y madres realizaban en los lugares de origen antes de migrar. Josefina, joven de familia purépecha que nació en Tijuana y que no se define de inicio como purépecha, comenta que se relaciona con el grupo debido a lo que en conjunto hacen:

> Participo en fiestas, en festejos del pueblo [estando en Tijuana] en bodas, en todas las fiestas, hay como entregas de cosas y en eso participamos, como, por ejemplo, en las bodas, como antes, en la entrega de pan, que es como la invitación a la boda y ahí van los familiares y pues ahí se hace una representación de la entrega y a los padrinos y todo eso hacemos nosotros. También en las fiestas patronales de ahí, de la comunidad, como se celebra allá, se celebra aquí. Y todo eso, yo voy a la fiesta, mi familia, en el día de muertos comemos la comida típica y nos vamos al panteón (Josefina, 2015).

Josué es otro caso de los purépechas en Tijuana, etnia a la que está adscrito por parte de su madre, pero de la cual no se siente integrante, y aun así apoya en algunas labores:

> De las actividades del grupo indígena han versado, por lo regular, cuando ha habido problemas de índole legal, particularmente al presentarse el deceso de uno de los miembros de la comunidad. No soy abogado, soy historiador, pero el nivel educativo que poseo me permite ayudarles dentro de mis posibilidades. Debo mencionar también que mi cercanía se ha dado en el activismo político: colaboramos, con alguno de mis familiares, dentro del Frente Indígena de Organizaciones Binacionales (Josué, 2013).

Lo anterior los distingue y es una de las razones por las que muchos de los jóvenes consideran no realizar ciertas actividades, o bien no piensan que éstas los definen, lo que se ve con mucha más precisión entre quienes crecieron en Tijuana y aquí se construyeron como jóvenes (en otros textos he abordado de manera general, que esta construcción se da en una relación entre la grupalidad y el cuidado de sí mismo). Las y los jóvenes en Tijuana se encuentran en un entramado donde en su vida hay dos sentidos, uno en el intento de continuación de una comunidad indígena, hoy urbana, y el otro el de la ciudad fronteriza sin indígenas, pero que dadas sus circunstancias los redefine. Pareciera que no hay inflexión entre una y otras, pero los jóvenes sortean nuevas construcciones con ambos referentes.

En ocasiones de manera abierta hay una negación a la autodefinición desde lo indígena. Se observa una distinción que parte de la definición del yo y la experiencia en la ciudad, no obstante que haya una insistencia en que se definan de igual manera, incluyendo los referentes familiares –étnicos–. Retomando la experiencia de Eleuterio, quien actualmente es un importante difusor de su cultura y conoce bien el contexto de su grupo y la problemática en la ciudad, expresa: […] hace poco fui a una secundaria y el director me dijo:

> Eleuterio, por favor, identifícame quiénes son los niños de papás oaxaqueños, porque yo aquí les pregunto a todos y todos dicen que son de Tijuana, nadie dice que son de Oaxaca, o que hablan una lengua" entonces ya voy yo y sí, identifiqué a varios, yo conozco a mi gente, dije "tú, tú y tú" son de Oaxaca, !No!, que somos de Tijuana" (Eleuterio, 2016).

Lo que hasta el momento he abordado, expresa, de manera general, cómo entre los y las jóvenes que crecieron en Tijuana en un medio sociocultural que los vincula con la migración familiar y sus procesos, donde ellos y ellas tienen distintas valoraciones para lo que hacen y conforme van creciendo, deciden qué de la experiencia étnica realizan y de qué se apartan para ser más como sus pares jóvenes urbanos. Así, en este panorama las diversidades entre jóvenes se observan cuando los ponemos en relación con quienes han tenido una migración diferente. Actualmente en la frontera observamos que con más frecuencia hay jóvenes arribando, utilizando las redes migratorias, pero sus expectativas en la ciudad incluyen otros anhelos, como el de estudiar. No intento decir que en décadas pasadas la migración fuera exclusivamente de adultos, aunque sí mayoritaria, sino que los jóvenes actualmente encuentran un escenario de la relación ciudad-indígenas, conformada por el cúmulo de experiencia de quienes la habitan, y en relación con lo que han vivido en las zonas rurales; la particularidad es que con sus expectativas de vida reconfiguran dicho escenario y se disponen priorizar su identificación étnica, a diferencia de quienes han crecido en el lugar. Es sobre este tema que me encaminaré en el siguiente apartado.

Migrar jóvenes e identificarse desde lo étnico

Retomando a Levvit y Glick, y las diferencias entre las formas de ser y de pertenecer en el campo social donde el ser interactúa, las primeras no se reconocen como tales, mientras las de pertenecer,

> refieren las prácticas que apuntan o actualizan una identidad, que demuestran un contacto consciente con un grupo específico. Estas acciones no son simbólicas, sino prácticas concretas y visibles que señalan la pertenencia, como el llevar consigo una cruz para los cristianos o una Estrella de David para los judíos, el agitar una bandera o seleccionar una tradición culinaria particular. Las formas de pertenecer combinan la *praxis* con una conciencia del tipo de identidad que está ligada con cada acción (2004: 68).

El pertenecer sería lo que se observa entre aquellos y aquellas jóvenes que arribaron a la frontera, y tras un tiempo buscan la vinculación y representación que no queda contenida solamente en las relaciones familiares. Los y las jóvenes vienen con un referente de las relaciones sociales comunitarias, el mismo que la experiencia ha permitido a quienes encabezan proyectos en organizaciones indígenas, ya de larga data en la ciudad, concretar proyectos articulados con lo laboral, la vivienda, prácticas culturales y otros más. De tal manera que, al ser Tijuana ya un espacio con precedentes de lo indígena —en una clasificación que pudiera ser positiva o negativa si se trata de dicotomía— los jóvenes enfrentan las intersecciones que posicionan entre lo migrante y lo étnico en un contexto distinto al de quienes "abrieron camino" y fortalecieron las redes, son otros y otras jóvenes y diferente ciudad, aun con la persistencia de la exclusión.

Entre las historias de quienes migraron jóvenes se encuentra la de Deniss, quien llegó a Tijuana el 12 de agosto de 2009, donde se encontraban familiares y gente de Benito Juárez, municipio de San Miguel el Grande, Oaxaca. Su objetivo era ingresar a la universidad para realizar estudios en psicología. Fue recibida por un ambiente hostil hacia quienes tienen una representación "física" de lo indígena, pero como parte de sus relaciones cotidianas, asistía con frecuencia a la Colonia Camino Verde, donde hay pobladores de San Miguel el Grande; fue ahí donde Deniss empezó a incorporarse a las actividades que realizaban sus paisanos, entre éstas, la fiesta al santo patrono, San Miguel Arcángel, y asimismo se interesó en la práctica de danzas, de las que ya tenía conocimiento, por lo que se integró como instructora y posteriormente conformó un grupo propio, al que se han incorporado también jóvenes mixtecos y zapotecos que nacieron en Tijuana.

El interés común es mantener sus raíces y que hacia afuera sean identificados con ellas. En este caso Deniss se siente plenamente conectada a lo que llama sus raíces, le son propias, a diferencia de quien sólo las ve como parte de la historia familiar. El grupo de danza que se conformó –Etnia ÑuuSavi– es participante frecuente en eventos culturales, pero considera que hay más trabajo por hacer, para el autorreconocimiento y la exposición de quienes pertenecen; acerca de sus expectativas comenta:

> Pero aparte de hacer la danza que es lo que creo que más nos identifica como la etnia ÑuuSavi, también somos o queremos ser esa red de jóvenes que no se defina únicamente con la danza, sino que con otros aspectos, en un tiempo nos tocó trabajar con un grupo de jóvenes que llegaban a ser voluntarios allá con el grupo, y tocaron algunos temas importantes que son por ejemplo derechos sexuales y reproductivos, lo que es equidad de género, lo que es identidad, y cuando llegaron al punto de identidad me encantó más todavía y fueron varios temas que se tocaron y yo digo, creo que es bueno, es necesario tocar varios aspectos para abrir nuevos panoramas (Deniss, 2016).

Con esos mismos intereses se encuentra Rogelio, quien migró en 2001 proveniente de San Francisco Paxtlahuaca, Oaxaca, y llegó a vivir al

Pedregal de Santa Julia, colonia distinguida por albergar a una cantidad importante de mixtecos de Oaxaca, zapotecas y purépechas. Entre sus trabajos temporales de albañilería y jardinería, Sergio instruye a niños en el aprendizaje de danzas destacando las del diablo y de chilolos, la razón para hacerlo, dice, es:

> [...] porque muchos están perdiendo todo *eso* y como a uno le gusta tratar de no perderlo, entonces voy a enseñarle a otra persona y si a esa persona le interesa y le gusta, también que le pongan empeño y que le vengan enseñando a las nuevas generaciones, así como nosotros ahorita. Yo tengo un grupo de niños al que le estoy enseñando y a ellos les gusta, y yo quiero que ellos aprendan más de lo que yo sé [...] así quiero igual enseñarle a los más jóvenes que vengan en las otras generaciones [...] Y más aquí en la frontera que casi mucha gente no conoce nuestras tradiciones de nuestro pueblo. [...] Está bien que no se pierda la costumbre, para que todos los jóvenes, aunque no nacieron allá, pero sus padres traen sangre de allá y les dicen que así se celebran las fiestas allá que así son sus costumbres (Sergio, 2016).

Estos posicionamientos donde prevalece el mostrarse como indígena y relacionarse desde ahí, no queda sólo en el actuar público, va más allá del activista o gestor "tradicional", debido a que se expone en sus modos de ser. "En este sentido la estética no es sólo "mostrarse" de un modo particular que permita hacer visibles elecciones específicas, sino que involucra un conjunto de sentidos, prácticas, actitudes y producciones que identifican a un grupo y lo distinguen de otros. Así, los sujetos o los grupos utilizan, representan y actúan estrategias de diferencia" (Bergé y Mora, 2015: 34-35) y es el sentido distinto que tiene el ser migrante indígena joven en la ciudad, a diferencia de las y los otros jóvenes que crecieron en Tijuana, como exponía en un inicio. De tal forma que se modifican las representaciones de las redes que fueron utilizadas para su salida y recepción y sirven como respaldo en su actuar. En la siguiente imagen encontramos un ejemplo de la inserción de los jóvenes en las prácticas y definición étnicas:

Fotografía 3. Joven *purépecha*, instructor de danzas

Colonia Constitución, Playas de Rosarito, 2016. Lorenia Urbalejo

El interés por incorporar a sus proyectos a los que no se han identificado como ellas, es evidente. Maribel, originaria de San Esteban Atatlahuca, Oaxaca, y quien actualmente dirige la Casa de la Mujer Indígena Donaji, en Tijuana, considera que es importante hacerlo y, sobre su labor, refiere:

> [...] lo que queremos precisamente que se trabaje es fomentar otra vez la lengua, porque por ejemplo los niños no la saben y no la hablan queremos volverla a rescatar, a nosotros como generación tal vez nos cuesta hablarla, porque tal vez se nos inculcó que no deberíamos hablar la lengua, y eso lo estamos retransmitiendo, que es una vergüenza hablar la lengua indígena [...] Esa es la concientización que queremos hacer, de volverla a rescatar y que se sientan orgullosos de dónde venimos, eso es lo que queremos hacer, dándole talleres a las mujeres, pero también concientizando y que no debemos avergonzarnos de nuestra cultura (Maribel, 2014).

Hacerse joven en el contexto migrante y ser joven migrante

Entre el *hacerse* joven en Tijuana, y haber llegado joven, hay algunas coordenadas en común, y cuando los intereses de los últimos alcanzan a los que crecieron fronterizos, hay una resignificación de sus *mundos* desde la migración y lo étnico, lo anterior es para ambos, y encontramos a quienes se incorporan a los proyectos, generales y particulares, recordando que crecieron con un significando distinto de su participación en sus actividades y ahora les dan un sentido diferente. Este podría ser el caso de Sergio, nacido en Tijuana en 1990, cuyo padre es de Santa Catarina Yosonotú, y su madre de San Esteban Atatlahuca, ambos mixtecos de Oaxaca, pero él creció sin identificarse como indígena (aun habiendo asistido a una escuela del sistema intercultural bilingüe) y con familiares activos en la difusión cultural. Actualmente es presidente de la Asociación San Esteban Atatlahuca Radicados en Tijuana A.C. y danzante; su experiencia es la siguiente:

> En la universidad fue en la primera fiesta a la que me invitó mi tío en el 2012, y pues nada más iba pues a ayudar a poner mesas y todo eso, pero nunca le puse importancia, sino porque iban mis primos y todos los demás, y pues agarrábamos un carrillón ahí a lo que se hacía, y la verdad sí nos daba vergüenza bailar al principio, nos daba pena pues, tenía la pena de bailar la danza y todo eso, o participar, pero ya con el tiempo se nos hizo normal y pues ya lo aceptamos pues que somos de (asiente la entrevistadora).Y empezamos a danzar o bailar, de hecho en el 2014 fue la primera danza en la que participamos, bailando todos los chicos y mi tío y otros tíos estuvimos bailando pues la danza (Sergio, 2016).

El testimonio de Sergio se expresa en la fotografía que se presentan enseguida:

Fotografía 4. *Palabras* en la celebración de San Esteban

Fuente: Colonia El Pípila, Tijuana, 2014. Cortesía de Sergio Hernández

Hay una coincidencia entre los jóvenes que es involucrar a niñas y niños desde esta perspectiva, como ya citaba el caso de Rogelio, cuyo grupo de danza está integrado en su mayoría por niños, quienes a su vez permitirán renovar las perspectivas desde su experiencia. En relación con esto se presentan imágenes donde se ve a los niños en los eventos de los distintos grupos:

Fotografía 5. Niño *viejito*, danza purépecha

Fuente: Colonia Constitución, Playas de Rosarito, 2016. Lorenia Urbalejo

Fotografía 6. Diablos en el festejo de la virgen.
Fiesta de la virgen de las Nieves

Fuente: Cañón del Pato, Tijuana, 2016. Lorenia Urbalejo

Los jóvenes van dinamizando la perspectiva en y de la ciudad, apareciendo con sus claros marcadores étnicos, con toda la intención de ser identificados desde éstos. Así, como refieren Urteaga y García, "[...] un nuevo régimen modifica el espacio y el tiempo, produciendo nuevos y muy diferentes parámetros en la producción de la juventud, lo étnico y la cultura contemporánea" (2015: 10) y es que ante el cambio social y cultural que se vive, el relevo generacional ha tomado la oportunidad propicia para significar de distintas formas los planteamientos hegemónicos e intentan posicionarse frente éstos, aun con lo adverso que resulta intentar desandar la estructura clasificatoria de lo *indio*.

Palabras de cierre

Los procesos sociales en las ciudades muestran la relación biográfica de los habitantes con el espacio donde viven, y así, una ciudad, considerada de migrantes como Tijuana, debe verse con estas referencias, y distinguir las diferenciaciones por edad o temporalidad en que se ha migrado. Las ciudades receptoras tienen esas características de influir en la vida de las personas como una perspectiva del migrante y, a su vez, la posibilidad de provocar un cambio en el espacio que se vive.

Al iniciar el capítulo se hizo la observación de un involucramiento no identificatorio entre quienes crecieron en la ciudad y van participando a lo largo de su vida en las prácticas que de manera grupal se ven como las que refieren a lo mixteco o purépecha, la percepción de ser más tijuanense que indígena lleva a dar una explicación de por qué realizarlas, pero no definirse desde éstas. Posteriormente se abordó cómo, quienes socializaron en un entorno donde las prácticas no se consideran étnicas, sino que son parte de la vida en sus lugares de origen, presentan identificaciones que se redefinen ante la llegada a la ciudad, para finalmente unir en coordenadas cómo las dos experiencias tienen repercusiones para ambos *grupos*. Las distintas formas de concebirse joven, no indígena, y sí serlo, presentan la validez que les permite su experiencia en el lugar, no se trata de preferir una sobre otra, sino de comprender el por qué se ha llegado a ellas.

De esta manera, es importante dar cuenta de los procesos de las juventudes étnicas, abordarlos con la posibilidad de que se trata de nuevos sujetos políticos y sociales, y considerar los contrastes que no se agotan ante las múltiples posibilidades de identificarse en las diferencias o en las igualdades. El tema que se ha abordado tiene aún muchas aristas por explorar y se propone de largo alcance, al vislumbrar a las nuevas generaciones y las relaciones que vayan tejiendo, incluso con los y las jóvenes a quienes se ha referido.

Fuentes consultadas

Bergé, Elena, Julieta Infantino y Sabrina Mora (2015) "Aparecer, bailar y actuar en la ciudad: modos de ser punks, breakers y cirqueros", en Mariana Chaves y Ramiro Segura (coords.), *Hacerse un lugar: circuitos y trayectorias de jóvenes en ámbitos urbanos*, Biblos, Buenos Aires.

Brubaker, Roger y Frederik Cooper (2002), "Más allá de identidad" en *Apuntes de investigación del Cecyp*, núm. 7, Universidad de Buenos Aires, Buenos Aires.

Levitt, Peggy y Nina Glick Schiller (2004) "Perspectivas internacionales sobre migración. Conceptualizar la simultaneidad", en *Revista Migración y Desarrollo*, núm. 3, Red Internacional de Migración y Desarrollo, Zacatecas.

Pedone, Claudia (2005) "Tú siempre jalas a los tuyos. Cadenas y redes migratorias de las familias ecuatorianas hacia España", en Gioconda Herrera, María Cristina Carrillo y Alicia Torres (eds.), *La migración ecuatoriana. Transnacionalismo, redes e identidades,* Facultad Latinoamericana de Ciencias Sociales, Migración, Comunicación y desarrollo, Quito.

Urbalejo, Lorenia (2015) "Modos de vida indígena en la ciudad transnacional", en Federico Besserer y Raúl Nieto (eds.) *La ciudad transnacional comparada, los modos de vida, gubernamentabilidad y desposesión*, Universidad Autónoma Metropolitana / Juan Pablos, Ciudad de México.

Urtega Castro Pozo, Maritza y Luis García Álvarez (2015) "Dossier Juventudes étnicas contemporáneas en Latinoamérica", en *Revista Cuicuilco*, vol. 22, núm. 62, Instituto Nacional de Antropología e Historia, Ciudad de México.

Velasco, Laura (2005) *Desde que tengo memoria. Narrativas de identidades en indígenas migrantes*, El Colegio de la Frontera Norte / Consejo Nacional para la Cultura y Las Artes, Ciudad de México.

# México y los inmigrantes mexicanos. Cambios en la dinámica espacial de los mexicanos nacidos en Estados Unidos desde una perspectiva municipal 1990-2015

Diego Terán

Introducción

La dinámica migratoria que se da entre México y Estados Unidos actualmente ha sido muy activa. El comportamiento migratorio entre ambos países es un flujo que se dirige de México hacia Estados Unidos predominantemente, mismo que se ha sostenido por más de un siglo, con una masividad y sostenibilidad importante, además de la vecindad geográfica entre ambos países; el conjunto de estas características ha hecho de esta migración, un fenómeno único en el mundo (Durand y Massey, 2003: 45).

En los últimos años el perfil de emigrantes que se dirigen hacia Estados Unidos se ha diversificado, involucrando en mayor medida la participación femenina y prolongando los tiempos de estancia en aquel país, lo que ha permitido a algunos mexicanos formar sus familias fuera de su lugar de origen, trayendo como consecuencia que algunos de sus hijos hayan nacido en aquel país.

Los cambios en la política migratoria de Estados Unidos en los últimos años se pueden resumir en un refuerzo de la seguridad en la frontera, lo que hizo que el costo y el riesgo asociado a la migración hayan aumentado, principalmente en la indocumentada. Por otro lado, la crisis que se registró a finales de 2007 llevó a las familias mexicanas que vivían en aquel país, a enfrentar nuevas estrategias para su sobrevivencia, como consecuencia de ello, la emigración se desaceleró y el retorno migratorio se incrementó. Además, el retorno migratorio se vio acompañado de una inmigración inusitada de inmigrantes provenientes de Estados Unidos, que podemos aducir que, en gran medida, correspondió a hijos de mexicanos nacidos en Estados Unidos.

La población objetivo que se estudiará en este trabajo, es aquella nacida en Estados Unidos y que al momento de los distintos censos se encontraban en México. Las preguntas que guiarán este trabajo se refieren a la población proveniente de Estados Unidos y se desea saber cuántos son, quiénes son, cuál es su composición por sexo, por edad y a qué lugares se dirigieron, todo esto desde una perspectiva municipal, a fin de poder determinar la autocorrelación espacial que guarda el fenómeno en el territorio a través del tiempo.

El trabajo se estructura haciendo un recuento contextual de la relación migratoria entre México y Estados Unidos y lo que ésta ha implicado en los cambios demográficos. Se hace un recuento de los antecedentes que han permitido que los migrantes mexicanos cambien de país de residencia y formen sus familias fuera de México. Se contextualiza el escenario bajo el cual varios mexicanos y sus hijos nacidos en Estados Unidos regresaron a México. Además, se hace un recuento histórico de la integración espacial al fenómeno migratorio desde la perspectiva del origen. En el análisis de la información disponible se describen los cambios en la geografía que ha seguido el fenómeno en los años de análisis, para finalmente hacer un análisis de autocorrelación espacial y determinar la regionalización con la que se ha presentado el fenómeno en los últimos años, para cerrar con algunas consideraciones finales.

Cambios en la población mexicana por el cambio demográfico social

La población mexicana en los últimos años ha tenido transformaciones importantes en todas las variables que componen la ecuación fundamental de la demografía. En cuanto al crecimiento natural podríamos decir que la transición demográfica transformó la estructura, el volumen y dinámica de la población; elementos como la fecundidad han bajado, pasando de 7.09 hijos por mujer en 1969 (INEGI, 1980: 21) a 2.2 en la actualidad (INEGI, 2016), mientras que la mortalidad se ha reducido (INEGI, 1980: 10 y 2016). En el aspecto social, la migración internacional ha jugado un papel importante, principalmente en los últimos 30 años, durante los cuales la población mexicana ha mostrado una tendencia migratoria principalmente hacia Estados Unidos, toda vez que el 86% de la población que emigró entre 2009 y 2014 lo hizo hacia ese país (INEGI, 2015).

El censo de 2010 trajo consigo una información que salía de lo esperado por las proyecciones de población del Consejo Nacional de Población (CONAPO); la dinámica de la población en el territorio nacional se había alterado. Las variables naturales del crecimiento natural se habían mantenido dentro del comportamiento esperado, la alteración tuvo origen en el crecimiento social, donde México después de figurar como un expulsor creciente de migración internacional, de pronto modificó su tendencia y, en un primer momento, la emigración cayó; el censo de población del año 2000 registró 1,133,672 emigrantes y, para 2010, fue de 683,829 (según cálculos propios con base en INEGI, 2001 y 2011); y, por otro lado, el retorno aumentó: en 2000 se registraron 255,761 retornados, para 2010 hubo 832,790 mientras que para 2015 se registraron 448, 302 retornados (según cálculos propios con base en INEGI, 2001, 2011 y 2016).

Los cambios que se han dado en la población distribuida en el territorio nacional, no sólo competen a los individuos que regresaron de Estados Unidos, o a los que dejaron de ir hacia aquel país, sino que el propio flujo y contraflujo de estos individuos incluyó integrar en la escena a otro flujo que ha quedado un tanto invisibilizado desde décadas atrás, nos referimos a mexicanos nacidos en Estados Unidos, que por definición son mexicanos, pero es la primera vez que muchos de ellos visitan el país en el que nacieron sus padres.

Los mexicanos nacidos en Estados Unidos que entran a México, no son migrantes de retorno sino inmigrantes, o personas que emigran de Estados Unidos hacia México. Un flujo que ha involucrado a niños y jóvenes principalmente (como se mostrará más adelante). La presencia de esta población se ha intensificado en los últimos años, consecuencia propia de que el clima migratorio para los mexicanos en Estados Unidos no ha sido favorable y éstos se han visto en la necesidad de regresar con todo y sus hijos.

La migración México-Estados Unidos se caracteriza por su vecindad geográfica, la masividad y la ininterrupción de sus flujos por más de un siglo (Durand y Massey, 2003: 45), haciendo de la migración entre estos dos países un fenómeno único en el mundo, ya que se podría decir que los flujos migratorios del primer país hacia el segundo son cerca de la totalidad del flujo emigratorio.

Las modificaciones en el patrón migratorio de mexicanos que se dirigen hacia Estados Unidos involucran cambios en las edades de quienes emprenden un viaje migratorio, así como en la composición por sexo, los lugares de origen y los lugares de destino, pero sobre todo la modificación de los tiempos de estancia y los cambios en la circularidad de la migración (Durand, 2016: 19), lo que ha implicado que arriben al país flujos más heterogéneos y a lugares más diversos (Terán, Giorguli y Sánchez, 2016).

Antecedentes al arribo de inmigrantes

La migración de mexicanos hacia Estados Unidos, que ocurre desde hace más de cien años, ha estado sujeta a contextos históricos, sociales, económicos y espaciales determinados. Para Durand y Massey (2003: 45) la migración entre estos dos países ha tenido un comportamiento cíclico que en promedio está sujeto a una duración de veinte años, donde los ciclos se han alternado, o sea que, en un primer momento, la emigración se estimula y en el siguiente es el retorno el que destaca. ¿Cómo es entonces que estos ciclos migratorios dan contexto a la inmigración de mexicanos que se registra actualmente? Para dar respuesta a esta pregunta es necesario hacer un recuento histórico respecto a lo que estos ciclos han significado en la migración mexicana.

La migración de mexicanos hacia Estados Unidos a pesar de ser centenaria, en un principio no era un fenómeno generalizado, es decir, sólo algunas entidades del país contribuían a la emigración, en lo que se refiere a masividad y sostenibilidad, como lo demuestran los trabajos de Gamio y Taylor (citados en Durand y Massey, 2003: 74), donde se observa que las entidades que más participaban desde inicios de la migración fueron, Durango, Guanajuato, Jalisco, Michoacán y Zacatecas; es decir, en un principio la migración era un fenómeno regional.

Uno de los parteaguas en la relación de la migración entre estos dos países, fue el Programa Bracero, acuerdo bilateral que consistía en la contratación temporal de mexicanos del sexo masculino, en edades laborales, que fueran hacia Estados Unidos a trabajar en la esfera agrícola de manera temporal (Durand, 2004: 17; Durand y Massey, 2003: 156), detrás de ello, se estaba condicionando un patrón de migración de tipo circular. Tal programa encajó de manera idónea con el tipo de trabajo que se desempeñaba en la ruralidad mexicana, en especial para aquellos campesinos dedicados a la agricultura de temporal, en la cual la mitad del año pasaban cultivando la tierra en el origen y la otra mitad trabajando al otro lado de la frontera (Durand y Massey, 2003: 155) como una medida para diversificar los ingresos, de ahí que la migración comenzó a cobrar un sentido de progreso económico para las familias.

El mencionar el efecto que tuvo sobre la población mexicana el Programa Bracero, va en el sentido de que durante 22 años (1942-1964) se convirtió en una estrategia de los individuos y de las familias para diversificar los ingresos familiares; formando un patrón de vida en el que las actividades rurales y de migración se complementaron. Lo importante de este ciclo migratorio, es que se caracterizó por una migración de tipo circular, de ida y vuelta con estancias cortas en el destino, y con un perfil muy definido, hombres en edades laborales y con una capacidad de soportar trabajos extenuantes durante jornadas largas; Durand y Massey (2003) señalan que estas especificaciones que demandaba la economía norteamericana en aquella época fueron cubiertas de muy buena forma por la mano de obra mexicana.

Después de 1964 el Programa Bracero debía dejar de funcionar, por el hecho de que la época expansiva de guerra y postguerra en la que era participe Estados Unidos se aproximaba a su final, de ahí que la fuerza de trabajo mexicana dejó de ser necesaria. Sin embargo, la sinergia de las redes migratorias estaba consolidada. El programa bilateral había terminado, sin embargo, la maquinaria de la migración internacional seguía andando (Durand, 2016: 160; Durand y Massey, 2003: 49). Según la regionalización propuesta por Durand (1998), algunas entidades de la frontera comenzaban a tomar participación en el fenómeno migratorio entre estos dos países para esos años.

El siguiente ciclo migratorio ha sido denominado Indocumentado (1965-1986) por Durand y Massey (2003: 47; Durand, 2016: 156);

mismo que se sostuvo a raíz de la consolidación de las redes sociales que capitalizaban los mismos migrantes. Se ha señalado por la literatura que el Programa Bracero más allá de establecer un flujo de migrantes documentados también despertó otro alterno, que no necesariamente estaba regulado (Durand y Massey, 2003: 47). Fue entonces que, a pesar de dar fin al Programa Bracero, los flujos se mantuvieron. Bajo este panorama la circulación de migrantes se mantuvo, sin alterar circunstancialmente el patrón migratorio del tiempo de estancia en los destinos, lo que comenzaba a observarse, era la circularidad a los lugares de origen, dado que priorizaban dirigirse a lugares un poco más urbanizados al retorno (Durand, 1986: 52) o a aquellos que ofrecieran un mayor número de servicios propios de la urbanización (Massey y Espinosa, 1997: 979).

La segunda parte de la década de los 80, fue un punto en el tiempo que trajo consigo los indicios de la trasformación de la migración México-Estados Unidos que enfrentamos actualmente. Desde nuestro punto de vista, es aquí cuando comienza a cobrar sentido la explicación de por qué se ha incrementado el número de mexicanos inmigrantes en México. En 1986 Estados Unidos implementó *The Immigration Reform and Control Act* (IRCA), que legalizó 2.3 millones de mexicanos, garantizándoles una estancia legal en aquel país, sin embargo, en los años subsiguientes se dio un proceso de reunificación familiar que incrementó el número de beneficiados por esta reforma (Durand y Massey, 2003: 48).

IRCA y sus implicaciones

Ante un escenario donde la migración de mexicanos hacía Estados Unidos se había mantenido en un papel de indocumentación, la entrada de IRCA al escenario migratorio entre los dos países, fue un punto crucial, dado que los migrantes que estaban en Estados Unidos pasaron de ser sujetos marginados e invisibilizados, a sujetos de consumo y de integración en la sociedad receptora (Arias, 2009: 135). La reintegración familiar que se dio en el destino implicó que el perfil de emigración se hiciera más heterogéneo, con una mayor incorporación de mujeres al flujo migratorio y de familias completas que se establecían en los lugares de destino (Wegrzynowska, 2015: 317), además de ello, también se vio un proceso de expansión en la distribución territorial en el destino, dejando de privilegiar los lugares tradicionales de llegada (Zúñiga y Hernández, 2005: 6; Durand y Massey, 2003: 104).

Posterior a IRCA, los cambios fueron en varios sentidos. El primero de ellos involucró un gran número de individuos, puesto que el volumen de mexicanos por lugar de nacimiento en aquel país comenzó con una fase creciente que no cesó hasta 2007 (Passel, 2011: 18), el siguiente cambio fue la diversificación de los perfiles de emigración, donde las mujeres comienzan a cobrar participación y las edades ya no sólo involucran edades laborales (Zúñiga, Leite y Nava, 2004: 44), un tercer cambio es la diversificación de los destinos y los orígenes de los migrantes (Terán, 2014: 33-56; Zúñiga y Hernández, 2005: 5-12; Durand y Massey, 2003: 104-125) ya que para 1990, todas las entidades federativas registraban actividad migratoria con Estados Unidos[1] (según estimaciones propias con base en INEGI, 1991), además de que en el destino comenzaron a tomar importancia los lugares más urbanos (Durand, 2016: 13-20). Un cuarto punto es el comienzo de la modificación de los tiempos de estancia de los migrantes en el destino, que fracturó la forma de entender el proceso migratorio, donde se establecía la relación entre origen, destino y lugares de tránsito, pero ante un panorama actual resulta complicado determinar estas dimensiones con precisión (Durand, 2016: 18-22).

Dado el rápido crecimiento de población mexicana en el país de destino, comenzaron a tomarse medidas de política migratoria que impactaron de manera directa el patrón migratorio. En 1993 con la operación bloqueo, las fronteras con Estados Unidos se hicieron más difíciles de cruzar, lo que implicó mayores riegos y costos en la travesía migratoria, provocando entonces un mayor alargamiento de las estancias en el destino y una reducción en la probabilidad de un retorno próximo (Durand, 2016: 240; Mora, 2015: 163; Zúñiga, Leite y Nava, 2004: 63).

---

[1] Aunque el XI Censo de Población y Vivienda, INEGI no incluye pregunta referente a emigración, se infiere por la presencia de individuos retornados, con la pregunta de individuos residentes en Estados Unidos cinco años atrás a la fecha censal.

Los elementos descritos en los párrafos anteriores, confabularon un escenario que en periodos anteriores no había sido necesario. Nos referimos a que los migrantes mexicanos en Estados Unidos comenzaron a alargar sus estancias en el destino, principalmente aquellos que se encontraban de manera indocumentada en aquel país; además de ello, comenzaron el desarrollo de su propias familias, consecuentemente hubo mexicanos que comenzaron a nacer en territorio estadunidense, tema que ha centrado la atención del presente documento. No sólo se abordará a los inmigrantes mexicanos que han llegado al país, sino que la dimensión espacial también cobra importancia, para conocer cuál es el patrón espacial que enfrenta el país respecto a la inmigración de los hijos de mexicanos.

Los sucesos registrados a principios del siglo XXI dieron un nuevo panorama a la relación migratoria entre México y Estados Unidos. En un primer momento, fueron los atentados terroristas de 2001, que tuvieron un impacto inmediato en la militarización de la frontera y el incremento de los costos y riesgos asociados al cruce migratorio (Durand, 2016; Mora, 2015). El segundo momento que afectó fuertemente, fue la crisis económica de finales de 2007, cuando el sector de la construcción, que ocupa un gran volumen de la población mexicana, fue afectado considerablemente, situación que trajo altas tasas de desempleo (Zenteno, 2012). Es por ello que el 2007 fue el año que registró el máximo histórico de mexicanos residentes en aquel país (Passel, Cohn y González, 2012: 1). Además, a ello se sumó, una reducción de la emigración y un aumento del retorno, trayendo como consecuencia un Saldo Neto Migratorio (SNM) cero (Zenteno, 2012: 18; Passel, 2011: 16).

La regionalización migratoria

Como ya se ha hablado de la gradual integración del territorio nacional al fenómeno migratorio, es necesario contextualizar lo que ello involucra para el fenómeno en sí y las implicaciones de éste sobre nuestro tema en cuestión. Primeramente, es necesario señalar que la literatura habla de distintas regionalizaciones del país sobre la manifestación de la migración, desde un aspecto geográfico, histórico y social (Durand, 1998; Durand y Massey, 2003: 63-94; Corona, 1993; Verduzco, 1998). Dentro de los estudios de migración México-Estados Unidos, la regionalización más utilizada ha sido la propuesta por Durand (1998) y Durand y Massey (2003), que ha sido construida con base en criterios de características geográficas, históricas y demográficas, clasificando al país en cuatro regiones: histórica, fronteriza, centro y sureste (mapa 1).

La región histórica se integra por los estados de Aguascalientes, Colima, Durango, Guanajuato, Jalisco, Michoacán, Nayarit, San Luis Potosí y Zacatecas; esta región se caracteriza por incluir a las entidades pioneras en el fenómeno migratorio. Cabe señalar que según los datos de la Encuesta intercensal, esta región involucra 22.7% del territorio nacional y 23.03% de la población residente en el país para 2015 (INEGI, 2016).

La región fronteriza es la segunda que se incorporó al fenómeno migratorio desde una perspectiva histórica, está integrada por las entidades de Tamaulipas, Nuevo León, Coahuila, Chihuahua, Sonora, Baja California, Baja California Sur y Sinaloa; esta región conforma 47.2% del territorio nacional y 20.84% de la población al 2015 (INEGI, 2016).

La región centro se distingue por tener una experiencia migratoria más reciente y la integran las entidades de Guerrero, Hidalgo, México, Morelos, Oaxaca, Puebla, Querétaro, Tlaxcala y Ciudad de México; esta región contempla 13.1% del territorio nacional, pero es la más poblada del país, con 39.19% de la población nacional (INEGI, 2016).

Jóvenes y migraciones

Mapa 1. Regiones migratorias de México

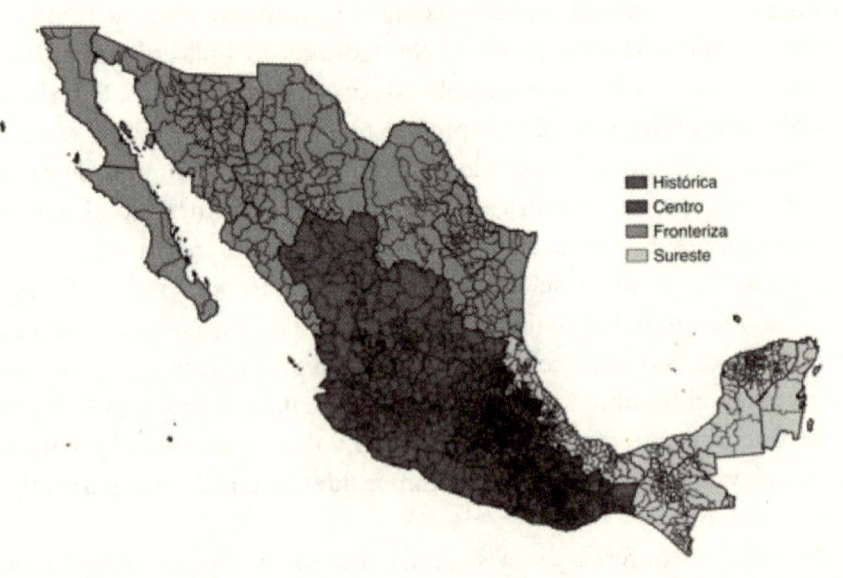

Fuente: Elaboración propia con base en regionalización propuesta por Durand (1998) y Durand y Massey (2003).

Finalmente, la región de más reciente incorporación a la migración internacional es la región sureste, con una extensión territorial de 15.9% y una aportación poblacional de 16.91% (INEGI, 2016). Se conforma por los estados de Veracruz, Tabasco, Campeche, Quintana Roo, Yucatán y Chiapas.

El hecho de que se hable de la incorporación gradual de las distintas regiones migratorias al fenómeno migratorio, no quiere decir que anterior a ello no hayan existido flujos de migración internacional, sino que se hace referencia a que el fenómeno se hizo visible de manera masiva. El discutir la regionalización a partir de los orígenes diferenciados de la migración va en el sentido del tiempo que han enfrentado el fenómeno y sobre todo la solidificación de las redes migratorias, donde la probabilidad de contar con documentos al emigrar es más alta en la región histórica que en la sureste (según cálculos propios con base en INEGI, 2015).

La regionalización que proponen Durand y Massey (2003: 63, 94), ha sido pensada bajo un patrón de migración circular, donde la emigración estaría reflejando una regionalización paralela al retorno y, en nuestro caso a la inmigración de mexicanos hacia México. Sin embargo, bajo el cambio en el patrón migratorio, se ha argumentado que la migración de retorno no necesariamente se dirige al lugar del que se parte (Terán, 2014: 38-50; Masferrer, 2012: 46, Masferrer y Roberts, 2012: 470; Durand, 1986: 52), por lo tanto, en el presente trabajo se hace una descripción espacial de la intensidad en la distribución de los inmigrantes mexicanos en México, durante los últimos 25 años a una escala municipal, para dar cuenta del comportamiento regional de esta población.

¿Inmigrantes mexicanos en México?

A lo largo de las líneas anteriores, se ha planteado a grandes rasgos la transformación histórica de la migración México-Estados Unidos y sus implicaciones en el cambio del patrón migratorio, la diversificación de los perfiles, así como la ampliación de los lugares tanto de origen como de destino, donde estos factores confluyen para poder dar explicación a la creciente oleada de migrantes provenientes de Estados Unidos hacia México. La información de la que se nutre la presente investigación proviene de los XI, XII, 2010 Censos de Población y Vivienda y la Encuesta Intercensal 2015. Las estimaciones han sido hechas a partir de la pregunta incluida en el cuestionario ampliado sobre la residencia de los individuos cinco años atrás a la fecha censal.

Los inmigrantes provenientes de Estados Unidos han sido clasificados como aquellos que tienen su lugar de nacimiento en aquel país, que cinco años antes de la fecha censal residían allá y que al momento del censo ya residían en México, es decir, se refiere a *stock* de migrantes que entran en la categoría de cambio de residencia respecto a la que tenían cinco años atrás (definición que se ajusta a los cambios de residencia considerados por la pregunta censal). Es entonces que no sabemos con precisión si esta población tiene origen mexicano o es nativa[2] de Estados Unidos,

---

[2] En este contexto, interprétese nativa como población nacida en Estados Unidos que no tiene relación con padres o abuelos de origen mexicano.

pero bajo los argumentos que se han planteado anteriormente, se puede suponer que hay una gran probabilidad de que un alto porcentaje de esta población corresponda a hijos de mexicanos nacidos en Estados Unidos, más si a ello agregamos el argumento que sostiene Durand (2004: 113), respecto a que muchos de los migrantes, traen a sus hijos antes de que cumplan diez años, con la finalidad de que aprendan las tradiciones mexicanas y el idioma, dado que después de esa edad es más difícil traerlos, porque ya no quieren venir.

La definición que se ha construido a partir de los datos que permiten calcular los censos, será la que se entienda cuando se hable de extranjeros en México. El panorama nacional permite afirmar que este rubro ha sido creciente con el paso del tiempo y, aunque no se pueden determinar las causas por las que estos individuos han venido a México, sí se puede hacer una descripción de su volumen y la intensidad con que se presenta en el territorio. Las estimaciones que se muestran a partir de este momento son cálculos propios con base en los microdatos de los Censos Generales de Población y Vivienda en sus rondas XI, XII, 2010 y la Encuesta Intercensal 2015, que provee el INEGI.

Los extranjeros en México han sido un grupo poblacional que ha tomado importancia, por el hecho de que su presencia se ha hecho más común, pero ello no quiere decir que sea un fenómeno nuevo, ya que desde hace más de 25 años existe, lo único que ha pasado es que su volumen se ha incrementado, de ahí que la política pública actual se enfrente a varios retos para atender a esta población que en su mayoría demanda servicios educativos (Giorguli, Angoa y Villaseñor, 2014: 540).

La cantidad de extranjeros en México provenientes de Estados Unidos ha tenido un crecimiento importante en los años analizados, pasando de 31,750 individuos en 1990 a 60,910 para el año 2000, mientras que para 2010 se registró el valor más alto históricamente con 152,541 individuos, mientras que para 2015 esta cifra correspondió a 110,936; una desaceleración respecto a 2010, pero aun así casi duplicó la cifra observada para el año 2000. En cuanto a la composición por sexo de estos *stocks* de extranjeros provenientes de Estados Unidos, se observa una estabilidad a lo largo del periodo analizado, donde la mayoría del *stock* está a cargo de las mujeres con 50.8% promedio y el restante 49.2% de hombres (gráfico 1).

Gráfico 1. Extranjeros provenientes de Estados Unidos en México por sexo

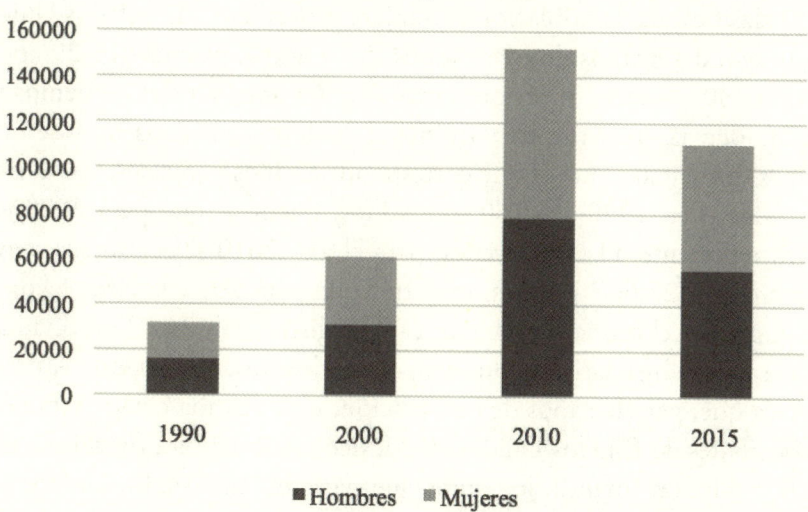

■ Hombres ■ Mujeres

Fuente: Elaboración propia con base en microdatos de los Censos Generales de Población y Vivienda XI, XII y 2010; y la Encuesta Intercensal 2015 de INEGI.

La tendencia que muestra la población extranjera proveniente de Estados Unidos, en cuanto a volumen es muy similar a las que tuvo el retorno de mexicanos desde Estados Unidos, como ya se había señalado al principio de este documento. Es decir, fue creciente de 1990 a 2010, se desaceleró un poco para 2015, pero aun así supera los niveles del año 2000.

En cuanto a la estructura por edad, destaca la presencia de dos grupos principales, niños y jóvenes, estos últimos catalogados entre los 15 y los 29 años para este trabajo.[3] Como se puede apreciar en el gráfico 2, las edades más jóvenes son las que tienen los volúmenes más altos en la distribución etaria, lo que confirma que el reflejo de estos movimientos migratorios es en gran medida un reflejo de la migración de retorno de los padres. El grupo principal es el de los niños, es decir población que se

[3] Para Naciones Unidas el grupo de edad de la juventud es de 15 a 24 años, para este trabajo se incorpora un quinquenio más, por la definición que da el INEGI (2016) al respecto.

ubica entre los cinco y 14 años, en todos los momentos del periodo que se analizan, seguido de los jóvenes (15-29 años).

Si clasificamos la población extranjera proveniente de Estados Unidos según grandes grupos de edad: niños (5-14 años), jóvenes (15-29 años); adultos (30-64 años) y personas mayores (65 años y más), podemos ver una tendencia creciente en términos de volumen de cada uno de estos grupos, principalmente el que corresponde a niños y jóvenes; este último grupo tuvo en 1990 a 6,760 individuos, mientras que para 2000 este rubro representó 11,033 jóvenes; para el año 2010 se registró el mayor número con 27,667 jóvenes, mientras que para 2015 la cifra cayó, sin embargo, fue el grupo que menor caída registró, con 24,035 individuos. La composición relativa de los grupos se observa en el cuadro 1, donde destaca que, para los años de observación, uno de cada cinco extranjeros provenientes de Estados Unidos en México era joven, la primacía se sitúa en la población infantil, los niños que nacieron en Estados Unidos y se encontraban en México al momento de los censos correspondía a uno de cada dos personas que inmigraran a nuestro país provenientes de aquel país.

Gráfico 2. Extranjeros provenientes de Estados Unidos en México por grupos de edad

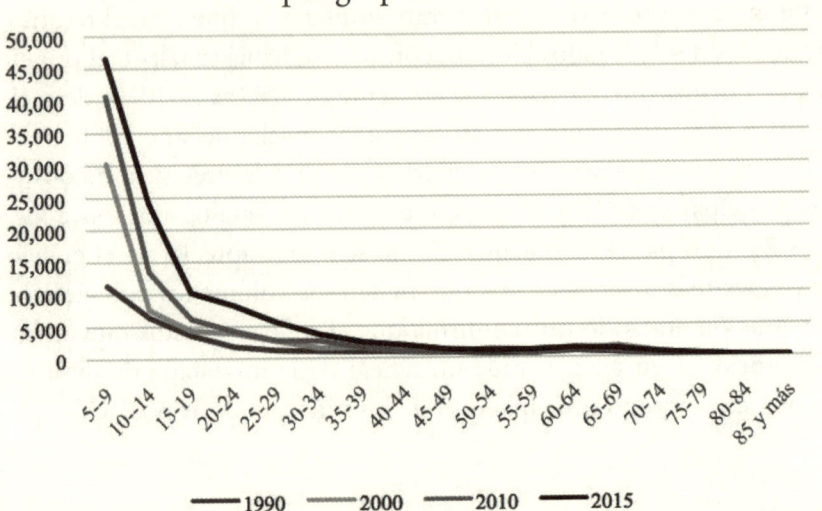

Fuente: Elaboración propia con base en microdatos de los Censos Generales de Población y Vivienda XI, XII y 2010; y la Encuesta Intercensal 2015 de INEGI.

El cuadro 1 nos invita a la reflexión sobre el papel que deben jugar las instituciones en atención y focalización de políticas públicas dirigidas a esta población, sobre todo en las demandas especiales que estos grupos presentan, como lo son el tema educativo y laboral. Hablar de la población extranjera proveniente de Estados Unidos en México, representa hablar, en cada momento censal, acerca de una población que ha pasado a representar 0.03% en 1990 a 0.13% en 2010, la representatividad no radica en el volumen de esta población, sino en que son mexicanos nacidos en otro país.

Cuadro 1. Extranjeros provenientes de Estados Unidos en México por grandes grupos de Edad

	1990	2000	2010	2015
Niños	56.06	62.16	69.23	63.77
Jóvenes	21.29	18.11	18.14	21.67
Adultos	18.83	14.87	10.98	12.04
Personas Mayores	3.81	4.86	1.65	2.53

Fuente: Elaboración propia con base en microdatos de los Censos Generales de Población y Vivienda XI, XII y 2010; y la Encuesta Intercensal 2015 de INEGI.

En cuanto a la distribución regional de la población extranjera proveniente de Estados Unidos en México, parecería que la incorporación de las regiones en la tendencia histórica ha contribuido a designar los *stocks* de esta población, dado que aquella región con mayor historicidad en el fenómeno durante los cuatro puntos de observación ha sido la que tienen mayor presencia de esta población. Seguida de la región fronteriza, después de la región centro y finalmente de la sureste. Un elemento por destacar es que la región sureste, cada vez más, cobra importancia en la presencia del fenómeno migratorio (gráfico 3).

Gráfico 3. Extranjeros provenientes de Estados Unidos en México por regiones migratorias

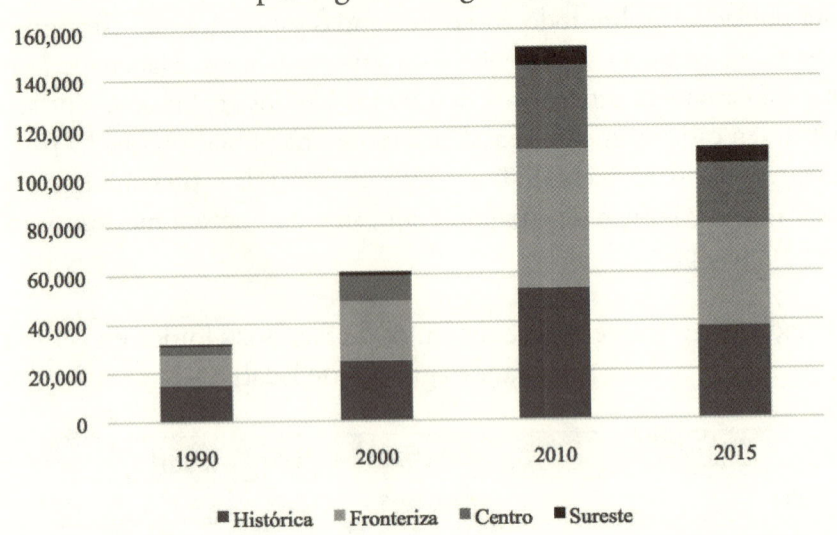

■ Histórica ■ Fronteriza ■ Centro ■ Sureste

Fuente: Elaboración propia con base en microdatos de los Censos Generales de Población y Vivienda XI, XII y 2010; y la Encuesta Intercensal 2015 del INEGI

Distribución espacial de los extranjeros provenientes de Estados Unidos en México a escala municipal

Los cambios en la geografía municipal de la intensidad en el *stock* de extranjeros provenientes de Estados Unidos en México, en los últimos 25 años, no sólo han tenido un cambio en términos de volumen, sino que su distribución espacial también se ha hecho evidente. Dentro de los principales cambios que resaltan, uno es que los lugares con mayor presencia de esta población, corresponden a la manera en que se han integrado al fenómeno migratorio las distintas regiones migratorias. En otro punto, la expansión espacial de la presencia de esta población se ha hecho presente en mayor intensidad y ocupación territorial, como se puede apreciar en los mapas 2-6.

Para 1990, parecía que solo algunas partes del país tenían presencia del fenómeno, particularmente los municipios que se encuentran ubicados en la región histórica y la región fronteriza de migración. La manifestación de extranjeros provenientes de Estados Unidos en México para el año en cuestión se concentra con los volúmenes más altos, en los estados de Baja California, Guanajuato, Jalisco, Michoacán y Zacatecas, así como en algunos municipios muy definidos de Chihuahua, mientras las regiones centro y sureste prácticamente se mantienen sin coloración para ese año, es decir la presencia de *stocks* con estas características es baja (ver mapa 2).

Una década más tarde, para el año 2000 la coloración se oscurece para las mismas entidades que habían presentado *stocks* altos en 1990, es decir han incrementado su intensidad en cuanto al fenómeno, de igual forma comienzan a aparecer manchas de color tenue en las regiones centro y sureste, pero no se ha diversificado el fenómeno espacialmente hablando. Asimismo, en cuanto a la cobertura espacial, la zona que más cobra presencia es la región fronteriza, dado que se integran más municipios de Chihuahua, Coahuila, Nuevo León y Tamaulipas, mientras que en la región histórica Durango se une a la dinámica (mapa 3).

Mapa 2. Distribución municipal de extranjeros provenientes de Estados Unidos en México, 1990

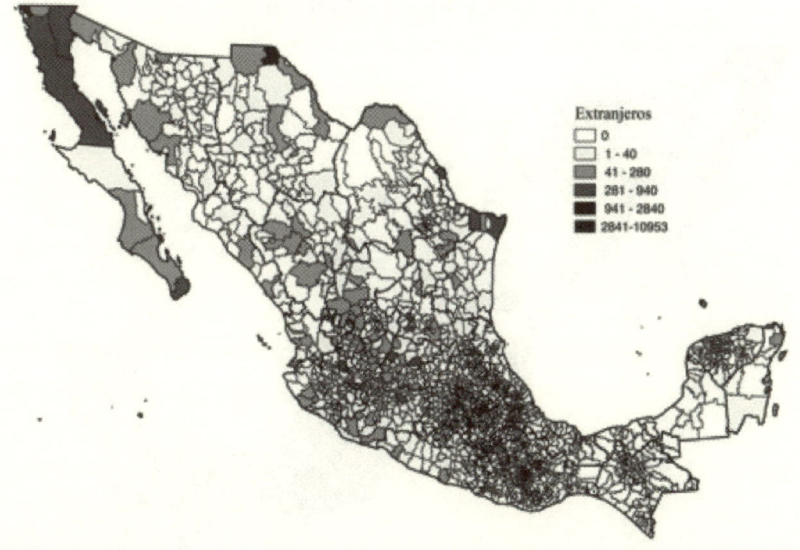

Fuente: Elaboración propia con base en microdatos de los Censos Generales de Población y Vivienda XI, XII y 2010; y la Encuesta Intercensal 2015 del INEGI.

Jóvenes y migraciones

Mapa 3. Distribución municipal de extranjeros provenientes de
Estados Unidos en México, 2000

Fuente: Elaboración propia con base en microdatos de los Censos Generales de Población y Vivienda XI, XII y 2010; y la Encuesta Intercensal 2015 del INEGI.

Mapa 4. Distribución municipal de extranjeros provenientes de
Estados Unidos en México

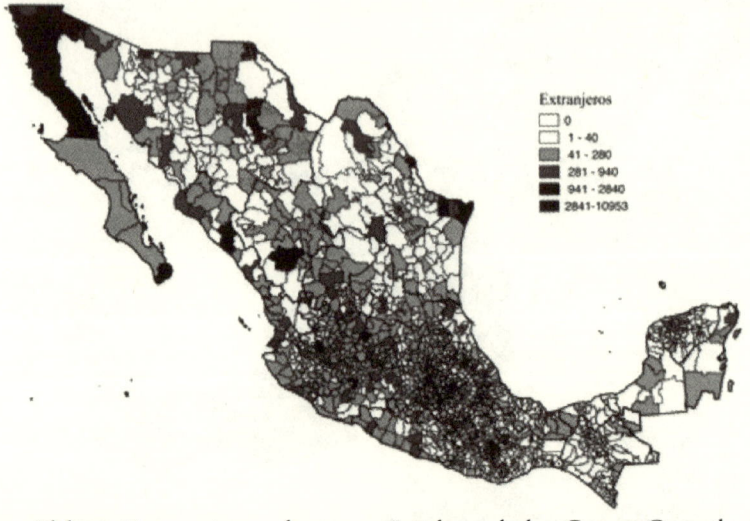

Fuente: Elaboración propia con base en microdatos de los Censos Generales de Población y Vivienda XI, XII y 2010; y la Encuesta Intercensal 2015 de INEGI

Mapa 5. Distribución municipal de extranjeros provenientes de
Estados Unidos en México, 2015

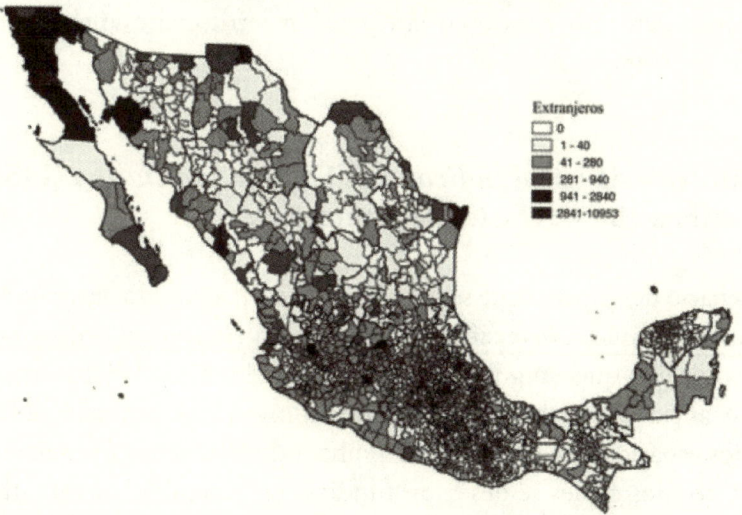

Fuente: Elaboración propia con base en microdatos de los Censos Generales de Población y Vivienda XI, XII y 2010; y la Encuesta Intercensal 2015 del INEGI.

El año 2010 fue el que registró el mayor volumen y más amplia distribución espacial de esta población respecto a los demás años. En ese periodo todas las entidades del país registraron el fenómeno. Se nota una mayor intensidad en las entidades que desde 1990 tenían presencia de este tipo de población, pero ahora con coloraciones más intensas. En lo que respecta a las regiones migratorias de reciente creación, la participación se hace más evidente, dado que el mapa comienza a oscurecerse en lo que respecta a la región centro y la sureste; cabe señalar que la región centro observó una mayor presencia en cuanto a volumen y cobertura espacial, la sureste comienza pigmentarse de este fenómeno (mapa 4).

El 2015 fue un año en que se esperaba una presencia fuerte de población mexicana proveniente de Estados Unidos, por el contexto que se vivía en términos de la relación de política migratoria con aquel país y la situación económica que afectó desde 2007. Sin embargo, la presencia fue menor respecto a lo observado en 2010. Lo que es cierto es que la espacialidad de los extranjeros provenientes de Estados Unidos en México involucra una mayor cobertura para ese año y una mayor participación de la región sureste, respecto al volumen que ésta había manifestado en años anteriores, pero sobre todo en la extensión territorial que el fenómeno manifestó (mapa 5).

Diagnóstico de *Local Indicator of Spatial Association* (LISAs) e identificación de *cluster* de inmigrantes

El escenario descriptivo que se ha mostrado en el apartado anterior nos ha permitido ver que la diversificación del patrón espacial en la distribución de la población que emigra desde Estados Unidos hacia México ha cobrado relevancia. Sin embargo, para tener un mayor acercamiento sobre los cambios espaciales que este fenómeno ha inducido, se hace un análisis de *cluster*, con los cuales se desea profundizar en entender la configuración regional del fenómeno en cuestión y la concordancia espacial que éste guarda. Para ello se ha hecho uso de medidas de autocorrelación espacial globales y locales.[4]

La I de Morán es un indicador de autocorrelación espacial que indica cuán relacionadas están las unidades municipales agrupadas en el territorio, según los valores de las unidades que rodean a cada uno de los municipios, agrupando valores similares. Tiene un valor entre 0 y 1 y mientras más cercano a la unidad, habla de una mayor asociación espacial (Anselin, 1995: 98). Con este indicador podemos saber cuán relacionado está un municipio de alto volumen de extranjeros y los municipios con alto volumen de extranjeros que rodean a éste, así como con aquellos que lo rodean y tienen valores de bajo volumen de extranjeros. Para los años en cuestión el I de Morán en 1990 fue de 0.21 y para 2015 de 0.22, es decir hay una autocorrelación espacial positiva no muy fuerte, pero sí habla de asociación espacial. Por ello se hace un análisis

---

[4] Las medidas espaciales calculadas se han hecho bajo una matriz de pesos geográficos tipo "*Queen*" de primer orden.

a nivel local, para detectar asociaciones espaciales en un entorno más local (Anselin, 1995: 95).

El mapa 6, habla de los LISAs[5] que se dan para el año 1990, donde los *clusters* alto-alto, se concentran en la región histórica de migración, así como en la región fronteriza. Ello quiere decir que hay presencia de municipios que tienen altos valores de extranjeros provenientes de Estados Unidos, rodeados y relacionados con municipios que también tienen valores altos, y que estos valores guardan una relación espacial, es decir, que sus valores están influidos por los valores que han manifestado sus vecinos, ya que si estos municipios, con las características que tienen, estuvieran hipotéticamente en otra ubicación, no tendrían estos *stocks*. Además, este mapa también muestra una alta presencia de *cluster* alto-bajo, es decir, municipios que tienen una alta presencia de esta población y que se rodean de municipios con valores bajos, una primera conclusión es que los hijos de los retornados mexicanos buscan ubicarse en lugares que ofrecen mayores servicios, es decir urbanos.

El escenario para el año 2000, se destaca por tener la aparición de un *cluster* bajo-bajo en la zona sureste del país, es decir comienza a haber presencia de extranjeros provenientes de Estados Unidos y se relaciona significativamente el comportamiento espacial de los municipios con los valores que manifiestan los municipios vecinos. En cuanto a los *clusters* alto-alto, no hay grandes cambios respecto a lo que se observó una década atrás (mapa 7).

---

[5] Todos los LISAs que se calcularon se hicieron a 999 permutaciones.

Jóvenes y migraciones

Mapa 6. LISAs extranjeros provenientes de Estados Unidos en México, 1990

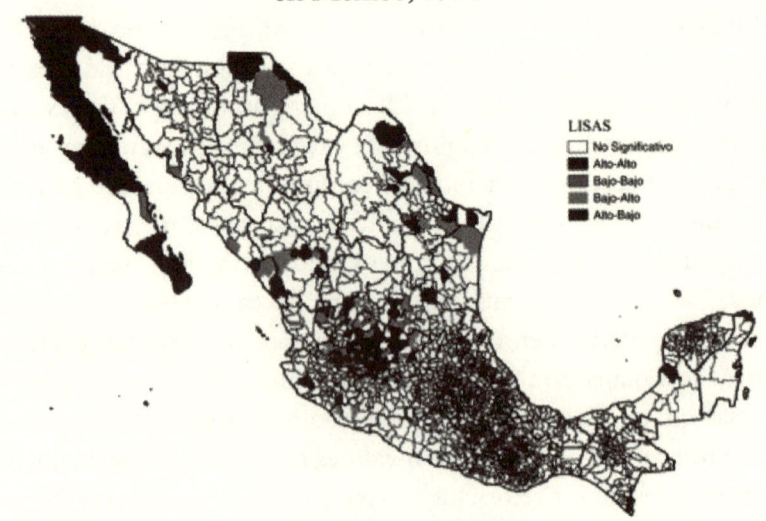

Fuente: Elaboración propia con base en microdatos de los Censos Generales de Población y Vivienda XI, XII y 2010; y la Encuesta Intercensal 2015 del INEGI.

Mapa 7. LISAs extranjeros provenientes de Estados Unidos en México, 2000

Fuente: Elaboración propia con base en microdatos de los Censos Generales de Población y Vivienda XI, XII y 2010; y la Encuesta Intercensal 2015 del INEGI.

Mapa 8. LISAs extranjeros provenientes de Estados Unidos
en México, 2010

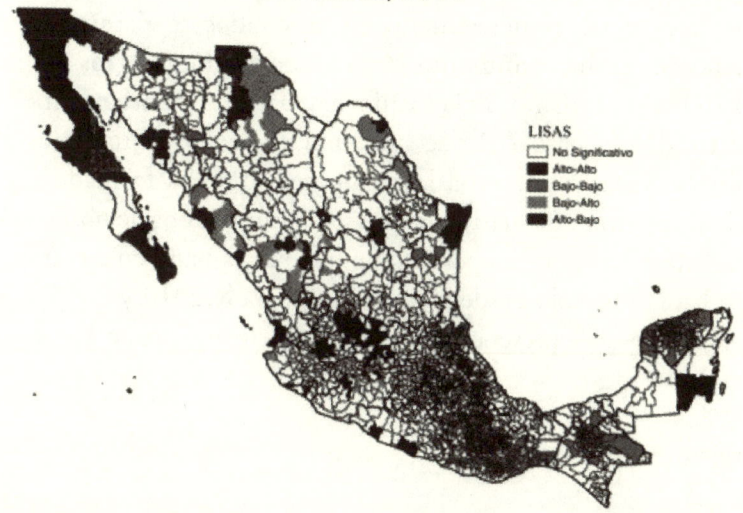

Fuente: Elaboración propia con base en microdatos de los Censos Generales de Población y Vivienda XI, XII y 2010; y la Encuesta Intercensal 2015 del INEGI.

Mapa 9. LISAs extranjeros provenientes de Estados Unidos
en México, 2015

Fuente: Elaboración propia con base en microdatos de los Censos Generales de Población y Vivienda XI, XII y 2010; y la Encuesta Intercensal 2015 del INEGI.

Los dos últimos mapas (8 y 9) muestran un escenario muy parecido respecto a los *cluster* que se formaron, donde resalta el hecho de que la región tradicional, principalmente en los estados de Zacatecas, Jalisco y Guanajuato, se ha mantenido con presencia durante los 25 años de observación; Asimismo, Baja California norte se mantiene en el *clusters* alto-alto, donde para 2015 se suman al *cluster* los municipios de Baja California Sur. En cuanto a la región centro se ha formado un *cluster* bajo-bajo, mismo que perdura en los dos últimos años de observación. La región sureste es la que ha perdido un poco de tamaño en cuanto al *cluster* que se había formado desde el año 2000; para el 2010 y 2015 se reduce, pero se mantiene la presencia del *cluster*, principalmente en Yucatán.

Consideraciones finales

La población que se ha registrado en los distintos censos del país de 1990 a la fecha ha dejado en evidencia la presencia de población nacida en Estados Unidos. Gran parte de esta población corresponde a mexicanos nacidos en aquel país, quienes han sido movilizados por las estrategias familiares para hacer frente a los cambios económicos, políticos y sociales de la relación migratoria entre ambos países. Como se ha argumentado a lo largo de este trabajo, hay una gran presencia de inmigrantes que acompañan seguramente a sus familiares que retornan hacia México, ya que cerca de 87% de esta población está entre los 5 y 29 años, es decir, niños y jóvenes que vienen al país de sus padres en busca de una oportunidad para desarrollarse.

Durante los 25 años de observación, es evidente que esta población ha tenido dos comportamientos, el primero de ellos es que ha crecido en términos de volumen. En cuanto a su estructura por edad y sexo, no ha tenido cambios importantes relativamente hablando. El aumento también se ha hecho evidente en la presencia territorial, donde queda clara la relación directa que se guarda entre la antigüedad de incorporación de la migración de cada una de las regiones migratorias y el volumen de extranjeros que cada una de ellas manifiesta en los cuatro puntos en el tiempo que se analizan.

En cuanto a la correlación espacial que guarda el fenómeno, sobresalen dos elementos que pueden ser un insumo valioso para la política pública. El primero de ellos es que el análisis de *cluster* permite identificar una configuración regional de presencia del fenómeno, donde el análisis local permite demarcar zonas de atención inmediata a las necesidades de esta población. Además de ello, también es población potencial para el desarrollo, ya que debe ser percibido como capital humano que se ha transferido del país vecino que puede ser aprovechado en el territorio nacional. En el segundo punto, destacan los *clusters* disimiles, es decir, los *clusters* alto-bajo y los bajo-alto; ya que con ellos se percibe, que los lugares de origen de los padres son puntos de primera llegada, pero posteriormente se da una migración interna a lugares más urbanizados para el acceso a servicios, con los que no se cuenta en los lugares de origen de los padres, provocando dinámicas económicas nuevas.

El presente trabajo ha cumplido con los objetivos de visibilizar a los niños y jóvenes que han estado presentes en los flujos migratorios entre México y Estados Unidos y que pocas veces han sido explorados desde una perspectiva espacial a nivel municipal.

Fuentes consultadas

Anselin, Luc (1995) "Local Indicators of Spatial Association – LISA", en *Geographical Analysis*, núm. 27, Wiley, Ohio.

Arias, Patricia (2009) *Del arraigo a la diáspora: dilemas de la familia rural*, Cámara de Diputados, LX Legislatura, Ciudad de México.

Corona, Rodolfo (1993) "Características de la migración en el Estado de México en el periodo 1950-1990", en *estado actual de la migración interna e internacional de los oriundos del Estado de México*, El Colegio de la Frontera Norte y Consejo Estatal de Población, Toluca.

Durand, Jorge (1986) "Circuitos migratorios en el occidente de México", en *Revue Europeenne des Migrations Internationales,* vol. 2, núm. 2, Remi, París.

Durand, Jorge (1998) "Nuevas regiones migratorias", en René Zenteno (coord.) *Población, desarrollo y globalización. V Reunión de investigación socio-demográfica en México,* vol. 2, El Colegio de la Frontera Norte, Tijuana.

Durand, Jorge (2016) *Historia mínima de la migración México-Estados Unidos,* El Colegio de México, Ciudad de México.

—, (2004) "Ensayo teórico sobre la migración de retorno. El principio del rendimiento decreciente", en *Cuadernos Geográficos de la Universidad de Granada,* vol. 35, núm. 2, Universidad de Granada, Granada.

—, y Douglas Massey (2003) *Clandestinos: migración México-Estados Unidos en los albores del siglo XXI,* Universidad Autónoma de Zacatecas / Miguel Ángel Porrúa, Ciudad de México.

Giorguli, Silvia, María Angoa y Rodrigo Villaseñor (2014) "Los retos ante el nuevo escenario migratorio entre México y Estados Unidos: Patrones regionales y políticas locales", en Silvia Giorguli y Vicente Ugalde (coords.) *Gobierno, territorio y población: las políticas públicas en la mira,* El Colegio de México, Ciudad de México.

INEGI (Instituto Nacional de Geografía y Estadística) (1980) *Características de la fecundidad en México,* INEGI, Aguascalientes.

—, (1991) *Resultados definitivos del XI Censo General de Población y Vivienda 1990,* INEGI, Aguascalientes.

—, (2001) *Resultados definitivos del XII Censo General de Población y Vivienda 2000,* INEGI. Aguascalientes.

—, (2011) *Resultados definitivos del Censo General de Población y Vivienda 2010*, INEGI, Aguascalientes.

—, (2015) *Encuesta Nacional de la Dinámica Demográfica 2014*, INEGI, Aguascalientes.

—, (2016) *Resultados definitivos de la Encuesta Intercensal 2015*, INEGI, Aguascalientes.

Masferrer, Claudia (2012) "Cuando el origen no es destino: el ciclo de vida y el retorno como posibles vínculos entre la migración interna e internacional", en *Coyuntura Demográfica*, núm. 2, SOMEDE, Ciudad de México.

—, y Brian Roberts (2012) "Going Back Home? Changing Demography and Geography of Mexican Return Migration", en *Population Research and Policy Review*, vol. *31,* núm. 4, Springer, Berlín.

Massey, Douglas y Kristen Espinosa (1997) "What's driving Mexico U.S migration? a theorical, empirical, and policy analysis", en *American Journal of Sociology*, vol. *102,* núm. 4, American Journal, Chicago.,

Mora, Ricardo (2015) *Incremento en los riesgos asociados al cruce fronterizo clandestino y tiempo de permanencia de los migrantes indocumentados 1965-2008*, tesis doctoral, El Colegio de México, Ciudad de México.

Passel, Jeffrey (2011) "Flujos migratorios México-Estados Unidos de 1990 a 2010: un análisis preliminar basado en las fuentes de información estadunidenses", en *Coyuntura Demográfica*, núm. 1, SOMEDE, Ciudad de México.

—, D´vera Cohn y Ana González (2012) "Net Migration from Mexico Falls to Zero- and Perhaps Less", en *Pew Research Center*, lunes 23 de abril, Pew Hispanic, Washington.

Terán, Diego (2014) *La migración entre México y Estados Unidos, hacia la nueva geografía del retorno del siglo XXI*, (tesis de maestría), El Colegio de México, Ciudad de México.

—, Silvia Giorguli y Landy Sánchez (2016) "Reconfiguraciones de la geografía del retorno de Estados Unidos a México 2000-2010: un reto para las políticas públicas", en *Situación Demográfica 2015*, Consejo Nacional de Población, Ciudad de México.

Verduzco, Gustavo (1998) "La geografía de la migración mexicana a los Estados Unidos", en *Informe de la Comisión de Especialistas del Instituto Federal Electoral, para el estudio de las modalidades del voto de mexicanos en el exterior*, Instituto Federal Electoral, Ciudad de México.

Wegrzynowska, Karina (2015) "La feminización de la migración mexicana en Estados Unidos", en *Revista del* CESLA, núm. 18, Uniwersytet Warszawski, Warszawski

Zenteno, René (2012) "Saldo migratorio nulo: El retorno y la política Anti-inmigrante", en *Coyuntura Demográfica*, núm. 2, SOMEDE, Ciudad de México.

Zúñiga Elena, Paula Leite y Alma Nava (2004) *La nueva era de las migraciones: características de la migración internacional en México*, Consejo Nacional de Población, Ciudad de México.

Zúñiga, Victor y Rubén Hernández (2005) *New destinations: Mexican immigration in the United States*, Russell Sage Foundation, Nueva York.

Menores y jóvenes migrantes:
La novedad que siempre ha estado presente

Oscar Ariel Mojica Madrigal

Introducción

En los últimos años, varios de los debates en torno a la migración México-Estados Unidos se centraron en el retorno. Para esto han sido cruciales la llamada crisis económica de 2007-2008 en Estados Unidos, y lo que venía ocurriendo desde un par de décadas atrás en materia de Seguridad Nacional, que impactó en la población migrante irregular, aunque también en la regular. Los eventos del 11 de septiembre de 2011 agudizaron aún más las políticas de seguridad debido a que los ataques a las Torres Gemelas en Nueva York fueron adjudicados a migrantes, generando así una creciente xenofobia basada en el peligro que éstos representaban para Estados Unidos.

Los argumentos de Samuel Huntington (2004) sobre el problema que representaría el ingreso de inmigrantes de distintas nacionalidades, estaban claros para algunos, y con más prejuicios que argumentos, los inmigrantes fueron catapultados como chivos expiatorios para un país que había sido de acogida, y que empezaba a verlos como una amenaza latente. Bajo el argumento de temer al extranjero, las políticas de seguridad empezaron a cambiar. Así pasaron de aquella retaguardia productiva que representaron durante la segunda guerra mundial, con los braceros (Vélez, 2002: 23-24), a ser los "*bad* hombres" de una economía que se había fortalecido en parte por el trabajo que realizaron en los campos y fábricas.

De esta forma, el tema de las deportaciones pasó a ser recurrente en la agenda política, en las investigaciones, en los medios de comunicación y las redes sociales y, aun cuando no era una situación reciente, los impactos empezaban a ser visualizados.

Las deportaciones incidieron en desarticulaciones familiares a consecuencia de la expulsión impuesta por el gobierno de Estados Unidos a uno o varios miembros del hogar. Sin embargo, ese énfasis en la separación familiar a causa de las deportaciones debe ser analizado a mayor profundidad. Por ejemplo, la separación también ocurrió a causa de la migración hacia Estados Unidos, miembros del hogar que emprendieron el viaje y nunca más volvieron; o aquellos que llevaron a cabo retornos "voluntarios" a México buscando mantener unida a la familia ante la deportación del esposo o esposa, pero las condiciones económicas y de seguridad social que enfrentaron en México incidieron en la decisión de retornar a Estados Unidos y con ello dejar al familiar deportado.

Sin embargo, también quienes cumplieron objetivos y podrían ser colocados en la literatura como migrantes con "retorno definitivo planeado" (Durand, 2004) e inversores (Fernández, 2011: 206) que entran en la categoría radical de migrantes exitosos, a pesar de plantear el retorno, de hacerlo con planes económicos e incluso acondicionamiento del terruño, problemas de índole sociocultural han hecho que retornen a Estados Unidos, tal como Fernández detalló como aquellos que simplemente "ya no se hallan en México" (2011), lo que además provoca rupturas familiares. Pero también la crianza de familia en el norte[1] generó que las metas y objetivos fueran trazados de forma distinta por cada miembro de la familia, por lo que, al momento de llegar el retorno definitivo, éste sólo lo llevaron a cabo algunos, mientras otros tomaron la decisión de permanecer en Estados Unidos (Mojica, 2016), dando lugar así a desarticulaciones familiares, incluso en aquellas familias donde algunos de sus integrantes habían alcanzado objetivos y con situación migratoria regular. Esto último detalla cambios importantes en el contexto migratorio actual, donde incluso un retorno premeditado no se llevaba a cabo como se planeaba, y a pesar de cumplir objetivos económicos, quedaban como individuales debido a que los demás miembros de la familia trazaban los propios, de tal forma que las deportaciones sí han incidido en separaciones familiares, pero también lo han hecho los contextos

---

[1] En las zonas de migración tradicional del centro-occidente de México a Estados Unidos, e incluso a los migrantes que se encuentran en dicho país, como norteños.

sociales, políticos y económicos en México que ofrecen pocas oportunidades, y aún menos para las familias que desconocen los entornos mexicanos.

La complejidad de las migraciones recientes presenta cambios en los patrones migratorios y en la presencia de actores que décadas atrás habían sido considerados como acompañantes. Éstos empezaron a tener presencia importante colocándose como actores con incidencia en las políticas a través de necesidades concretas que responden a grupo etario, condición de género, historia y condición migratoria, por mencionar algunas variables.

El presente trabajo centra la atención en parte de esos actores que observamos en esas movilidades hacia México, menores y jóvenes con reciente experiencia migratoria, ya sean nacidos en Estados Unidos o criados en aquel país que migran, vuelven a México a causa de una deportación propia o de algún miembro de su familia, y con ellos es posible señalar los problemas que enfrentan en contextos rurales michoacanos y el impacto de esto en sus procesos de inserción.

De esta forma, el trabajo estará compuesto por cuatro apartados. Primero, la presentación general del capítulo; seguido de un preámbulo reflexivo de las migraciones en México, tanto las de retorno, pero también las que inciden en que deje de ser un país de emigración y empiece a serlo de inmigración; tercero, menores y jóvenes migrantes a territorio nacional y el impacto de los contextos sociales, políticos y económicos en los procesos de inserción; finalmente, se presentarán las conclusiones.

Algunas reflexiones de la migración internacional en México: no todos son migrantes nacionales, ni todo joven es *dreamer*

Es claro que no todos los jóvenes migrantes son *dreamers*, así como tampoco todo *dreamer* tiene las mismas necesidades y metas, son heterogéneos y con experiencias distintas, aunque los hagan ver similares por ser partícipes en lo que también pareciera un mismo movimiento (Meganoticias, 2018).

Debemos empezar a ver dentro de las migraciones a migrantes y no migrantes y, además, de forma importante, ver a México como un país de inmigración y no únicamente como expulsor. La visibilidad de un tránsito de migrantes de distintas nacionalidades, y no sólo del mismo continente, se ha hecho evidente en nuestro país.

Al respecto, en diciembre de 2017 en el Seminario Internacional "Los *dreamers* ante un escenario de cambio legislativo: inserción social, cultural y económica en México", organizado por El Colegio de la Frontera Norte, Agustín Escobar Latapí señaló que México con las deportaciones de sus connacionales y el establecimiento en territorio nacional de migrantes internacionales ante la seguridad fronteriza y la cancelación de visas humanitarias, ha empezado a convertirse en el sitio de destino de aquellos que iban de paso o habían salido en búsqueda de una mejora en su economía y con ello bienestar familiar. De tal forma, seguirlo considerando como país de tránsito o de expulsión nos llevará a equivocaciones en la toma de decisiones para generar acciones en favor de las poblaciones (in)migrantes. Trabajos como el de Carlos Antaramian (2011) "Los armenios en México", así como el de Marcela Martínez, (2013) "Los italianos en México", por señalar algunos, son clara muestra de que han existido inmigraciones a nuestro país, más allá de la española y sudamericana que comúnmente conocemos, y no de manera reciente.

Así, el panorama en cuanto a los tránsitos y posibles "estancamientos" de flujos migratorios en México que tenían como finalidad Estados Unidos, podría aumentar, y lo presenciamos ya con los haitianos en Tijuana. Asentimos falta de proyectos para la inserción de poblaciones migrantes, pero también para las no migrantes. Rodolfo García Zamora señaló en 2017, en el mismo evento donde participó Escobar Latapí al que hice mención, que durante décadas en nuestro país no se ha hecho mucho para dar solución a problemas añejos de integración social y económica de la población, y vamos presenciando la visibilidad de actores bajo condiciones de desigualdad y de riesgo, que van apareciendo y que se suman a otros que ya observábamos. Así damos cuenta de los problemas existentes con las poblaciones indígenas, el crecimiento de la pobreza que no es nuevo, y pareciera que poco a poco se irá dejando solos a los que van envejeciendo, sin pensiones, así como el incremento de asesinatos de mujeres y desapariciones de jóvenes que van quedando sin respuestas. Entonces, el panorama en cuanto a generar acciones concretas y reales, es poco probable y el futuro se vislumbra aún más complicado, aún más que el sombrío presente carente de oportunidades económicas, participación política y seguridad social, no solamente para el migrante, sino para la población en general, incluidos aquellos con preparación profesional.

En octubre de 2017, por cuestiones laborales pude visitar Honduras y tuve la oportunidad de entrar al Centro de Atención a Migrantes Irregulares en Ciudad Choluteca, donde el personal señaló que se estaba registrando un alza en las llegadas de personas de países como India, Sri Lanka, Pakistán y Nepal entre los más comunes, y estas nacionalidades no habían sido tan frecuentes años atrás. El destino que señalaban era Estados Unidos vía México, y otros marcaban de forma directa México. Las probabilidades de que esas personas crucen a Estados Unidos son inciertas, así como también pensar que México se convertirá en el sitio de destino. Pero sí sabemos que el reforzamiento de la frontera México-Estados Unidos, podría generar que México se convirtiera en sitio de destinos, o las fronteras mexicanas en sitios de espera, tal como ha ocurrido con éstas, que albergan sobre todo población nacional, que en espera de cruzar a Estados Unidos, se asentó provisionalmente en dichas ciudades donde hizo una vida y vio crecer a su familia. Eso, por ejemplo, ocurrió con mi familia, y ha ocurrido con las migraciones en otros países, tal como lo ha detallado Achotegui (2009) para España, donde circunstancias no consideradas prolongan las estancias convirtiendo a los inmigrantes en modernos Ulises que buscan regresar a sus sitios de origen pero hay situaciones, circunstancias que se lo impiden. Sin embargo, cuando migran con la familia, se convierten en uno de los dos tipos de migrantes señalados por Durand (2004: 110) que piensan su viaje al momento de partir y que queman las naves para nunca más volver. Y así, la negativa de visas humanitarias y el aumento de la seguridad en la frontera México-Estados Unidos, así como la falta de contextos socioeconómicos para la población migrante, hacen que el panorama sea poco alentador y que México vaya convirtiéndose en un país de inmigración.

Por tanto, resulta pertinente dirigir los debates en materia migratoria hacia la generación o propuestas de acciones para atender a la población que llega a México, y a aquellas víctimas de violencias, como es el caso de la migración centroamericana y africana, y con la propia población mexicana o descendiente de mexicanos que busca en México oportunidades económicas, sociales y políticas.

Así que el tema de generar acciones para la inserción, tanto de migrantes nacionales como internacionales, debe pasar a ser punto importante en las discusiones en torno a poblaciones (in)migrantes, entre académicos y organizaciones de la sociedad civil.

Menores y jóvenes en procesos migratorios: desde la invisibilidad a la visibilidad estigmatizada

Presencias invisibilizadas

Una constante en los estudios sobre menores y jóvenes migrantes es lo complejo que resulta estudiar a esta población, sobre todo en ámbitos socioculturales y políticos. La infancia es señalada comúnmente como una etapa en la cual es necesario el acompañamiento, la presencia de modelos, y la preparación para una edad adulta, de la cual la juventud es antesala. Sin embargo, existen fronteras socioculturales entre una edad y otra que frecuentemente se diluyen ante contextos más de tipo económico y político que aceleran procesos de madurez e incorporan a edades mayores a las obligaciones sociales.

Esteinou señala que ser joven responde además de aspectos biológicos, –como edad y género–, y psicológicos, a la parte social, donde hay una construcción del ser joven, además de "cuándo y cómo serlo" (2005). Además, es entre la antesala del ser joven y en la primera parte de la juventud, donde se va consolidando la identidad y la madurez, elementos que forman la personalidad.

Con lo anterior, si incluimos la variable migrante a la "inmadurez" propia de los menores, su situación se complica, tal como lo señaló López Castro (2006). Además, siguiendo con el autor, que señaló una característica común en la migración de menores, su viaje a Estados Unidos por "encargo" de los padres que buscan por ese medio la reunificación familiar (2006: 128), resulta importante contrastarla con la movilidad de menores procedentes de Estados Unidos, quienes ahora son "mandados traer" del Norte a México, lo que nos refleja nuevas dinámicas migratorias.

Al respecto, lo que también complica atender a la población de menores y jóvenes, para este caso, que nacieron en Estados Unidos y se encuentren en México, es la falta de información. El Instituto Nacional de Estadística y Geografía, (INEGI), contabilizó entre la población de 0-29 años, un1% de nacidos en Estados Unidos para 2010. Aun cuando el grupo de menores de 29 años concentraba casi el total de la población nacida en Estados Unidos, 88%, mientras que mayores de 30 años el 12% restante no se considera importante, en términos numéricos, de esta población, por carecer de información, como motivo de retorno por ejemplo.

Y la población ha ido aumentando, tal como se detalla en el cuadro 1.

Cuadro 1. Población adolescente y joven en condición de migrante internacional en México en el quinquenio anterior

Grupo de edad	1990	2000	2010
12 a 14 años	8,844	14,035	33,885
15 a 19 años	14,292	21,040	50,721
20 a 24 años	21,792	39,665	111,713
25 a 29 años	21,792	58,024	178,825
Total	69,030	132,764	375,144

Fuente: Elaboración propia con base en INEGI (1990; 2000 y 2010).

Respecto a la emigración de población menor y joven, para años más recientes, de acuerdo con datos de BBVA Bancomer-CONAPO, referentes a la población mexicana llegada a Estados Unidos a vivir entre 2006-2015, 53.8% fueron menores de 29 años (BBVA Bancomer-CONAPO, 2017: 64). Aunque señala que en comparación con los periodos de 1986-1995 y 1996-2005, ésta disminuyó de forma considerable y, a pesar de la crisis económica de 2008 y el aumento en los retornos a partir de ese año, la migración hacía Estados Unidos sigue presente.

Así por ejemplo, en los eventos de repatriación de niñas, niños y adolescente mexicanos desde Estados Unidos entre 2010-2016, se aprecia que la movilidad de menores ha seguido presente pese a las alertas por la migración infantil no acompañada. De los casos registrados por autoridades nacionales, como el Instituto Nacional de Migración, desde 2010, los porcentajes de menores sin acompañante han sido: 67% 2010, 74% 2011, 79% 2012, 83% 2013, 84% 2014, y 84% 2015 (BBVA Bancomer- CONAPO, 2017).

Son parte de una generación de migrantes y a pesar de ser nacidos, por ejemplo, en Estados Unidos, enfrentan también rechazo en el país de origen de sus padres por su condición migrante. Así, entre algunas expresiones populares directamente extraídas de la voz de estos migrantes, encontramos:

> México yo te quiero y me quiero regresar,
> Pero tu gente no me entiende y jamás me aceptará.
> Porque no soy de aquí, ni soy de allá,
> Pero aquí es donde me gusta
> Aquí me voy a quedar.
> Porque no soy de aquí, ni soy de allá,
> Con dos acentos en la lengua llegaré a triunfar"
>
> Canción: *Ni de aquí ni de allá*. (Jae P. migrante, 2003).

A pesar de que los estudios especializados enfatizan la importancia de la integración de los hijos de migrantes a los sitios de origen, por ser ciudadanos con plenos derechos, todavía se encuentran contextos en los que se evita, más que su integración, el ejercicio de sus derechos. A esto le agregaríamos también a aquellos que si bien no nacieron ahí, en esos espacios fueron criados, como podrían ser los beneficiados por DACA, pero no los únicos. Al respecto, Vélez Fernández (2009: 9) apunta de forma acertada a la atención y ejercicio de derechos que los hijos de migrantes nacidos en el extranjero deben tener en el país de sus padres, "El desarrollo de estos niños y jóvenes concierne tanto a Estados Unidos como a México", enfatizando en lo importante que podrán ser para México, en este caso y, por tanto, deben existir espacios para el diseño de políticas que también los integren a México. Sin embargo, han sido detectados en algunas comunidades mexicanas contextos carentes en oportunidades económicas y políticas para migrantes y sus familias (Mojica, 2015).

Con lo último, a pesar de que el presidente Enrique Peña Nieto señaló su sexenio como el del empleo (Vargas, 2017), la realidad es que hay pocas oportunidades para la inserción de migrantes y sus familias a varios contextos rurales mexicanos. La atención debe ponerse en los contextos locales mexicanos y no únicamente en las condiciones para la inserción de los hijos de mexicanos o migrantes nacionales en territorio norteamericano, por ejemplo. En el texto "Nosotros no cruzamos la frontera" (Galindo, 2009), se señalan los procesos de integración de los hijos de migrantes a Estados Unidos, la segunda generación de migrantes. Lo anterior resulta importante, pero también debe de aplicarse a los migrantes que llegan a México y a sus hijos, para que la integración sea en ambos lados de la frontera, Estados Unidos y en México, siendo éste un punto con importancia a futuro en ambos países, debido a que de ahí dependerá en gran medida no sólo la estabilidad, inserción y éxito de los migrantes y sus familias, sino también en los sitios de recepción.

La atención reciente a menores y jóvenes migrantes resulta contradictoria debido a que en los flujos migratorios siempre han estado presentes, y no como acompañantes, sino enrolándose a los circuitos como migrantes laborales desde edades tempranas. Por ejemplo, en el Programa Bracero, 1942-1964, es sabido que algunos braceros se inscribieron siendo menores de edad, y otros recién rebasando los 18 años. En conversación con un ex bracero en la ciudad de Tijuana, Baja California, en 2005, éste señaló que tenía 17 años cuando fue contratado por primera ocasión, y en su misma situación había varios paisanos que llevaban los documentos de algún pariente mayor de edad.[2]

Fernando Alanís, en su trabajo "Voces de la repatriación" muestra el retorno de migrantes y sus familias, entre éstos menores criados y nacidos en Estados Unidos, a territorio mexicano posterior de la crisis económica de 1929 (2015), dejando así un precedente importante, pero al que poca atención se puso y hoy vemos las consecuencias de ese desinterés: falta de proyectos sólidos para la incorporación de los migrantes y sus familias al

---

[2] Información obtenida durante las entrevistas realizadas en 2015 para la elaboración del documental "Braceros, de retaguardia productiva a olvidados", por Sergio Chávez, Ariel Mojica y Areli Veloz.

contexto nacional y más menores migrantes. Por otro lado, entre 1931-1934, Alanís apuntó a que fueron trasladadas a la frontera México-Estados Unidos 150 familias para su repatriación (2015: 79-80). Aunque no muestra datos de la conformación de las familias, podría suponerse que había presencia de menores. De tal forma que desde hace más de ocho décadas ya había retornos y migración de menores a México.

Raúl Bringas (2015) ha señalado el importante rol de los medios de comunicación, durante y después de la llamada crisis migratoria de menores con y sin acompañante de 2014 en la frontera México-Estados Unidos, señalando que era una migración "sin precedentes" de forma reiterada en los distintos medios de comunicación, pero más, tomando la vulnerabilidad de los menores para intensificar las notas.

Bringas (2015: 26) apunta en su trabajo "La primera gran migración transcontinental de niños: el traslado forzado de infantes en el Imperio Británico, 1617-1967", que en el plano internacional, la movilidad de menores ya había estado presente desde hace varios siglos, y las migraciones fueron obligadas, como una especie de "válvula de escape" por lo que representaba económicamente atender a menores huérfanos de guerra, y con ellos se les colocó en algunas colonias de su dominio. Por ejemplo, en Rodesia, África, la llegada de menores se llevó a cabo, pero también bajo la política de aumentar la población blanca. De tal forma, durante varias décadas, los menores fueron movilizados contra su voluntad y la de sus familiares, como parte de las estrategias del Imperio Británico para poblar sus Colonias, incluso a principios de la segunda mitad del siglo pasado.

Richard Griswold, por su parte, señaló en su trabajo *Mexican immigration (1848-1910)*, la movilidad a México de población que se vio afectada por el Tratado de Guadalupe Hidalgo y la implementación de programas-apoyos para su repatriación, y en éstos, la visibilidad de menores fue evidente. Por ejemplo, buscando incentivar la repatriación, en 1848 se ofreció apoyo económico y tierra para mayores de 14 años, además de 25 pesos y, para los hijos menores de 14 años, la cantidad de 12 pesos por cada uno (2017: 34).

A nivel nacional, la movilidad interna de familias completas ha sido una constante histórica. Raúl García (2017: 83) en su trabajo sobre el norte novohispano, apunta la llegada de sirvientes a la región de San Felipe de Linares y con ellos sus familias, esposa e hijos, a principios de siglo XVIII, procedentes de lo que hoy son los estados de Querétaro, Guanajuato y San Luis Potosí. Y así varios trabajos dentro de la demografía han constatado la movilidad de familias completas dentro de lo que hoy es México (Campos, 2016; Torres, 2017). Y en la actualidad las movilidades internas siguen, más a consecuencia de las inseguridades regionales que cada vez son variables importantes que compiten con las de índole económica.

Pero ¿por qué la atención actual a los menores y jóvenes migrantes? Bringas enfatiza en el papel de los medios de comunicación y la vulnerabilidad construida en torno a los menores:

> La situación de indefensión de los migrantes se magnifica cuando se trata de personas con debilidades específicas, como, por ejemplo, enfermos, ancianos, mujeres o niños. Entre todos ellos, quienes enfrentan un mayor riesgo son los niños, por tratarse de seres que no tienen plena conciencia de sus derechos, de la manera de defenderse o incluso de lo que social y culturalmente es correcto o no (Bringas, 2015: 13).

De tal forma que, siguiendo al autor, el hecho de haber sido menores ha permitido enfatizar aún más las amenazas que pasaban y todavía pasan, y ante eso, las noticias han tenido mayor impacto. Es preciso aclarar que no se están minimizando las situaciones enfrentadas, sino que los medios de comunicación masiva han jugado un papel importante para hacer visibles a estos actores.

En 2015, la imagen del niño sirio muerto en las costas de Turquía impactó a la opinión pública, incluso en aquellos no interesados en el tema migratorio. La imagen del niño muerto recostado en la playa fue transformada en símbolo de la vulnerabilidad de los menores migrantes. Un año atrás, el caso de Gilberto, el niño guatemalteco de 11 años que fue encontrado sin vida en el desierto México-Estados Unidos en 2014 también hizo eco a través de la prensa. Y otro, que se convirtió en un caso representativo y que alertó del tránsito de menores sin acompañantes por México fue el caso de Enrique, un hondureño de 17 años que dejó su país en 2002 para encontrarse en Estados Unidos con su madre. El trabajo de la periodista Sonia Nazario con el caso de Enrique puso al descubierto parte de lo que enfrentan menores en su tránsito por México y posiblemente en otros contextos, y los motivos de la migración no tan arraigados en el factor económico, sino en otros de tipo social.

El ser menor fue importante para la cobertura que los medios de comunicación dieron, y no se trata de generar la discusión de que sea reciente o no la movilidad de menores, o si los medios magnifican los sucesos, sino marcar la poca atención en materia de acciones que se han realizado pese a ser visualizado: programas de inserción, de movilidad segura, protección en el tránsito.

Así, notas periodísticas con encabezados que reflejan a menores en los circuitos migratorios han llamado la atención y señalando cada vez más las infancias truncadas que vive la población menor de edad. Tal como señala una nota de Fredy Martín (2014) en el periódico El Universal, que muestra la intensidad migratoria en una región de Guatemala donde la migración se busca para reunificar a la familia, a los menores dejados atrás con padre/madre en Estados Unidos, pero también la incorporación de menores a mercados laborales en busca de mejorar su situación económica, de tal forma que "dejan atrás los juegos para convertirse en adultos". A lo anterior, podemos añadir la población joven que ha sido estereotipada con términos como "Ninis" sin considerar que enfrentan contextos con pocas posibilidades para seguir estudiando. En 2017, la UNAM aceptó aproximadamente a diez por ciento de los aspirantes, la UAM a 14% y el Instituto Politécnico Nacional a 25% (El Universal, 2017). En ese sentido, atendiendo lo señalado por algunos especialistas, los contextos nacionales son asesinos de las juventudes, "jovenicidas" que matan a través de proyectos políticos con poca visión social, tal como lo ha señalado Valenzuela (2016).

Especialistas en estudios migratorios, como Oscar Misael Hernández, han dado cuenta de roles que los menores han empezado a desempeñar en los circuitos migratorios, no como actores en movimiento, sino como "polleros", encargados de "guiar" a personas para ingresar de manera irregular a Estados Unidos (Agencia Informativa CONACYT, 2017). Pero esto ocurrió a partir de la crisis migratoria infantil de 2014 que empezó a tener eco. En entrevista personal con un "ex pollero" en la ciudad de Tijuana, éste señaló que empezó a trabajar con otros polleros desde finales de la década de 1970 cuando tenía 13 años. Su trabajo consistía en distraer a la patrulla fronteriza, ubicarla y correr de forma que fuera visto, así sería perseguido mientras otras personas cruzaban en sentido contrario a donde se dirigía la patrulla fronteriza. El pago que recibía era de entre 30-50 dólares. A los 15 años fue cuando llevó a Estados Unidos a una señora y su hijo de seis años, sus primeros clientes. Ellos habían sido dejados por un pollero en la ciudad de Tijuana, y tendrían que esperar de tres a cuatro días para que volvieran por ellos. Ante la desesperación de la señora por llegar pronto a Los Ángeles debido a que los esperaba su esposo, él decidió hacer el trabajo, y tuvo éxito. El hecho de llevar a una señora y un niño le dio la confianza para iniciar carrera, debido a que era complicado cruzar a personas que no podrían correr como los hombres que comúnmente iban a Estados Unidos. A partir de entonces inició su carrera como "pollero".[3]

¿Y cuando se les visibiliza?

En 1989, López Castro publicó un aspecto de la migración en jóvenes, y tenía relación con la "norteñización" en comunidades rurales que apuntó Alarcón. Fue un trabajo importante en el que se construía un actor, considerado a lo largo de las historias locales. como "no grato". Así. la figura del joven cholo irrumpía en el orden de las comunidades rurales. Como antecedente, López Castro hizo mención a los conocidos "disturbios de pachucos en 1943 en Los Ángeles" a partir de los cuales en Estados Unidos se relacionó a los jóvenes de origen mexicano pachucos con delincuencia y actos de violencia (1989: 435-437). Pero el autor observó que la misma estigmatización los ha perseguido hasta las comunidades rurales. Así, el "cholismo" es "símbolo de un conflicto social debido a que ha surgido

---

[3] Entrevista realizada como parte del proyecto en trabajo, "Polleros buenos los de antes": Historia de vida y políticas fronterizas". La persona entrevistada ejerció como pollero en la ciudad de Tijuana desde fine de la década de los 70 hasta la de los 90.

en colonias populares, barrios marginados y algunas zonas rurales, conflicto basado en la desigualdad social" (1989: 438), aunque también basado en la diferencia social y centrado demasiado dentro de una irrupción a normas sociales, a comportamientos preestablecidos y con fuerte énfasis en la rebeldía que representa (1989: 440).

Ha sido una constante, incluso en la actualidad, encontrar señalamientos negativos a causa de experiencias migratorias y su relación con cambios culturales, o de incursión de jóvenes en pandillas, abuso de alcohol y otras sustancias, como resultado del contacto con migrantes o de la propia experiencia migratoria.

En 2013, en una ranchería del municipio de Penjamillo, Michoacán, el encargado del orden hacía referencia al problema que la comunidad enfrentaba ante la presencia de jóvenes cholos. Todos con aquellos que habían estado en Estados Unidos, con la deportación traían costumbres de cholos, y además llegaban a las comunidades sin trabajo, sin haber hecho nada en la comunidad, con vicios y actitudes de violencia. Sin embargo, los deportados en la ranchería señalada, no traían la ropa holgada, más bien vestían mezclilla, playera y gorra, pero aún así, eran considerados cholos por reunirse en las esquinas, por verse envueltos en riñas con otros jóvenes de rancherías aledañas. Esto aun cuando existen en las comunidades rivalidades añejas de las que muchas veces no está claro el origen, pero parten, en gran medida, de procesos de formación de comunidades, como fue a través del reparto agrario (Mojica, 2012).

En esa misma comunidad, la médica encargada de la clínica rural, también señaló el problema que enfrentan los jóvenes en cuanto a consumo de alcohol, y particularmente con migrantes deportados. Efectivamente, existe consumo de alcohol, pero tampoco es que ellos sean los únicos consumidores ni quienes hayan llevado el alcohol a las comunidades y, aunque sí incidieron en la incorporación de elementos lúdicos a las celebraciones patronales, tales como bailes con música en vivo y venta de bebidas como refrescos y cerveza (Mojica, 2012), ellos no son la causal del consumo de alcohol.

Ejemplo de lo anterior lo puedo detallar con el caso de un migrante deportado y su familia. En 2013 nos reunimos en la casa de ellos para invitarlos a una serie de talleres que impartiríamos. Nuestra sorpresa fue que al llegar a su casa él se encontraba tratando de golpear unas gallinas en el patio al momento que su esposa pedía ayuda. Luego de lograr tranquilizarlos, él confesó que se encontraba en estado de impotencia, porque no tenía trabajo, sus hijos necesitaban medicina y mejor alimentación y que sólo su esposa tenía trabajo. Todo ello alimentaba un cóctel de situaciones que él poco a poco enfrentaba, pero para los contextos rurales, eso lo hacía parecer "poco hombre", no cumplía el rol que le tocaba por ser el hombre de la familia. Consumía alcohol, según él, para poder hacer frente a la situación social y económica, pero él mismo afirmaba: "tomo, pero a ellos nunca les haré daño" y por tanto trataba de acabar con su estado de impotencia golpeando a los animales de patio y no a su familia. Así, efectivamente, muchos consumidores eran migrantes deportados, pero no consumían por ser migrantes, sino porque en su comunidad enfrentaban rechazo, señalamiento y estigmatización. Si hay problema ¿dónde radica?

Por otro lado, migrantes criados en Estados Unidos enfrentan situaciones conflictivas. Así, un migrante que fue deportado a los 24 años y que había sido llevado a Estados Unidos desde los dos años, comentó que el principal problema que enfrentó en la comunidad,[4] más allá de desconocerla casi por completo, fue el rechazo hacia él por parte de los pobladores. "Me enteré que algunas mujeres decían a sus hijos que no se juntaran conmigo, y a veces me veían aquí sentado –en la plaza– y me daban la vuelta" comentó J. L.[5] La justificación de evitarlo era temor a ser asaltadas, su aspecto era, a simple vista, el de un "cholo", incorporando todos los elementos cargados a esa figura: camisas holgadas, al igual que sus pantalones, cabeza a rape y con tatuajes en brazos.

Otro migrante joven que al igual que J.L. fue llevado a los tres años a Estados Unidos y después fue deportado a los 21 años[6], nos relató el

---

[4] Originario de Patambarillo, Michoacán, una localidad al noreste de Michoacán y que colinda con el estado de Guanajuato, cuya principal actividad económica es la agricultura a pequeña escala. La población es de 559 habitantes de acuerdo con INEGI (2010).
[5] Migrante criado en Estados Unidos deportado. Entrevista en 2008 en la comunidad de Patambarillo.
[6] J. Fue deportado en 2010. Al momento de la entrevista vivía en casa de una tía de edad mayor a quién él veía ya como su segunda madre por el apoyo que le ofreció.

rechazo que vivió en la comunidad. Primero, por haber sido deportado, aun cuando al final, todo fue un "mal entendido", y la persona que buscaban no era él, pero a él lo detuvieron y tuvieron preso cerca de ocho meses hasta que la situación se aclaró, pero al dejarlo libre, la autoridad migratoria lo aprehendió y deportó; segundo, por volver sin capital económico en la comunidad; y, tercero, porque lo consideraban cholo por tener tatuajes en el cuerpo y ser joven, y eso significó que lo vincularan con robos, violencia y drogas, de tal forma que ante el aumento de robos en la comunidad, su presencia era suficiente para vincularlo con los ilícitos, aun cuando eran robos de ganado en el monte o algún burro que dejaban pastando al lado de la carretera.

Su tía señalaba con gusto que J. ya tenía amigos: "ya tiene amigos, se sale desde temprano y se la pasa con ellos en la plaza". Efectivamente él pasaba todo ese tiempo en la plaza, pero no con sus amistades, porque no tenía, sino asimilando su situación de deportado, la separación familiar que le ocasionó, el llegar a un sitio desconocido y entrar a una dinámica laboral para él extraña, además de ser señalado como "fracasado", debido a su deportación, y, como "malviviente", por sus tatuajes y por su edad, características vinculadas con la figura del cholo.

Sigue tan presente como hace más de dos décadas lo que López Castro encontró en Gómez Farías, Michoacán: el asentamiento de grupos juveniles que retornaban cobijados por una cultura chola, y el rechazo que implicaba el retorno de esos migrantes en específico a dicha comunidad (López, 1989). Sin embargo, considero que las causas deberían centrarse en aspectos culturales más generales, que hagan mayor referencia a los contextos donde estuvo viviendo.

No obstante, el rechazo y estigmatización no es asunto exclusivo de los hombres. Las mujeres jóvenes sufren también rechazo por sus pares y por la comunidad. Así, una joven de Copándaro de Galeana,[7] Michoacán, que migró a la comunidad de origen de su madre y padre ante la deportación del segundo, encontró rechazo no sólo por sus pares, sino por autoridades escolares por su condición migrante. La dificultad para hablar español y

---

[7] C. nació en Estados Unidos y migró a Michoacán a la edad de 16 años con sus padres. Entrevista realizada en Copándaro de Galenana, Michoacán, en 2013.

la ropa que vestía generaron burla y envidia entre sus pares el y rechazo de autoridades de la preparatoria. A pesar de lograr la apostilla de su acta, no logró insertarse en la preparatoria y fue expulsada al mes y medio de iniciar el ciclo escolar. El motivo de su expulsión fue el acoso que vivió por parte de algunas compañeras por considerarla "fácil para los hombres, como son todas las que vienen de Estados Unidos" señaló C. el acoso fue intensificando conforme pasaban los días, hasta que tuvo que defenderse a golpes, y como consecuencia fue expulsada de la escuela, lo que ocurrió a pesar de haber acudido a las autoridades de la escuela para reportar la actitud de un grupo de sus compañeras de salón hacia ella. Las autoridades únicamente le respondieron que "eran cosas de niños", tal como refiere la madre de C. Sin embargo, cuando hubo golpes, el asunto dejó de ser cosa de niños y las autoridades escolares tomaron partido en contra de C., por lo que recomendaron a sus padres que la llevaran a otra escuela, sin dar más respuesta, debido a que él no deseaba entrar en problemas y argumentando que ella ni siquiera tenía documentos en la escuela, pues su trámite de apostilla de acta estaba en proceso. El director remató con "es la actitud de todos los que vienen de Estados Unidos, y eso no será tolerado" apuntó C.

Otra joven de 24 años del municipio de Penjamillo,[8] Michoacán, relató el rechazo del que fue objeto en la comunidad por su forma de ser, que, según los habitantes, trastocaba la imagen de la mujer en la comunidad rural de La Luz, poblado perteneciente a Penjamillo. En La Luz, G. no encontró trabajo y permaneció en casa de su esposo, y si le veían salir sola, eso generaba habladurías. Además, su forma de vestir o su forma de ser, "alegre y saludar a mucha gente" le causó conflictos con su pareja. G. señaló:

---

[8] Migrante nacida en Estados Unidos con padres originarios de la comunidad de La Luz, Penjamillo, Michoacán. Viajó a Michoacán para una fiesta familiar, donde conoció a quien es su esposo y decidió quedarse contra la voluntad de su familia. Se embarazó en 2013 y pensó en regresar a Estados Unidos para que su hijo naciera allá, y pensaba seriamente ya no volver a Michoacán. En Estados Unidos sería más fácil criar a su hijo, aun sin la presencia del padre, quien ante la falta de visa, no puede ir a Estados Unidos.

> allá [en Estados Unidos] nadie se fija, aquí hasta en lo que te vistes te ven mal, las que venimos de allá traemos muchas cosas que todavía aquí no se ven, pero de todos modos si las muchachas de aquí no quisieran no agarrarían la moda que uno de trae de allá, pero si la agarran es porque les gusta, les llama la atención o quieren ver cómo se siente (entrevista realizada en La Luz, Penjamillo, Michoacán, 2013).

El caso de G. se coloca en aquellos que merecen acciones dirigidas a sensibilizar e informar a la población de los cambios en los patrones migratorios, pero además, de los personajes y las características que los conforman. En La Luz, ante falta de empleo, quedaba condicionada a lo que su esposo quisiera comprarle o lo que le permitía adquirir. En Estados Unidos, el hecho de que ella trabajaba le otorgaba independencia y derecho a la toma de decisiones. Señaló que en Estados Unidos, en una ocasión un tío le hizo un comentario por la ropa que llevaba puesta: "M'ija, ¿por qué te pones esas falditas, ese vestidito? Eso no está bien, eso en las muchachas no se ve bien", y su respuesta fue que mientras ella se comprara las cosas con su dinero tenía el derecho de usar lo que quisiera, además, no les faltaba al respeto a ellos, ya que ella era quien usaba la ropa. Sin embargo, eso cambió en La Luz, al acabarse sus ahorros y depender de su esposo, además de situarse en contextos donde existen obligaciones y roles por desempeñar de acuerdo con la condición de género, y el uso de ciertos espacios.

Reflexiones finales

Es un hecho que los estudios sobre menores y jóvenes en contextos migratorios no son recientes, pero no se han realizado estudios que cubran la totalidad de las situaciones que enfrentan los menores y jóvenes en México, y en los procesos migratorios no es la excepción. A lo largo de la historia hemos tenido la presencia de menores y jóvenes en eventos importantes, pero no se había puesto énfasis en ellos por considerarlos únicamente acompañantes in voz ni voto, en el caso de las migraciones.

Sin embargo, eso cambió en años recientes, con la aparición de casos que detallaban la movilidad de menores no acompañados, pero también a raíz de la consolidación de los jóvenes como actores políticos, como en el caso de los *Dreamers*, aunque no todo joven migrante sea *dreamer*, pero sí fueron actores que hicieron visibles a las juventudes migrantes. Así, retomando algunas declaraciones hechas por el misionero y activista Alejandro Solalinde, en el *V Encuentro Internacional Migración y Niñez Migrante* organizado por El Colegio de Sonora, el 28 de mayo de 2015, es importante considerar cómo enfatizó la importancia que tomaría la lucha por los derechos no sólo de ellos, sino también de sus familias. A ellos, además, no podrían expulsarlos, porque al haber nacido en Estados Unidos, serían ciudadanos con plenos derechos. Así de importante es el futuro de los menores migrantes.

Sin embargo, tampoco podemos cargar demasiado a ellos. Se ha vuelto una constante encontrar en comunidades mexicanas casos donde se están dando crianzas diferenciadas, a aquellos nacidos en Estados Unidos sobre los nacidos en México, debido a que la apuesta del padre o la madre es que, una vez que lleguen a la mayoría de edad, cumplan con la obligación de regularizar a sus padres. Eso podría generar problemas, porque implica obligar a los menores a volver a Estados Unidos, aunque no tengan ningún interés en hacerlo, pero además habría que preguntar qué sucedería en caso de que no pudieran regularizar a sus padres.

Pero se debe ser cauteloso con lo que se ofrece. Por ejemplo, posterior a la cancelación de la Acción Diferida para los Llegados en la Infancia (DACA, por sus siglas en inglés), autoridades mexicanas señalaron que en México había y habría condiciones para recibirles y, entre algunas de las acciones emprendidas por el Gobierno Federal se modificaron ciertos artículos a la Ley General de Educación. Pero no es suficiente. Deberíamos pensar en si todos desean estudiar, o si las instituciones públicas pueden dar cabida a los retornados de Estados Unidos que traen curriculas distintas. Si tienen capacidad e infraestructura para eso. Pensarlo antes de ofrecer. Y todavía más: pensar si todo joven es *dreamer*.

Fuentes consultadas

Achotegui, Joseba (2009) "Migración y salud mental. El síndrome del inmigrante con estrés crónico y múltiple (Síndrome de Ulises)", en *Zerbitzuan. Revista de Ciencias Sociales*, núm. 46, Gobierno Vasco, Valencia.

Agencia Informativa CONACYT (2017) *Conoce a los polleritos de la frontera mexicana*, CONACYT, Ciudad de México.

Alanís, Fernando (2015) *Voces de la repatriación. La sociedad mexicana y la repatriación de mexicanos de Estados Unidos 1930-1933*, El Colegio de San Luis / El Colegio de la Frontera Norte / El Colegio de Michoacán, San Luis Potosí.

Alarcón, Rafael (1989) "El proceso de 'norteñización'. Impacto de la migración internacional en Chavinda, Michoacán", en Thomas Calvo y Gustavo López (eds.), *Movimientos de población en el occidente de México*, El Colegio de Michoacán / Centre D'Etudes Mexicaines et Centramericaines, Ciudad de México.

Antaramian, Carlos (2011) *Del Ararat al Popocatépetl: los armenios en México*, Gobierno del Distrito Federal, Ciudad de México.

BBVA Bancomer-CONAPO (Consejo Nacional de Población) (2017) *Anuario de migración y remesas, México 2017*, BBVA Bancomer / CONAPO, Ciudad de México.

Bringas, Raúl (2015) "La primera gran migración transcontinental de niños: el traslado forzado de infantes en el Imperio Británico, 1617-1967", en Casimiro Leco y César Lenin Navarro (coords.), *Migración vulnerable en Michoacán, México*, Universidad Michoacana de San Nicolás de Hidalgo, Morelia.

Campos Reyes, Clementina (2016) *Namiquipa, un poblamiento lento y difícil (1782-1910)*, (tesis doctoral), El Colegio de Michoacán, Zamora.

Durand, Jorge (2004) "Ensayo teórico sobre la migración de retorno. El principio del rendimiento decreciente", en *Cuadernos Geográficos*, vol. 35, núm. 2, Universidad de Granada, Granada.

El Universal (2017) *SEP oferta 41 mil lugares para jóvenes que no quedaron en universidades públicas*, en *Periódico El Universal*, domingo 16 de julio, El Universal, Ciudad de México.

Esteinou, Rosario (2005) "La juventud y los jóvenes como construcción social", en Marta Mier y Cecilia Rabell (coords.) *Jóvenes y niños. Un enfoque sociodemográfico*, Cámara de Diputados, Ciudad de México.

Fernández Guzmán, Eduardo (2011) *Migración internacional en un pueblo michoacano. Retorno e inversión migrantes (1982-2008): el caso de Huadacareo*, Perarson, Ciudad de México.

Galindo, Carlos (2009) *Nosotros no cruzamos la frontera: los hijos estadounidenses de los migrantes mexicanos*, Consejo Nacional de Población, Ciudad de México.

García Flores, Raúl (2017) *El Rancho en movimiento: la construcción sociodemográfica de un ámbito regional en el norte novohispano: San Felipe de Linares, 1712-1850*, (tesis doctoral), El Colegio de Michoacán, Zamora.

Griswold, Richard (2017) "Mexican Immigration (1848-1910)", en Fernando Alanís y Rafael Alarcón (coords.) *El ir y venir de los norteños. Historia de la migración a Estados Unidos (siglos XIX-XXI)*, El Colegio de San Luis / El Colegio de la Frontera Norte / El Colegio de Michoacán, San Luis Potosí.

Huntington, Samuel (2004) *¿Quiénes somos? Los desafíos a la identidad nacional estadounidense*, Paidós, Ciudad de México.

INEGI (Instituto Nacional de Estadística y Geografía) (2010) *Censo de población y vivienda 2010*, INEGI, Aguascalientes.

—, (1990) XI *Censo de población y vivienda 1990*, INEGI, Aguascalientes.

Jae P. (2003) "Ni de aquí ni de allá", canción en disco *Ni de aquí ni de allá*.

López Castro, Gustavo (2006) "Niños, niñas y adolescentes en la migración Internacional", en *Revista Cimexus*, vol. 1, núm. 1, Universidad Michoacana de San Nicolás de Hidalgo, Morelia.

—, (1989) "El cholo en Michoacán", en Luis Hernández y Juan Manuel Sandoval (comps.) *Frontera Norte, Chicanos, pachucos y cholos*, Universidad Autónoma de Zacatecas / Universidad Autónoma Metropolitana, Ciudad de México.

Martín, Fredy (2014) "Niños dejan juegos y buscan migrar a EU", en *Periódico El Universal*, viernes 01 de agosto, El Universal, Ciudad de México.

Martínez, Marcela (2013) *Colonizzazione al Messico: las colonias agrícolas de italianos en México, 1881-1810*, El Colegio de Michoacán / El Colegio de San Luis, Zamora.

Meganoticias Toluca (2018) "Apoyo a dreamers debe tomar en cuenta su heterogeneidad", en *Meganoticias,* Toluca. Consultado en https://meganoticias.mx/toluca/ultimo-minuto-toluca/75718-apoyo-a-dreamers-debe-tomar-en-cuenta-su-heterogeneidad.html

Mojica Madrigal, Ariel (2016) "Retornos sin familia: el caso de migrantes jubilados", en *Revista Culturales*, época II, vol. IV, núm. 2, Universidad Autónoma de Baja California, Tijuana.

—, (2015) "Contextos para el retorno: el caso de Penjamillo, Michoacán", en Rubén Ramírez y Ricardo Domínguez (coords.) *Migración a debate. Surcando el norte*, Universidad de la Ciénega del Estado de Michoacán de Ocampo, Morelia.

—, (2012) *Ejido, migración y religiosidad. La Virgen de Guadalupe como interés común en Patambarillo, Michoacán, 1930-2008*, (tesis doctoral), El Colegio de Michoacán, Zamora.

Nazario, Sonia, (2002) "El viaje de Enrique", en *Periódico Los Angeles Times*, viernes 4 de octubre, Los Angeles Times, Los Ángeles.

Torres Franco, Paulina (2017) *¿Entre parientes?: Reconstrucción de familias y estrategias matrimoniales en la Parroquia de Encarnación, 1778-1822*, El Colegio de Michoacán, Zamora.

Valenzuela, Manuel (2016) *Ayotzinapa y las vidas precarias en América Latina y España*, El Colegio de la Frontera Norte / Instituto Tecnológico y de Estudios Superiores de Occidente / NED ediciones, Ciudad de México.

Vargas, Rosa Elvira (2017) "Este es el sexenio del empleo, asegura el presidente Peña", en *Periódico La Jornada*, miércoles 12 de julio, La Jornada, Ciudad de México.

Vélez Fernández, Félix (2009), "Presentación", en Carlos Galindo, *Nosotros no cruzamos la frontera: los hijos estadounidenses de los migrantes mexicanos*, Consejo Nacional de Población: Ciudad de México.

Vélez Storey, Jaime (2002) "Los braceros y el Fondo de Ahorro Campesino", en María Eugenia Anguiano y Miguel Hernández (eds.) *Migración internacional e identidades cambiantes*, El Colegio de Michoacán / El Colegio de la Frontera Norte, Tijuana.

Jóvenes centroamericanos en México: estrategias y capital social migratorio

Alejandra Díaz de León[1]

A Marlo,[2] de dieciséis años, lo sacaron corriendo de su casa. Parece que hubo un malentendido sobre de quién era la moto que Marlo traía y lo pararon a la mitad de la carretera. Los pandilleros estaban buscando a un rival que venía en una moto roja, como la de Marlo. Cuando vio que lo iban a ejecutar, logró meterse corriendo a su casa. Esa misma noche su mamá le empacó una mochila, le dio diez dólares y le dijo que se fuera a Estados Unidos. Cuando conocí a Marlo me dijo, *soy un migrante forzado, pues, me tuve que venir.*

Como Marlo, miles de jóvenes salen de Honduras huyendo de la violencia generalizada que existe en el país. Muchos de ellos salen rápidamente, sin preparación previa, sin experiencia migratoria y sin contactos en Estados Unidos. Tienen que aprender y crecer en el camino a través de México. Estos migrantes forzados se ven obligados a realizar solos el proceso de aprendizaje migratorio solos mientras intentan sobrevivir a la violencia y las amenazas constantes en México.

En este capítulo me enfocaré en el tránsito por México de jóvenes migrantes hondureños de entre 16 y 29 años. Intento contestar ¿cómo sustituyen los migrantes jóvenes la ayuda que sus redes sociales no les proporcionan? Analizaré cómo aprenden y generan capital social migratorio

---

[1] Esta investigación fue llevada a cabo con el apoyo del Consejo Nacional de Ciencia y Tecnología del Centro de Estudios México-Estados Unidos de la Universidad de California, San Diego, de la Fundación Gilchrist y de la *Society of Latin American Studies*. Agradezco a la Casa del Migrante de Saltillo, la Iniciativa Kino para la Frontera, el personal de la 72 y a la casa del migrante Jtatic Samuel Ruiz García la generosidad que tuvieron conmigo y el acceso que me proporcionaron a sus instalaciones. Agradezco a Juan y a Gaby la hospitalidad en Saltillo.

[2] Todos los nombres son seudónimos y algunos detalles personales han sido omitidos o modificados para proteger la identidad de los entrevistados.

mientras cruzan México, un país en donde están separados de sus familias y sufren amenazas institucionales y criminales constantemente. Para apreciar el aprendizaje de los jóvenes migrantes compararé las experiencias de migrantes en la frontera sur de México y la frontera norte de México.

En la primera sección describiré el concepto de capital social migratorio y su relación con las redes sociales migratorias. A continuación, detallo cómo es la migración en tránsito a través de México, tomando en cuenta las políticas migratorias del país y la situación de violencia. En la tercera sección describo mi metodología. Después, comparo las expectativas, conocimiento de la ruta, planes y estrategias de migrantes jóvenes en la frontera sur de México y en la frontera norte. Este análisis permitirá observar cómo los migrantes adquieren capital social migratorio a través de su cruce por México.

Capital social migratorio y redes sociales

Una de las teorías más prominentes de la migración internacional es la teoría de las redes sociales migratorias. De acuerdo con ésta, tener un familiar o amigo en el país de destino migratorio disminuye los costos de migrar y hace más probable la migración (Liu, 2013). De esta forma, mientras más gente llegue a un lugar, más probable es que sus familiares y amigos lo sigan porque los costos irán decreciendo (Massey *et al.*, 1993). Así, la migración de unos refuerza la migración de más y poco a poco se van construyendo puentes transnacionales de migrantes. Massey *et al.* (1991) mostraron cómo este fenómeno es frecuente en el caso de los migrantes mexicanos a Estados Unidos, donde los que se fueron antes 'jalan' a los que se quedaron y les facilitan el reunirse con ellos. Por eso observamos fenómenos como la concentración de gente poblana en Nueva York, los que se fueron.

Las redes sociales son muy importantes para los migrantes. Ayudan a tomar la decisión de salir, definen la dirección de los flujos y los lugares de asentamiento (Massey *et al.*, 1993; Tilly, 2007). También proporcionan ayuda para encontrar trabajo e insertarse a la diáspora en los países de destino. Los lazos con la familia también son fundamentales para la migración clandestina a través de las fronteras. En un estudio revelador, Audrey Singer y Douglas Massey (1998) mostraron que las redes son un excelente sustituto de la experiencia porque transmiten un "capital social migratorio" a los novatos y así evitan que tengan que experimentar ellos mismos la ruta para aprender. Los migrantes que no cuentan con la ayuda de sus familiares o amigos tienen que aprender las "reglas del juego" de la migración ellos mismos. Adquirir capital social migratorio, entonces, es importante para lograr tener una migración exitosa y segura. En un contexto donde equivocarse puede tener consecuencias como la detención o la muerte, el costo de aprender es muy alto.

La migración en tránsito de centroamericanos por México se ha vuelto cada vez más relevante, el tiempo de tránsito a través del país ha aumentado y, de acuerdo con la sociedad civil, la violencia que los migrantes experimentan ha crecido exponencialmente. En este contexto, es importante preguntarse cómo, en la ausencia de redes sociales que transmitan "capital social migratorio", los migrantes jóvenes sobreviven el tránsito migratorio.

La siguiente sección delineará el proceso de migración a través de México. Explicará las políticas migratorias de México y narrará las consecuencias que éstas tienen acerca de cómo los migrantes experimentan la ruta. Finalmente, mencionará a los actores criminales (pandillas y cárteles) que abusan de los migrantes en el camino.

Migración a través de México

Para llegar al norte sin papeles es necesario cruzar alrededor de tres mil kilómetros en México. Su situación irregular orilla a los migrantes a tomar caminos poco visibles, a usar el tren de carga como transporte y a caminar muchos días por el monte para evitar retenes de la Policía Federal y del Instituto Nacional de Migración (INM). Hasta antes de los 90, la ruta a través de México no era tan peligrosa. Ni siquiera era necesario contratar a un guía hasta llegar a la frontera con Estados Unidos. Migrar irregularmente por México se volvió más difícil a partir de 1986, cuando Estados Unidos aprobó la Ley de Reforma y Control de la Inmigración de 1986

(IRCA[3] por sus siglas en inglés). Entre las previsiones de la ley se incluía cooperar con México para mejorar los controles migratorios en su frontera sur y así detener el flujo migratorio desde antes de cruzar por México (Dunn, 1996).

Tanto en México como en Estados Unidos la idea era incrementar los controles en la frontera y aumentar el número de controles para disuadir a los migrantes de intentar cruzar. Los migrantes tendrían que darse cuenta de que no iban a poder cruzar ni México ni la frontera con Estados Unidos y decidirían no salir de sus casas. Las cifras de deportaciones en México comenzaron a incrementar. Para 1988, cuando Carlos Salinas de Gortari llegó a la presidencia de México, los controles migratorios en la frontera sur eran más visibles y las deportaciones aumentaron 500% (Flores, 1993). Para los 90, México expulsaba a los migrantes por cientos de miles (Castillo, 1999).

La presión hacia los migrantes ha seguido aumentando. En 2001 el "Plan Sur" aumentó aún más los controles migratorios con el objetivo de detener a los guías (polleros) y proteger los derechos humanos de los migrantes en México (Casillas, 2002). El Plan sur no disuadió a los migrantes de cruzar, pero desvió las rutas a caminos más difíciles y aumentó el costo de los polleros. También fomentó la participación de autoridades en abusos, extorsiones y secuestros a migrantes (Rodríguez, 2002). Con el paso del tiempo la violencia contra migrantes sólo ha ido aumentando. Reportes de 2010 relatan cómo los abusos son sistematizados y generalizados, sobre todo en los estados del Sur (Amnistía Internacional, 2010; CNDH, 2011).

Mi investigación se desarrolla en el contexto de una nueva política de disuasión implementada por el gobierno mexicano en los estados del sur: El Plan Frontera Sur. De acuerdo con el gobierno mexicano, el Plan

---

[3] Esta ley fue la primera gran revisión en décadas de la política migratoria de Estados Unidos. La reforma estableció que contratar a migrantes irregulares era ilegal; aumentó las actividades de la Policía Fronteriza y de otras agencias migratorias, le dio más dinero a las agencias e incrementó las penas por transportar gente ilegalmente a Estados Unidos. Al mismo tiempo ofreció amnistía a los migrantes irregulares que habían vivido en Estados Unidos de forma continua desde el primero de enero de 1982. La idea era legalizar a los migrantes que ya vivían en Estados Unidos y al mismo tiempo restringir la entrada de nuevos migrantes.

fue creado para mejorar la protección a los derechos humanos de los migrantes centroamericanos en México (Presidencia de la República, 2014). Por ejemplo, para evitar que se lastimen o se mueran al caer del tren, el gobierno aumentó la velocidad de éste incluso en zonas residenciales. Como consecuencia, los migrantes se arriesgan mucho más al subirse al tren. Los que no logran subir, tienen que caminar por días en el monte y en la carretera bajo temperaturas muy altas para poder avanzar. Otra de las acciones del Plan incluye aumentar los puntos de revisión migratoria y ampliar la vigilancia en el sur del país (Animal Político, 2016). Los migrantes ya no pueden tomar combis (transporte público colectivo) con tanta facilidad. Ahora tienen que pagar mucho más a los conductores si los logran convencer de subirlos. Los que no tienen dinero deben caminar muchas horas más por el monte y por los ranchos para evitar los retenes.

Con la excusa de proteger a los migrantes el gobierno los empuja a caminar muchos días por el monte donde son víctimas de los animales, de la deshidratación, del hambre, del sol en el día y del frío en la noche. Como ahora tienen que ir por lugares más aislados, son víctimas más fáciles para los asaltantes y los grupos criminales. También pueden ser mutilados por un tren que cada vez va más rápido. De acuerdo con testimonios de migrantes experimentados, desde que se implementó el Plan, migrar es mucho más difícil y peligroso (Frank, 2013).

En este contexto, los migrantes jóvenes tienen mucho que aprender. Deben decidir cuál es la mejor ruta y qué medio de transporte es el más seguro en ese momento. Tienen que ver cómo subirse al tren o cómo lograr que el conductor de la *combi* no los detecte. Deben aprender a esconder su dinero y a encontrar comida y alojamiento después de que los roben. También es necesario detectar quién quiere ayudarlos y quién es un secuestrador o enganchador. De las decisiones que tomen depende no sólo su éxito en la migración, sino también sus vidas.

Metodología

Durante el verano de 2015, realicé investigación en las fronteras sur y norte de México. En la frontera sur participé en el Proyecto de Migración

Indocumentada (*Undocumented Migration Project*, www.undocumentedmigrationproject.com) organizado por el Instituto de Trabajo de Campo (*Institute for Field Research*, www.irfglobal.org) bajo la dirección de profesores de la Universidad de Michigan y del Centro de Investigación y Docencia Económicas. Llevé a cabo trabajo de campo durante seis semanas, en Chiapas y Tabasco, periodo en el que realicé 19 entrevistas en profundidad con personas en tránsito para documentar las experiencias de los migrantes centroamericanos durante su paso por México en su ruta hacia Estados Unidos. Las entrevistas se llevaron a cabo en la casa de migrantes La 72 en Tenosique y en la casa del migrante Jtatic Samuel Ruiz García en Pakal-Na, en sus alrededores y en la iglesia de la plaza principal de Palenque. El formato de las entrevistas es semi-estructurada con preguntas abiertas.

En la frontera norte hice trabajo de campo en el verano de 2015 y primavera de 2106, por dos meses en total, en Saltillo y en Nogales. Durante ese tiempo realicé 22 entrevistas en profundidad con migrantes en tránsito que lograron cruzar con éxito hacia México. Las entrevistas se llevaron a cabo en el Comedor de la Iniciativa Kino, en Nogales, en la Casa del Migrante de Nogales y en la Casa del Migrante de Saltillo. No pude salir a otros lugares donde los migrantes se reunían porque los activistas y voluntarios con los que estaba decían que era demasiado peligroso. Como en el sur, las entrevistas fueron semiestructuradas con preguntas abiertas.

En total entrevisté a 41 migrantes de los cuales 36 eran de Honduras. De los 36 hondureños, 22 eran hombres jóvenes que tenían entre 16 y 29 años. La población de migrantes que observé es consistente con la que la EMIF Sur de 2013 (El Colegio de la Frontera Norte, 2014) encontró. De acuerdo con la EMIF Sur, la mayoría de los migrantes son hondureños, la mayoría (80%) son hombres. 70% de los migrantes son jóvenes entre 15 y 29 años y casi ninguno habla inglés (95%) (El Colegio de la Frontera Norte, 2014).

Análisis. Frontera Sur de México

Cruzar hacia México por la frontera sur no es difícil. Los agentes del Instituto Nacional de Migración y los policías no están directamente en donde México se encuentra con Honduras. Los migrantes pueden pagar para cruzar de forma clandestina el río Suchiate y llegar a México sin que nadie los revise. De ahí, deben llegar a los primeros pueblos en la frontera sur de México. La ruta que yo observé fue la ruta que empezaba en Tenosique y seguía a Palenque.

Con el Plan Integral Frontera Sur, aumentó el número de retenes en las carreteras de Chiapas. Antes, los migrantes podían subirse a una combi y llegar en un par de horas a Tenosique o Palenque. Sin embargo, desde que el número de retenes creció, los migrantes tienen que caminar días en la selva. Cuando llegan a Tenosique, muchos ya tienen los pies con ampollas y los tenis deshechos.

La mayoría de los migrantes jóvenes que entrevisté habían salido solos de sus países de origen. Algunos habían salido con amigos, hermanos o primos poco mayores que ellos y también sin experiencia. Muy pocos iban con sus padres o un adulto que los guiara.

Preparación y conocimiento migratorio al salir

Para ver qué tan preparados venían para el camino, en Palenque y Tenosique le pedí a los migrantes que me enseñaran qué traían en las mochilas mientras describían por qué lo habían traído. Marlo, de 16 años, por ejemplo, traía dos *jeans*, tres camisetas bastante nuevas, otro par de zapatos, un gel de pelo, un cepillo y un cortaúñas. Noé, de 20 años de Honduras, traía: tres camisetas, un cepillo, gel, un balón de futbol, una olla y una biblia. Ambos eran migrantes primerizos y los dos explicaron que no sabían qué traer en sus mochilas pero que pensaban que habría oportunidad de cambiarse de ropa llegando a Estados Unidos para que la *border patrol* no los atrapara por verse sucios. En contraste, Irías, un migrante experimentado de 40 años, de Guatemala, llevaba dos camisetas puestas, la limpia arriba, unas buenas botas con una buena suela y una gorra. Sabe que llevar mochila hace que parezcas un migrante y te detectan. Christian, de 40 años y con experiencia, sí llevaba mochila, pero trae cosas más útiles como una lona, por si llueve en el tren; una cobija, para dormir en el suelo; sal, para cocinar lo que atrape en el monte; curitas; cambio de calcetines y ajo, para los mosquitos.

Comparar las mochilas de ambos grupos muestra no sólo qué tan preparados están los migrantes para cruzar, sino cómo se imaginan la ruta (Junio de 2015, Palenque). Todos veníamos a la deriva, primera vez, me dijo Jairo en nuestra primera entrevista. Aunque crean que saben qué va a pasar, pocos se imaginan qué tan grande es México y qué tan violenta es la cruzada.

> Uno ya lo sabe, nosotros sabemos de antemano que para llegar a Estados Unidos tienes que pasar por este país y no es fácil que te digan tomás un *bus* y venís a la frontera y vas a llegar y yo te voy a pagar la pasada. No, no es fácil. Pero no sabía que era tan difícil. (Olbin, 2015).

Noé y sus amigos, por ejemplo, se aseguraron de llevarse una pelota de fútbol para poder echarse "cascaritas" mientras cruzaban México.

> No somos tontos, sabíamos que iba a estar difícil, pero también pensamos que tal vez había momentos para jugar. Al final perdimos el balón en la primera correteada (Noe, 2015, Saltillo).

Esta falta de conocimiento sobre las practicidades del camino, fuerza a los migrantes jóvenes a aprender rápidamente cómo sobrevivir.

¿Por qué no están preparados?

Los migrantes jóvenes suelen ser migrantes primerizos que no vienen preparados para el camino que les espera. Eso no quiere decir que no sepan que cruzar México es difícil. Han visto historias en la cadena televisiva Univisión sobre migrantes que murieron o desaparecieron en México, han hablado con conocidos o amigos que han sido deportados, y han visto los anuncios de la patrulla fronteriza norteamericana en la televisión. Sin embargo, eso no los prepara para salir. Mis entrevistas mostraron que hay dos razones por las que los migrantes jóvenes no salen con las herramientas que necesitan para sobrevivir al cruzar México.

La primera es que no cuentan con redes sociales que les transmitan capital social migratorio. En contraste con migrantes mexicanos que reciben ayuda de sus familias al cruzar, muchos migrantes hondureños expresan que, aunque tienen familia en Estados Unidos, ésta no les quiso ayudar. La segunda es que salen rápidamente de sus países sin tiempo de juntar dinero o averiguar más información sobre la ruta. Muchas veces, ambos motivos se juntan.

A Marlo, sus papás lo "obligaron" a irse para evitar que se volviera pandillero. Salió sin dinero y sin ayuda. No conoce a nadie en Estados Unidos y no sabe qué va a hacer llegando. Seguía sorprendido de estar migrando cuando lo conocí en Palenque. Todavía no podía creer que una semana antes estaba viendo televisión con sus hermanos en su casa en Tegucigalpa.

> Me convencieron porque la verdad, tampoco quisiera estar allá porque hay mucho marero, y tal vez por estar con tanta persona mala uno se hace malo porque allá hay mucho mal; hasta allá uno podía ser así. Aunque uno no quiera, pero al final, los jóvenes así son. Te digo que yo evité y salí para buscar otro futuro. Lo que pasa ahí siempre es que todo el tiempo se habla de muertos, de robos, y yo quisiera estar aparte. No sé, una vida diferente (Marlo, 2015).

Jorge, de 21 años, de Honduras, se encontró en una situación similar a pesar de tener familia cercana en Estados Unidos. Su papá, del que no se acuerda, vive en Estados Unidos con una señora que conoció en Phoenix, aunque le sigue mandando dinero a su mamá. Jorge tuvo que salir de Honduras porque su mamá sospechaba que andaba en malos pasos (vendiendo y consumiendo drogas). El padre de Jorge les informó que no tenía dinero para pagar un "coyote" para el muchacho y que no iba a pasar a "recogerlo" a Tegucigalpa porque era muy arriesgado. Si Jorge llegaba a Nogales, el padre "tal vez" mandaría por él. Jorge salió con menos de veinte dólares, sin idea de qué hacer, y sin apoyo de su familia, ni económico ni emocional. Él iba a tener que aprender a cruzar solo, como Marlo.

Lázaro, de 26 años, salió huyendo de un intento de asesinato en Honduras. Lo conocí en su segunda migración en dos meses por México. Iba cruzando solo y, aunque decía que sabía a dónde iba, nunca podía explicar sus planes claramente ni parecía conocer las rutas migratorias por México.

> *Pero ¿no tienes amigos en Estados Unidos?*
> Tengo amigos, primos, hermanos, tíos. Tengo mucha familia.
> *¿Te están ayudando? No, ¿nadie?*
> Si me estuvieran ayudando ya estaría ahí (Lázaro, 2015).

Estas historias se repetían en la mayoría de las entrevistas y las conversaciones que tenía. Los migrantes no contaban con la ayuda de nadie en el camino. Los que vivían en Honduras estaban muy pobres como para ayudar y no sabían nada de la ruta; no había nadie que quisiera ayudar en Estados Unidos. "Aquí estamos solitos, solitos con Dios" (Marlo, julio. 2015, Palenque). Algunos nunca tuvieron a nadie en Estados Unidos. Otros tienen familia que no está dispuesta a ayudarlos mientras cruzan México.

El hecho de que las redes sociales familiares no ayuden a los migrantes en tránsito por México contraviene el conocimiento generalizado sobre migración y lazos familiares. En general, los académicos asumen que si el migrante tiene contactos en el país de destino, su migración será más fácil porque los costos de migrar bajarán (Melero, 2008; Palloni *et al.*, 2001). Sin embargo, en el caso de los migrantes en tránsito por México, este no parece ser el caso. Las familias muchas veces deciden no ayudarlos. Los jóvenes pierden el acceso al "capital social migratorio" (Singer y Massey, 1998) que sus familias les podrían haber proporcionado. No contar con este capital, fuerza a los migrantes a aprender por ellos mismos cuáles son las mejores estrategias para sobrevivir.

Planes y estrategias para el camino

Cuando todavía estaban en el sur de México, la mayoría de mis entrevistados jóvenes no tenían muy claro qué iban a hacer. Cuando les preguntaba qué seguía en la ruta, decían que iban a tomar el tren hasta donde pudieran y que ahí iban a ir preguntando. Pocos tenían idea de para dónde iban a ir o por dónde iban a cruzar México. En general, las respuestas eran similares a las de Jairo: "¿Cómo dice? Pues vamos p'arriba. Seguimos el tren y llegamos, ¿no?"(Jairo, 2015).

A pesar de no tener claro por dónde iban, muchos ya habían aprendido algunas realidades sobre la migración por México. Lázaro había aprendido cómo obtener información sobre el camino por sí mismo: "Pues... Sabe uno porque a veces seguimos a los que conocen y vienen *guachando* y pegándosele abajo y ya luego miras dónde se va metiendo y viendo uno" (julio 2015, Tenosique). Mario observaba que las casas del migrante sí proporcionaban ayuda: "Pues si a mí me hubieran dicho que en la casa del migrante tenían ropa y comida y pasta de dientes, no hubiera cargado tanto" (junio 2015, Palenque). Finalmente, la incertidumbre hizo que muchos concluyeran que confiar en desconocidos era arriesgado y que no valía la pena; "Aquí uno no confía ni en la sombra" (Marlo, julio 2015, Palenque).

Estos migrantes jóvenes, en sus primeros días en México, se habían enfrentado con una realidad para la que no estaban preparados. Se encontraban rodeados de gente en la que no confiaban, tenían por delante un camino largo que no conocían y se daban cuenta de su falta de información. Se encontraban en la difícil situación de estar ya al comienzo de su proceso migratorio sin contar con ayuda o con capital social migratorio que les sirviera para sobrevivir en el camino. Lo único que traían muchos de ellos era una mochila llena de ropa y el número de sus familiares en Centroamérica memorizado. Cruzar México iba a representar un duro aprendizaje sobre las mejores estrategias para sobrevivir como migrante clandestino.

Frontera norte de México

El cambio de los migrantes entre la frontera sur y la frontera norte de México es impresionante. Los migrantes que logran llegar han superado asaltos, secuestros, correteadas de los agentes migratorios, noches sin dormir en el monte y días de caminar. Llegan quemados por el sol, más flacos y con menos optimismo sobre el camino. Sus zapatos están rotos y muchos ya no traen mochila. No tienen tantas ganas de hablar y, al principio, son más reservados. Saben que todavía les falta cruzar otra frontera. No se sienten invencibles.

En Nogales y Saltillo les pregunté a los migrantes sobre toda su experiencia migratoria, sobre sus estrategias para sobrevivir y sobre qué aprendieron en el camino. También observé cómo había cambiado la forma en la que se comportaban entre ellos y con los voluntarios a su alrededor y cómo hablaban de sus familias y sus lazos sociales.

Transmisión de capital social migratorio

En el norte, era evidente que los migrantes ya habían adquirido conocimientos y estrategias para superar la ruta. Hablaban del camino como expertos y comparaban entre ellos lo que les había pasado y cómo habían sobrevivido. Me daban largos análisis sobre cómo escapársele a un agente de migración y dónde esconderse. Sabían cuál era la mejor casa del migrante y en cuál no se volverían a quedar. Usaban palabras nuevas para expresar lo que les pasaba. Se habían vuelto migrantes experimentados. Ya tenían consejos que dar, por fin habían desarrollado capital social.

Los jóvenes que habían salido sin saber mucho de México, sin dinero, y sin ayuda de sus familias habían tardado aproximadamente un mes en llegar de la frontera sur a la frontera norte de México si no los habían deportado. La mayoría había tomado el tren y había caminado cuando el tren no pasaba o se rumoraba que "La Migra" o los pandilleros estaban esperándolos. Casi todos habían sido víctimas de violencia y extorsión y algunos de ellos habían sido secuestrados. La mayoría había visto a alguien morir asesinado o en un accidente de tren.

A pesar de estar separados de sus redes sociales y de la ayuda que éstas les podrían haber proporcionado, no habían estado aislados en la ruta migratoria. Seguían diciéndome que no había que confiar en nadie, pero, de alguna forma, habían logrado encontrar sustitutos que les proporcionaron un poco de la ayuda que no obtuvieron de sus familias. De acuerdo con todos mis entrevistados, los migrantes experimentados y las casas del migrante les salvaron la vida.

Migrantes experimentados

A pesar de no tener redes sociales transmitiéndoles información sobre el camino, muchos se encontraron con adultos migrantes solitarios dispuestos a decirles sobre la ruta. En algunas ocasiones el adulto les regalaba un mapa de bolsillo o les dibujaba un mapa del camino que tenían que tomar. También les informaban sobre dónde estaban las casas del migrante y cuánto se podían quedar en cada una. Muchas veces los dejaban seguirlos un par de horas. En ese tiempo, el migrante experimentado les contaba de sus migraciones pasadas y les aconsejaba sobre la mejor forma de cruzar. Por ejemplo, a Jairo le recomendaron llevarse una bicicleta la próxima vez, para ir más rápido y para venderla en el norte. A Mario le dijeron que sólo pidiera dinero a las señoras mayores afuera de misa porque ellas seguro no lo iban a secuestrar.

En este caso, la información se transmitió de una persona experimentada a una sin experiencia sin que hiciera falta una red social en común. El pertenecer al mismo grupo migratorio y estar en una situación similar bastó para que el migrante adulto ayudara a los más jóvenes. Irías, un migrante guatemalteco de 40 años me contaba que, aunque le gusta viajar solo, si ve a un joven que claramente no sabe lo que hace, siente la necesidad de darle un trago de refresco y aconsejarlo. Irías tuvo que aprender solo cómo sobrevivir la migración en México y por eso siempre que ve a un joven sin experiencia, lo ayuda. Así, el sentimiento de identidad migrante es suficiente para generar un lazo entre migrantes que a veces favorece la transmisión de información.

Casas del migrante

Hay más de 50 casas del migrante a lo largo de la ruta migratoria por México. La mayoría proporciona comida y alojamiento por un tiempo limitado (un par de días) para los migrantes de paso. Las casas del migrante también son muy importantes para crear y transmitir capital social migratorio, porque proporcionan un ambiente seguro donde los migrantes pueden hablar y porque sus voluntarios y trabajadores pueden dar consejos sobre la ruta.

"Sí, en las casas del migrante te sientas y oyes lo que los demás están contando y aprendes por dónde irte y por dónde hay malandros" (julio 2015, Tenosique) me decía Lázaro. Mientras juegan dominó, descansan o comen, los migrantes platican de cómo les ha ido y de qué les espera. También transmiten rumores sobre la ruta. Los que tienen más experiencia comentan cómo les fue y los más jóvenes hacen preguntas y escuchan atentamente. Un día, en Saltillo, escuché a los migrantes pasar un par de horas discutiendo cómo evitar que los agentes del Instituto Nacional de Migración los detuvieran si se subían a un autobús. Algunos decían que lo mejor era hacerse los dormidos, algunos que lo mejor era obedecer, pero sin abrir la boca, y otros decían que hacer acento mexicano era más sabio. De discusiones como ésta, los migrantes jóvenes pueden aprender cómo comportarse sin tener que experimentarlo ellos mismos. La comunidad migrante, de nuevo, ayuda a trasmitir capital social migratorio.

Las casas del migrante y las organizaciones de la sociedad civil a veces proporcionan información directamente a los migrantes. La 72, la casa del migrante de Tenosique, por ejemplo, tiene un mapa donde las personas pasan horas decidiendo qué rutas tomar. Médicos sin Fronteras proporciona mapas a los migrantes con las rutas más importantes marcadas. En un albergue del norte, hay un voluntario que todas las semanas les cuenta a los migrantes cómo cruzar el desierto de manera más segura. Los voluntarios son fuentes de información valiosísima también. Uno de ellos recordaba a quien lo quisiera escuchar que ir limpio y sin polvo era la mejor forma de no ser detectado. Otro ayudaba a los migrantes a buscar las mejores rutas en su celular y los dejaba memorizarlas o escribirlas. Algunos aconsejaban sobre las leyes que podían ayudar a los migrantes en México y Estados Unidos.

De esta forma, las casas del migrante también sustituyen la ayuda de las familias y evitan que los migrantes tengan que vivir todas las experiencias antes de ajustar sus estrategias. En el caso de los migrantes que entrevisté, los que se quedaban en casas del migrante frecuentemente, expresaban haber pasado menos hambre que los que evitaban usarlas.

Adquirir capital social migratorio

A pesar de que los migrantes experimentados y las casas del migrante son importantes formas de obtener datos sobre la ruta migratoria, los migrantes se encuentran frecuentemente ante situaciones nuevas en México que tienen que navegar solos. En el viaje, ellos adquieren su propio capital social migratorio basado en los errores que cometieron y lo que observaron en el camino.

Encontrar amigos

La primera vez que Toño, un hondureño de 21 años, salió de su país, decidió hacerlo solo. "Ni siquiera le dije a mi esposa, que estaba embarazada, para que no me dijera que no me fuera" (Toño 2015). Cruzó con éxito Guatemala, pero en Tenosique empezó a ponerse triste. "No podía hablar con nadie porque no conocía a nadie y luego me aburría, pero además me sentía como… ¿usted sabe? como bien bien solo" (septiembre 2015, Saltillo). La cosa se puso tan mal para él, que decidió entregarse a las autoridades migratorias para que lo regresaran a su país. En el autobús de vuelta, sin embargo, empezó a pensar que no quería que su esposa lo viera fracasar y se regresó. Decidió cambiar de estrategia.

> Después de la primera vez pues yo me agarré así a chavalos que no conocía, iban para el norte.
> *Y los ayudó.*
> Sí
> *¿Compartían dinero y comida?*
> Comida y todo uno compartiendo con los demás.
> *¿A esos muchachos les estaban mandado dinero o todos no tenían dinero?*
> Pues la mayoría así normal así no tiene dinero (septiembre 2015, Saltillo).

En Saltillo me dijo que, aunque los muchachos que "adoptó" tampoco sabían nada y tampoco tenían dinero, le sirvió mucho tener amigos en el camino para acompañarlo. Él le recomienda a cualquier migrante primerizo que se busque unos amigos para compartir los momentos de soledad y de tristeza.

El consejo de Toño es muy pertinente e intuitivo. Los migrantes en México, especialmente cuando están separados de sus redes, se sienten poco valiosos, irrelevantes, deshumanizados. Formar lazos con gente a su alrededor les sirve para volver a sentirse importantes para alguien. Kimberly Tyler y Lisa Melander (2011) observaron que las relaciones sociales son fundamentales para los jóvenes sin hogar. Los grupos proporcionan ayuda emocional, dinero, recursos y protección en las calles. Algo similar pasa con los jóvenes migrantes, muchos de ellos forman grupos con otros migrantes (de una variedad de edades) para llegar al norte de México.

Los grupos, además de ayuda emocional, facilitan realizar actividades importantes para tener un tránsito más fácil. Por ejemplo, para los jóvenes es más sencillo pedir dinero afuera de las iglesias si todos lo hacen en grupo, así les da menos pena. Ir en grupo hace que algunos puedan dormir mientras uno hace guardia o hace que todos se puedan bañar en los ríos mientras uno cuida las cosas. Si tienen dinero, los miembros del grupo juntan su dinero.

Muchos de los jóvenes que entrevisté, dijeron que los amigos que hicieron y las anécdotas que vivieron fueron lo mejor del viaje y que sin sus nuevos compañeros no hubieran podido cruzar. Al observarlos se nota que se tienen mucha confianza y que están relajados cuando están juntos.

Trabajar

A los migrantes en tránsito sin apoyo de sus familias muy pronto se les acaba el dinero. A muchos los asaltan y los extorsionan. Incluso los que se salvan de los criminales tienen que pagar comida y a veces hospedaje a precios inflados, por ser migrantes. Muchos de mis entrevistados me dijeron que para cuando llegaban a Veracruz ya no tenían nada de dinero. Aunque nadie se los había recomendado, pronto descubrieron que podían trabajar un par de días en construcciones o arreglando casas en el camino. Así, ganaban algunos pesos honestamente y podían descansar.

Pedir ayuda y confianza

> De hecho, en este camino he encontrado gente muy buena, sí he encontrado gente muy buena y gente mala. Sí, porque a nosotros nos han asaltado, pero así como nos han asaltado ha habido gente que nos pregunta, ¿de dónde son? Somos de Honduras, ¿ya comieron? Pues no, vénganse para acá, los voy a meter a comer, bien buena gente. De hecho, ahí en el DF ahí es donde están los micros. Ahí hallamos a una persona una señora de unos 40 años. Nos invitó a comer y estuvimos platicando con ella y luego nos tomamos fotos y uno se siente muy bien, se siente como en casa, como que la felicidad vuelve, porque en estos caminos la verdad es muy dura la vida porque uno duerme en el monte (Nahu, 2016).

A pesar de que los migrantes siempre afirmaban que nunca se debe confiar en otras personas en el camino, sus historias mostraban que habían desarrollado estrategias para relacionarse con desconocidos y aceptar su ayuda sin exponerse mucho. El testimonio de Nahu muestra que, a pesar de tener en cuenta que hay criminales a su alrededor, a veces toma la decisión de confiar en otras personas. Así, el aceptó la invitación a comer de alguien, aunque nunca bajó la guardia.

La mayoría de los jóvenes decide que va a aceptar la ayuda de las personas si ellos la piden y si las personas no los invitan a lugares privados. Por ejemplo, Nahu pudo sentarse con la señora que los invitó a comer porque los llevó a un puesto de tacos cerca de donde estaban y al aire libre. Nunca tuvieron que bajar la guardia ni meterse a un auto o a una casa. En contraste, en otra ocasión, un auto con dos personas se detuvo en la carretera donde Nahu y sus amigos iban caminando. Primero, el conductor les ofreció unas manzanas que ellos aceptaron con gusto porque tenían hambre. Sin embargo, cuando el señor les dijo que les daba "jalón"(aventón) al siguiente pueblo, todos dijeron que no y se alejaron rápidamente. Ellos aprendieron a navegar esta delicada línea entre confianza y desconfianza porque escucharon el rumor de que un migrante que se fue con una señora fue secuestrado.

Otros lo tienen que aprender por experiencia propia. Cristian, un migrante de Guatemala, me dijo que él siempre pensaba que quien le ofrecía ayuda lo hacía por buena voluntad. "Me funcionó bien hasta Saltillo, eh. La gente me ayudó y no pasé mucha hambre. Pero en Saltillo caí como fresa" (abril 2016, Nogales). Ahí, un taxista le ofreció llevarlo gratis a la casa del migrante. Cristian, confiando en la buena voluntad de la gente, se subió al taxi sin pensar nada. Cuando el señor lo dejó afuera de una casa, él entró y ahí lo secuestraron. Nunca, hasta que alguien se le acercó con una pistola, se le ocurrió que era mala idea subirse al auto de un desconocido. A partir de entonces Cristian aprendió a desconfiar de los desconocidos muy amables.

A veces, los aprendizajes no son tan agresivos. Milton aprendió a pedir dinero afuera de iglesias cuando se dio cuenta de que la gente era más generosa en ese momento. También vio que si uno se ofrecía a trabajar la gente a veces les daba dinero o comida si no les podía dar trabajo. "Eso nadie me lo dijo, yo fui viendo y yo observaba dónde se paraban los demás y que me servía a mí. Para Coatza ya podía juntar unos pesitos para comer "(septiembre 2015, Saltillo). Si Milton hubiera sabido eso desde Palenque, el viaje hubiera sido más fácil; aprender le tomó dos semanas y muchas noches de hambre. Sin embargo, "Y bueno, si me regresaran (a El Salvador) ya lo haría todo mejor, un poquito mejor porque ya sé qué hacer. No todo, pero un poco mejor lo haría" (septiembre 2015, Saltillo).

Conclusión

Las redes sociales son muy importantes para facilitar la migración internacional al disminuir los costos de salir del país, de cruzar y de establecerse. Estas redes, sobre todo las familiares, transmiten capital social migratorio que los miembros experimentados han generado a los miembros más jóvenes e inexpertos. De esta forma, cuando un migrante nuevo quiere salir, no tiene que experimentar por sí mismo para descubrir las nuevas estrategias, puede simplemente apoyarse en el familiar que ya lo ha hecho.

En el caso de la migración mexicana a Estados Unidos, las redes sociales han probado ser muy útiles para mejorar las probabilidades de éxito al cruzar la frontera y en disminuir los riesgos al hacerlo. Sin embargo, estos resultados no se pueden trasladar al caso de los migrantes centroamericanos en tránsito por México, especialmente los más jóvenes que salen de sus países por primera vez.

Estos migrantes forzados huyen de la violencia y pobreza de sus países y frecuentemente salen sin tener tiempo de planear y de ahorrar para el viaje. Desafortunadamente para ellos, pocos logran conseguir la ayuda de sus familiares o amigos en Estados Unidos. En México se encuentran solos y sin conocimiento para sobrevivir el cruce. Llevan demasiada ropa, pocos artículos prácticos y casi nada de dinero. Además, no tienen una estrategia migratoria y no han entendido "las reglas del juego". Cuando empiezan la migración, es claro que no saben a lo que se van a enfrentar y que no están preparados.

Sin embargo, en el camino, logran generar un amplio capital social migratorio. Lo obtienen de dos fuentes, primero, utilizan la generosa ayuda de migrantes más experimentados y de las casas del migrante. Estos migrantes con experiencia, normalmente adultos, tienen un sentimiento de afinidad con los migrantes jóvenes, los consideran miembros de un mismo grupo migrante y deciden ayudarlos. Así, les transmiten datos, información e incluso rutas. Las casas del migrante, de forma más o menos institucional, sirven como receptáculos de información sobre la ruta. Así, los migrantes que llegan se pueden beneficiar de los consejos que los voluntarios proporcionan y de las conversaciones con otros migrantes.

Los migrantes jóvenes también usan sus propias experiencias para averiguar qué estrategias son útiles para sobrevivir. Se mueven cautelosamente por la ruta migratoria observando a otros migrantes e imitando sus comportamientos. También aprenden de sus errores y éxitos. Entre las cosas más valiosas que aprenden es a hacer amigos, a aceptar ayuda y a trabajar.

Este capítulo muestra que, aunque los migrantes jóvenes no cuentan con capital social migratorio al comienzo de su migración, tienen varios caminos para juntar la información que necesitan. Las instituciones como las casas del migrante y las organizaciones de la sociedad civil cubren un importante hueco en las redes de los jóvenes migrantes. Asimismo, las figuras "adultas" proporcionan consejos y camaradería en el camino. Finalmente, el capítulo muestra cómo los migrantes jóvenes e inexpertos aprenden y crecen en su tránsito por México para convertirse en migrantes experimentados con su propio capital social que transmitir.

Fuentes consultadas

Amnistía Internacional (2010) *Invisible Victims: Migrants on the Move in Mexico*, Amnesty International, Londres.

Animal Político (2016) *Programa Frontera Sur: una cacería de migrantes*, Animal Político, Ciudad de México.

Casillas, Rodolfo (2002) "El Plan Sur de México y sus efectos sobre la migración internacional (Análisis)", en *Ecuador Debate*, núm. 56, Centro Andino de Acción Popular (CAAP), Quito.

Castillo, Manuel Ángel (1999) "Tendencias y determinantes estructurales de la migración internacional en Centroamérica", en *Seminario Internacional sobre la población del Istmo Centroamericano al fin del milenio*, Centro Centroamericano de Población, San José.

CNDH (Comisión Nacional de Derechos Humanos) (2011) *Informe especial sobre secuestro de migrantes en México*, CNDH, Ciudad de México.

Dunn, Timothy (1996) *The Militarization of the U.S.-Mexico Border, 1978-1992: Low-Intensity Conflict Doctrine Comes Home*, University of Texas Press, Austin.

El Colegio de la Frontera Norte (2014) *Encuesta sobre migración en la frontera sur de México: Emif Sur. Informe anual de resultados 2013*, El Colegio de la Frontera Norte, Tijuana.

Flores, Carlos (1993) "La frontera sur y las migraciones internacionales ante la perspectiva del Tratado de Libre Comercio", en *Estudios Demográficos y Urbanos,* núm. 8, El Colegio de México, Ciudad de México.

Frank Vitale, Amelia (2013) "Central American Migrants in Mexico: Implications for U.S. Security and Immigration Policy", en CLALS *Working Paper*, Series 2, Washington.

Liu, Mei Mao (2013) "Migrant networks and international migration: Testing weak ties", en *Demography,* vol. 50, Taylor y Francis, Londres.

Massey, Douglas, Rafael Alarcón, Jorge Durand, y Humberto González (1991) *Los ausentes: El proceso social de la migración internacional en el occidente de México*, Alianza, Ciudad de México.

—, Joaquin Arango, Graeme Hugo, Ali Kouaouci, Adela Pellegrino y Edward Taylor (1993) "Theories of international migration: a review and appraisal", en *Population and Development Review 19*, vol. 19, núm. 3, Wiley, Nueva York.

Melero Malpica, Daniel (2008) *Indigenous Mexican Migrants in the City of Los Angeles: Social Networks and Social Capital Among Zapotec Workers*, (tesis doctoral), Universidad de California, Los Angeles.

Palloni, Aberto, Douglas Massey, Miguel Ceballos, Kristin Espinosa y Michael Spittel (2001) "Social capital and international migration: A test using information on family networks", en *American Journal of Sociology*, University of Chicago Press, Chicago.

Rodríguez Pizarro, Gabriela (2002) *Informe presentado por la Relatora Especial, Sra. Gabriela Rodríguez Pizarro, de conformidad con la resolución 2002/62 de la Comisión de Derechos Humanos (No. E/CN.4/2003/85/Add.2)*, Trabajadores Migrantes / ONU, Consejo Económico y Social, Madrid. Consultado en: http://www.derechos.org/nizkor/espana/doc/migrant1.html

Singer, Audrey y Douglas Massey (1998) "The social process of undocumented border crossing among Mexican migrants", en *International Migration Review*, núm. 32, Wiley, Nueva York.

Tilly, Charles (2007) "Trust networks in transnational migration", en *Sociological Forum*, Wiley, Nueva York. Consultado en https://macaulay.cuny.edu/eportfolios/lutton15/files/2015/03/Tilly-Trust-Networks.pdf

Tyler, Kimberly y Lisa Melander (2011) "A qualitative study of the formation and composition of social networks among homeless youth", en *Journal of research on adolescence: the official journal of the Society for Research on Adolescence*, núm. 21, University of Nebraska, Lincoln.

JÓVENES, ESCUELA Y TRAYECTORIAS

Trayectorias educativas de jóvenes en transición a la adultez en contextos binacionales: estudio comparativo-longitudinal

Enrique Martínez Curiel, José Manuel Ríos Ariza y Elba Rosa Gómez Barajas

Introducción

Comenzamos aproximándonos al concepto de juventud. Para el Programa de las Naciones Unidas para el Desarrollo (PNUD, 2014: 9).

> se refiere a mujeres y hombres jóvenes, en toda su diversidad de experiencias y contextos, tomando en cuenta las definiciones existentes de juventud utilizadas a nivel de país y/o regional. En términos de la programación, el PNUD propone centrarse principalmente en mujeres y hombres entre 15 y 24 años, pero también extender ese grupo para incluir a hombres y mujeres entre 25 y 30 años (e incluso más, hasta los 35 años), basándose en realidades contextuales y en directrices de políticas juveniles regionales y nacionales.

En este trabajo se examinan tres muestras de forma comparativa y longitudinal, en contextos binacionales, centrándose en el análisis de los logros educativos que, hasta el momento, han obtenido los jóvenes que residen en su lugar de origen: una muestra de la zona rural y otra del medio urbano en Ameca, Jalisco, en el occidente de México, y una tercera muestra, compuesta por jóvenes hijos de inmigrantes mexicanos, indocumentados o documentados y ciudadanos estadunidenses que viven en California, Estados Unidos, que proceden de la zona de Ameca, Jalisco México.

Los estudios longitudinales de las trayectorias de hijos de inmigrantes son escasos. En Estados Unidos, el más conocido es CILS (*Children of Immigrants Longitudinal Study*), realizado en un periodo de diez años en dos costas del país, San Diego (California) y Miami, (Florida) (Portes y Rumbaut 2005, 2011; Rumbaut y Portes, 2001). En España, el ILSEG (Investigación Longitudinal de la Segunda Generación) ha comparado muestras de hijos de inmigrantes en Madrid y Barcelona, con encuestas basadas en el estudio CILS (Portes *et al.*, 2011). Ambos, sin embargo, comparan grupos de jóvenes en el mismo país. La presente investigación se diferencia porque compara la situación de los jóvenes que provienen del mismo origen (Ameca, Jalisco) en dos países (Martínez, 2016; Rumbaut y Martínez, 2012).

El estudio se sitúa como un experimento natural, en un contexto permeado por una grave crisis económica, financiera y de inseguridad que afecta a ambos países. En el caso de Estados Unidos no sólo se debe a la difícil situación socioeconómica de las familias, sino también al hecho de la creación de un ambiente hostil, en contra de los indocumentados y de su persecución por parte del Estado, aumentando las deportaciones a cifras históricas. Por el lado de México, las condiciones de inseguridad y violencia son inimaginables, por los niveles de tragedia producto de la guerra contra el narcotráfico, y de la incertidumbre que se vive en gran parte del territorio mexicano, donde los jóvenes se ven envueltos en una serie de adversidades que impactan en el rumbo de sus vidas, tanto al interior de la familia como de forma individual. Bajo estas circunstancias los jóvenes tendrán que transitar hacia la adultez.

El presente trabajo forma parte de un estudio más amplio sobre jóvenes en México y Estados Unidos, denominado ELLE (Estudio Longitudinal de Logros Educativos en México y Estados Unidos) donde se analizan múltiples variables que impactan los logros educativos y la inserción laboral en su tránsito a la adultez. Las fuentes y el método que se han utilizado para el desarrollo de este trabajo responden al carácter singular del estudio, analizando el contexto de origen y destino como un proceso y un todo, que permita tener una comprensión más amplia de la transición de los jóvenes a la adultez.

En esta investigación se incorporan datos cualitativos y cuantitativos de una serie de muestras obtenidas en el estudio de campo, durante distintos periodos. La primera muestra se realizó en 2007, en el medio rural de Ameca, una segunda muestra se realizó en California a fines de 2008 y principios de 2009, y una tercera muestra se levantó en la zona urbana de aquel municipio, a mediados de 2009. En las tres muestras los jóvenes y adolescentes cursaban los grados de educación secundaria y bachillerato, tanto en México como en Estados Unidos. Por su parte, el seguimiento longitudinal de las tres muestras de jóvenes se realizó durante 2014, con una encuesta que fue aplicada en ambos lados: California, Ameca urbano y Ameca rural.

Por qué una mirada comparativa y longitudinal de jóvenes en contextos binacionales: Ameca-California

El primer trabajo que estudió a los migrantes desde el origen y destino fue realizado por William I. Thomas y Florian Znaniecki publicado en 1918-1920 como *The Polish Peasant in Europe and America*. Casi un siglo después se ha realizado un estudio de investigación similar por sus características metodológicas, por tratarse de abordar a los migrantes y sus familias desde ambos lados, en esta ocasión desde México y Estados Unidos. Llevar a cabo este tipo de trabajo es un reto en el diseño y la metodología, porque el proceso se vuelve más complejo cuando entran en juego más aristas en la interpretación y análisis. Por ello, la característica principal de la investigación es mostrar ambas miradas de los actores, con un carácter binacional, donde se examina a los jóvenes y sus trayectorias a la adultez como sujetos inmersos en contextos sumamente diferentes y complejos, situados en ambos países.

Sin embargo, en este trabajo se intenta ir más allá que el trabajo de Thomas y Znaniecki, dado que la vida de un número creciente de personas ya no puede ser entendida contemplando sólo lo que acontece dentro de los límites nacionales (Levitt y Glick, 2004). Existe la necesidad de contar con estudios comparativos de carácter internacional, situación que es una llamada de atención recurrente en el campo de los estudios de migración en los últimos años (Portes, Guarnizo y Landolt, 1999; Rumbaut, Forner y Gold, 1999; Wimmer y Glick, 2003). Por ello, se ha tomado un caso específico de jóvenes y familias de una misma comunidad, ya que el centrarnos en el lugar de origen permite tener "un magnífico ejemplo de la manera en que los estudios de comunidad pueden aportar una dimensión al conocimiento en el tema: la de los protagonistas y su medio en un pueblo de migrantes en un tiempo determinado" (Durand, 1991:

14). En el presente estudio, se hizo un seguimiento longitudinal para observar hasta dónde han llegado los jóvenes de las muestras señaladas anteriormente, (Ameca rural, Ameca urbana y California), intentando entender los factores que intervienen u obstaculizan el éxito o fracaso en su transición a la adultez, considerando el contexto social, económico y cultural donde viven.

Contexto de la investigación

Ameca: lugar de origen

La ciudad de Ameca es una población de fácil acceso que se encuentra situada en un extenso valle. Cuenta con comunicación directa por carretera, desde la ciudad de Guadalajara, capital del estado de Jalisco, de la que dista 77 km.

Ameca sirve como sede en varios aspectos de la vida económica, política y social de la región, y cuenta con una amplia actividad comercial, que abastece a las comunidades rurales y la zona urbana del municipio. Igualmente, tiene una industria azucarera y un importante sector agrario y ganadero. Además, las remesas que envían los migrantes forman parte del motor de la actividad económica del municipio.

En 2010, el municipio tenía una población total de 57,340 habitantes según el Instituto Nacional de Estadística y Geografía (INEGI, 2010), y en la cabecera municipal se concentraba casi 65% de la población de todo el municipio de Ameca.

El contexto social y educativo desde el lugar de origen: zona urbana

De acuerdo con los datos proporcionados por el INEGI (2010), el grupo de los adolescentes y jóvenes de 12 a 24 años, que vivían en el municipio de Ameca, representaba 23% de la población total del municipio. Siete de cada 10 jóvenes vivían en el área urbana de Ameca.

El censo de 2010 revelaba el nivel de escolarización de la población de adolescentes y jóvenes del medio urbano de Ameca. Los datos quedan reflejados en el cuadro 1.

Cuadro 1. Porcentaje de adolescentes y jóvenes que no asisten a la escuela del medio urbano

Grupos de edad	Ameca urbana %	Jalisco urbano %	México urbano %
Adolescentes de 12 a 14 años que no asisten a la escuela	6.8	9.1	6.9
Jóvenes de 15 a 24 años que no asisten a la escuela	57.6	59.0	55.4
Total 12 a 24 años que no asisten a la escuela	45.5	47.5	44.3

Fuente: Elaboración propia con base en datos del INEGI (2010).

Los porcentajes de la población de 12 a 24 años, que no asistía a la escuela muestran una situación sumamente adversa para su preparación en su transición a la adultez, no sólo en el área urbana de Ameca, sino también en el medio urbano a nivel estatal y nacional. Las cifras de abandono de Ameca son 1.2% superiores a las de México y 2% inferiores a las del estado de Jalisco. Estas cifras muestran que la situación educativa se encuentra en una crisis profunda, sombría y poco esperanzadora para jóvenes y adolescentes del medio urbano, casi la mitad de los jóvenes del área urbana tiene un problema serio de exclusión, producto de la deserción y el abandono escolar en los niveles de bachillerato o universidad.

Si a esto le agregamos los altos niveles de inseguridad en el país y particularmente en la localidad de Ameca, donde los niveles de desapariciones forzadas son alarmantes y se concentran en los jóvenes urbanos, el panorama se vislumbra sumamente desesperanzador. Un alto porcentaje de los jóvenes está en riesgo latente, por encontrarse en desventaja en términos educativos y por provenir de familias en situación de pobreza.

Los datos de logros académicos de la población de 15 años y más se presentan en el cuadro 2.

Cuadro 2. Características educativas de la población de 15 años y más para el área urbana en Ameca, Jalisco y México

	Población Urbana		
	Ameca	Jalisco	México
Población sin escolaridad	4.5	4.3	4.8
Educación básica incompleta	19.0	16.2	14.8
Educación básica completa	40.9	40.1	37.9
Educación posbásica	34.7	39.0	41.8
Grado promedio de escolaridad	8.8	9.2	9.4

Fuente: Elaboración propia con base en datos del INEGI (2010).

Las diferencias más relevantes entre la población urbana de Ameca, están en la básica incompleta, ya que los jóvenes del municipio que no completan la educación básica, son 2.8% más que los de la zona urbana de Jalisco y 4.2% de los de la nación mexicana. Igualmente, es relevante la diferencia de 4.3% más de ciudadanos de Jalisco (en comparación con Ameca) que tienen educación postbásica y de 7.1% de México. El promedio de escolaridad de la población de 15 años y más de la zona urbana de Ameca, era de 8.8 grados de educación; para los hombres 8.9 mientras que para las mujeres 8.7, en promedio. Es decir, los habitantes urbanos de Ameca tienen, en promedio, un menor porcentaje de escolaridad y de educación postbásica que Jalisco y México, y el porcentaje es mayor de jóvenes que no concluyeron la formación básica. Los datos reflejan un menor nivel formativo, que puede elevar el riesgo de exclusión social.

El contexto social y educativo de los jóvenes en la zona rural de Ameca

En el área rural vive 31.7% de la población de jóvenes del municipio de Ameca; de ellos, el 7.8% estaba conformado por los adolescentes de 12 a 14 años, mientras que 23.9% se concentraba entre los jóvenes de 15 a 24 años. El porcentaje de abandonos en la zona rural de Ameca es similar a la zona rural de Jalisco y de México (cuadro 3); sin embargo, evidencia un grave problema entre los jóvenes del medio rural de 15 a 24 años. En Ameca 70.7% no continúa sus estudios de bachillerato y universidad, y se observa un menor abandono entre los adolescentes de 12 a 14, respecto a Jalisco y México. El porcentaje de abandono (12-24 años) de los jóvenes rurales de Ameca, supera en 9.5% a los jóvenes urbanos del mismo municipio. Hay que señalar que los servicios educativos que se ofrecen en la zona rural son más limitados, dado que no hay escuelas de nivel secundaria o bachillerato en todas las localidades.

Cuadro 3. Porcentaje de adolescentes y jóvenes que no asisten a la escuela en el medio rural

Grupos de edad	Ameca rural %	Jalisco rural %	México rural %
Adolescentes de 12 a 14 años que no asisten a la escuela	6.6	13.3	11.9
Jóvenes de 15 a 24 años que no asisten a la escuela	70.7	72.4	70.4
Total 12 a 24 años que no asisten a la escuela	55.0	57.5	55.1

Fuente: Elaboración propia con base en datos del INEGI (2010).

Los logros educativos de la población rural de más de 15 años, se recogen en el cuadro 4.

Cuadro 4. Características educativas de la población de 15 años y
más para el área rural en Ameca, Jalisco y México

	Población rural		
	Ameca	Jalisco	México
Población sin escolaridad	6.6	10.5	14.2
Educación básica incompleta	32.6	30.4	28.9
Educación básica completa	44.0	44.1	42.0
Educación postbásica	14.6	14.7	14.6
Grado promedio de escolaridad	6.5	6.3	6.1

Fuente: Elaboración propia con base en datos del INEGI (2010).

Los datos nos muestran que la población rural de Ameca, tiene un promedio de escolaridad superior a la rural de Jalisco y de México. Igualmente, destaca que el porcentaje de población sin escolaridad es muy inferior al resto de las zonas rurales de Jalisco, y menor a la mitad de las zonas rurales de México. Estos datos evidencian un mayor nivel educativo de la población rural de Ameca.

Por su parte, el panorama de la población de 15 años y más del medio rural de Ameca, es más desfavorable que el registrado a nivel urbano. El porcentaje de la población rural sin escolaridad es 6.6% mayor a lo registrado en el medio urbano (4.5%), un dato más adverso para el área rural es el grado promedio de escolaridad (6.5 grados), menor que lo registrado en el área urbana de Ameca (8.8 grados).

El contexto del lugar de destino y los jóvenes en California

El contexto sociocultural donde se insertan las familias de Ameca y en el que han crecido los jóvenes y adolescentes, hijos de mexicanos, en las distintas ciudades de California, puede permear el desarrollo escolar de los hijos. Es por eso que, para entender el proceso de adaptación y desarrollo de sus expectativas y logros educativos, es importante comprender este contexto. Para ello, es relevante, en primer lugar, indagar de qué manera llegaron los padres a Estados Unidos.

La gran mayoría (74%) de los jefes de familia, de los jóvenes que forman la muestra, cruzó la frontera de forma no autorizada, es decir, como indocumentados y 26% lo hizo de forma autorizada, ya sea como residente permanente o con visa de turista. Sin embargo, no todos llegaron al mismo tiempo: 30% llegó entre 1973 y 1985, un año antes de la promulgación de la Ley de Reforma y Control de Inmigración (IRCA por sus siglas en inglés); 50% lo hizo entre 1986 y la crisis económica de 1994 en México; y, sólo 20% arribó a Estados Unidos entre 1995 y los primeros meses del 2008. Los padres de familia llegaron con grandes aspiraciones, "esperanzados en una nueva vida más conveniente, aunque esta mejoría en algunos planos signifique vivir bajo la sombra de la xenofobia" (Salas, 2011: 126). Esta serie de desafíos están presentes en los distintos lugares de residencia, donde se establecen las familias de Ameca.

El lugar de residencia de estas familias está dividido en dos zonas geográficas, al norte y sur de California (mapa 1). Al norte del estado se han establecido las familias en varias ciudades, aunque sólo en tres de ellas se ha centrado nuestra atención, estas son: Modesto y Ceres, ubicadas en el Condado de Stanislaus, a una hora de distancia al sur de Sacramento, capital del estado. La otra ciudad donde se han establecido los amequenses es South Lake Tahoe, lugar que se encuentra a hora y media al noreste de Sacramento, localizada en el Condado El Dorado.

Mapa 1. Ciudades donde se realizaron las encuestas

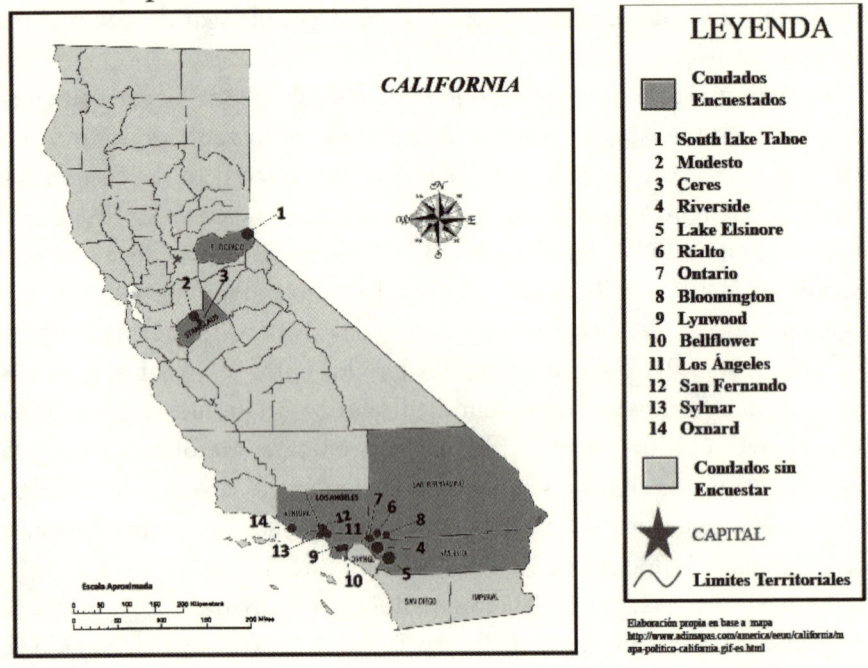

LEYENDA

Condados Encuestados

1 South lake Tahoe
2 Modesto
3 Ceres
4 Riverside
5 Lake Elsinore
6 Rialto
7 Ontario
8 Bloomington
9 Lynwood
10 Bellflower
11 Los Ángeles
12 San Fernando
13 Sylmar
14 Oxnard

Condados sin Encuestar

CAPITAL

Límites Territoriales

Elaboración propia en base a mapa
http://www.adimapas.com/america/eeuu/california/mapa-politico-california.gif-es.html

Fuente: Elaboración propia

Por su parte, el sur de California es considerado la zona urbana por excelencia en el estado, en ella se encuentra la ciudad de Los Ángeles, la segunda más grande e importante de Estados Unidos. Además, se concentra la mayor parte de la actividad industrial y cuenta con el mayor número de opciones universitarias tanto públicas como privadas del estado. Las ciudades del sur, donde se concentran las familias amequenses, están ubicadas principalmente en tres condados: Los Ángeles, Riverside y San Bernardino.

La gran recesión, que inició en diciembre del 2007 y se agudizó en septiembre del 2008, produjo un elevado nivel de desempleo y amenazó la seguridad y la dignidad de millones de personas en Estados Unidos. El derrumbe del mercado inmobiliario y financiero afectó con más fuerza a los que viven de la manufactura y la construcción. Tal es el caso de una gran parte de los inmigrantes que residen en California, quienes tienen dominado ese nicho de mercado laboral. Las repercusiones del colapso financiero no se hicieron esperar, y la población inmigrante ha sido una de las más golpeadas, por un lado, por la falta de seguro médico, además de la pérdida de sus viviendas y los altos niveles de desempleo y, por otro, por la reducción de sus ingresos familiares.

Construcción del método, la muestra y sus características

Para entender el panorama de los jóvenes, cuando hoy en día los acontecimientos se muestran cada vez más complejos, se requiere un análisis con enfoque interdisciplinario, en el que se recurre a la antropología y la sociología, disciplinas indispensables para acercarnos a la descripción y el análisis de los factores que intervienen en las trayectorias educativas de los estudiantes seleccionados.

Es indispensable hacer un acercamiento más completo, donde la vida de los jóvenes migrantes y no migrantes, pueda ser entendida más allá de los límites del lugar de origen o destino (Levitt y Glick, 2004). Por ello, es necesario considerar que el estudio debe contemplar el análisis desde ambas latitudes, para observar el proceso con mayor amplitud. Además, son cada vez más indispensables "los estudios que abarcan los distintos momentos del proceso", ya que es significativo llevar a cabo "más ejercicios comparativos entre países, que permitan situar adecuadamente los aspectos que se examinan" (Ariza y Portes, 2007: 32). Por tal motivo, el trabajo explora las trayectorias educativas y ocupacionales de los jóvenes que originalmente fueron entrevistados cuando cursaban los grados 7 al 12, en la educación secundaria y el bachillerato en México, y los jóvenes que se encontraban cursando, en California, estudios equivalentes en la *junior high school* y la *high school*.

El estudio recurre a información etnográfica recogida en trabajo de campo, y a la aplicación de encuestas. El trabajo de campo proporciona una visión amplia de primera mano, suministra una base para el establecimiento de la información y además, posibilita formular explicaciones de los resultados previstos y no previstos; por ello, es la base metodológica de esta investigación. Con "el trabajo etnográfico se aspira a conocer el mundo social de los actores, en sus propios términos, para proceder a su explicación, según el marco teórico planteado en la investigación" (Guber, 2001: 93). Sin embargo, por la complejidad del estudio se hizo acopio de una gran cantidad de datos cuantitativos, que actúan como un correctivo a la selectividad del trabajo.

Durante el trabajo de campo en California, se realizó una inmersión en la cultura de los jóvenes y sus familias mexicanas. Para ello fue necesario localizar familias con padres amequenses que tuvieran hijos en escuelas públicas. Se utilizó la técnica conocida como bola de nieve, donde una familia fue proporcionando las coordenadas para localizar a las demás familias. La pieza clave del trabajo etnográfico consistió en vivir por varios días con distintas familias, en el seno de su propio hogar, tanto en el norte como en el sur de California. El objetivo de dicha convivencia fue comprender, desde el interior de la familia, la dinámica de las relaciones de sus miembros, la relevancia que le dan a la educación, y sus vivencias en el proceso migratorio (integración en la nueva sociedad y sus raíces en la de procedencia), puesto que estos elementos juegan un papel central en las expectativas y los logros de sus miembros y en la transición a la adultez de los jóvenes.

El estudio tiene como base cuantitativa principal, la encuesta utilizada por Portes y Rumbaut, para la investigación (CILS) (Portes y Rumbaut, 2005, 2010, 2011; Rumbaut y Portes, 2001). Esta estrategia, tanto cualitativa como cuantitativa, permitió obtener información sobre la vida familiar, la migración y la educación, desde la perspectiva de los jóvenes que se encuentran en transición a la adultez. La encuesta fue aplicada en ambos lados de la frontera, lo que a su vez permite analizar a jóvenes en diversos contextos y en distintos países.

Características de la muestra y estructuración del estudio en California y Ameca

En abril y mayo del 2007 se realizaron encuestas a estudiantes de secundaria, que cursaban el grado nueve de educación básica y residían en la zona rural de Ameca. Las encuestas se levantaron en dos escuelas secundarias públicas rurales. Por un lado, en la escuela Secundaria Técnica

109, ubicada en la localidad de San Nicolás, se encuestó a 27 estudiantes, que cursaban el tercer grado de secundaria, que provenían de siete localidades rurales distintas, ubicadas al poniente del municipio. La segunda escuela seleccionada se encuentra en la parte sureste del municipio, y es la Telesecundaria Cinco de Mayo, ubicada en la localidad de Villahermosa, donde encuestamos a 26 alumnos del tercer grado, provenientes de tres comunidades rurales. En total se encuestó a 53 adolescentes de la zona rural.

La segunda muestra fue levantada en 2008 y entrevistamos a jóvenes y adolescentes que asistían a escuelas públicas, ubicadas en distintas ciudades, distribuidas en el norte y sur de California. En total encuestamos a 67 estudiantes. Los jóvenes y adolescentes, hijos de amequenses, cursaban estudios en 35 escuelas de nivel básico *middle school, junior high y high school* en 14 ciudades, distribuidos en seis condados del estado. Cerca de 40% se encontraba en la *junior high* y, alrededor de 60% en la *high school*. Mientras que 50.7% de los jóvenes y adolescentes estaban en escuelas del norte de California y 49.3% asistía a escuelas del sur del estado.

Entre junio y agosto de 2009, se realizó un estudio con una tercera muestra con jóvenes y adolescentes que asistían a escuelas públicas de nivel secundaria y bachillerato, que residían en la zona urbana de Ameca. La selección y búsqueda de los sujetos de estudio se hizo a partir de una muestra de estudiantes de las dos escuelas públicas de nivel secundaria y dos escuelas de nivel bachillerato, que se encuentran en la cabecera municipal de Ameca. Poco más de una tercera parte de la muestra (33.3%), eran estudiantes de la secundaria José María Morelos y Pavón, y 18.4% estudiaba en la secundaria José María Luis Mora. En el bachillerato, la muestra se distribuyó de la siguiente manera: 22.8% pertenecían al Centro de Estudios Tecnológicos Industrial y de Servicios núm. 63 (Cetis), y 23.7% a la Preparatoria Regional de Ameca. La selección de la muestra se hizo de forma aleatoria, entre todos los alumnos que se encontraban en las listas de asistencia de las cuatro escuelas seleccionadas. Posteriormente, se procedió a la búsqueda de los domicilios de los estudiantes seleccionados para la aplicación sistemática de cada encuesta. En total encuestamos a 114 estudiantes.

En un segundo momento, se realizó un seguimiento longitudinal siete años después de haber levantado la muestra inicial (2007) en la zona rural. En abril y mayo de 2014 se hizo el seguimiento con los jóvenes rurales. Lo mismo ocurrió para la muestra del medio urbano de Ameca, levantada en febrero y marzo del 2014, y en agosto del mismo año con los jóvenes que residían en California. A todos los jóvenes entrevistados de la muestra origen se les preguntó sobre su situación educativa y ocupacional actual, es decir, en qué nivel estaban estudiando o, en su caso, qué actividad realizaban en ese momento. Estas interrogantes nos ayudaron a examinar la trayectoria educativa de los jóvenes, y a obtener datos importantes para conocer el grado de conexión o desconexión que tienen con las instituciones sociales y educativas.

Hasta dónde han llegado: determinantes estructurales y no estructurales del éxito y el fracaso educativo

¿Hasta dónde han llegado los jóvenes después de varios años de transitar hacia su vida adulta?, ¿por cuáles caminos han tenido que transitar hacia la adultez? Algunos sueños se han ido cumpliendo, pero otros se han roto. Las expectativas planteadas por los jóvenes no siempre corresponden con la realidad que les toca enfrentar. Por todo ello, se preguntó a los jóvenes, de las tres muestras ¿a qué se dedican actualmente?, ¿qué actividad laboral o educativa realiza, o qué actividad específica desempeña en la actualidad? En la siguiente tabla se muestra la situación de los jóvenes que participaron en el estudio, distribuidos en función del lugar de residencia.

Cuadro 5. Distribución de las trayectorias y los logros obtenidos hasta el momento de los jóvenes en Ameca urbano-rural y California

Qué hace actualmente	Ameca urbano	Ameca rural	California	Total
Estudia	34.2%	13.2%	23.9%	26.5%
Trabaja	32.5%	43.4%	23.9%	32.5%
Estudia y trabaja	14.9%	3.8%	49.3%	22.2%
No estudia, ni trabaja	3.5%	7.5%	0.0%	3.4%
Ama de casa	6.1%	18.9%	1.5%	7.7%
Discapacitado	0.0%	1.9%	0.0%	0.4%
Falleció	0.9%	0.0%	0.0%	0.4%
Institucionalizado (se encuentra en centro de rehabilitación)	0.9%	0.0%	0.0%	0.4%
Militar	0.9%	5.7%	1.5%	2.1%
Emigró a trabajar a EUA	4.4%	5.7%	0.0%	3.4%
Desconocido	1.8%	0.0%	0.0%	0.9%
Total	114	53	67	234
	100.0%	100.0%	100.0%	100.0%

Fuente: Elaboración propia con base en datos del INEGI (2010).

Primeramente, cabe destacar el gran porcentaje (73.2%) de jóvenes en California que sigue pese a las dificultades estructurales, políticas y a las que enfrentan al interior de cada familia inmigrante. Las diferencias son importantes con los de Ameca, puesto que menos de la mitad (49.1%) de los jóvenes urbanos y sólo 17% de los rurales siguen estudiando.

El porcentaje de jóvenes que "estudia y trabaja", en California, alcanza casi a la mitad de la muestra (49.3%), superando en 34.4% a los urbanos de Ameca que están en esta situación y en 45.5% a los rurales de Ameca. Estas diferencias tan elevadas, reflejan dos situaciones distintas, el contexto de acceso al mercado laboral y a los estudios que debe ser más favorecedor en California y, no menos relevante, el compromiso mayoritario en los jóvenes de California, con una cultura del esfuerzo para alcanzar sus metas.

Los jóvenes señalados con la etiqueta de "trabaja", significa que únicamente realizan una actividad laboral. En esta situación se encuentra el mayor porcentaje de jóvenes de Ameca rural (43.4%), mientras que en sus pares urbanos no llega a la tercera parte de la muestra y en los de California no alcanzan la cuarta parte.

El mundo rural exige un tránsito más inmediato al mercado laboral. Sin embargo, es importante señalar que los trabajos que desempeñan los jóvenes del medio rural de Ameca, son sumamente precarios, de muy bajo perfil y, por tanto, con remuneraciones no mayores a dos salarios mínimos por día. En situación parecida están los jóvenes urbanos de Ameca, donde sus niveles educativos, de secundaria o menor al bachillerato, no les ayuda a escalar a niveles superiores en lo laboral, y además los puestos de trabajo disponibles en la localidad, en general, no son calificados.

Los jóvenes entre 16 y 24 años que no estudian ni trabajan, más que una etiqueta, forman una realidad social: son desconectados socialmente. Las instituciones sociales (como la escuela) y el mercado laboral no tienen cabida para todos y no son capaces de enrolarlos, así que millones de jóvenes se han visto orillados a ser desconectados del mundo educativo y laboral (Burd y Lewis, 2012). En nuestro caso, los desconectados presentan dos situaciones reveladoras. Por un lado, no hay jóvenes en esta situación de desconexión social entre los que residen en California. La economía en Estados Unidos se ha recuperado y los jóvenes que se encontraban sin estudiar ni trabajar, ahora ya realizan, por lo menos, alguna de esas actividades. Estos datos revelan que los hijos de inmigrantes tienden a hacer un mayor esfuerzo por adaptarse y salir adelante, en una sociedad ajena a la de sus padres.

En Ameca, los jóvenes urbanos que no estudian ni trabajan son 3.5%, mientras que en los jóvenes rurales ese porcentaje se duplica. El contexto de los jóvenes desconectados, en México, es tal vez mucho más complejo que en Estados Unidos; las variantes y razones que orillan a su desconexión son multifactoriales, aunque es frecuente que haya una más relevante. Cada joven tiene una razón individual por ejemplo, hay quienes abandonan la escuela porque fueron expulsados por distintos motivos y no pueden inscribirse en otra escuela, pero tampoco pueden trabajar. Hay otros que se ven orillados a desertar de la escuela para trabajar, porque la situación económica familiar es más apremiante que estudiar y, sin embargo, no encuentran trabajo. Además, el ambiente de inseguridad, producto de la guerra contra el narcotráfico, ensombrece el panorama. Cabe señalar que uno de los jóvenes de la zona urbana de Ameca, etiquetado como "institucionalizado", antes de ser internado pasó un tiempo sin realizar actividad laboral, después de ser expulsado de la escuela, posteriormente entró en el mundo de las drogas y tuvo que ser llevado a un centro de rehabilitación.

El tránsito a la adultez y lo que conlleva de responsabilidad, puede ser más rápido o lento dependiendo del entorno familiar y, sobre todo, del contexto social y económico donde los jóvenes crecen. Para el caso de las mujeres rurales, una de las vías es dedicarse a ser amas de casa, actividad en la que los porcentajes son sumamente elevados, pues poco más de la mitad de ellas (54.5%) se encuentra viviendo en pareja, y 18.9% tiene la etiqueta de "ama de casa", por poner un solo ejemplo de las actividades que dijeron desempeñar, por ahora (cuadro 5). Por tanto, son las mujeres rurales quienes están transitando más rápido a la adultez, que las mujeres de los otros dos grupos comparativos, sin embargo, lo están haciendo con muy bajos niveles educativos, lo que tendrá consecuencias de desarrollo en un futuro, para ellas y sus hijos.

Son varios los caminos y emigrar al norte es una de las opciones para los jóvenes de Ameca: cinco de los casos del área urbana (4.4%) tuvieron que salir de su pueblo para buscar una mejor vida, mientras que en los jóvenes rurales se dieron tres casos (5.7%). En todos los eventos, contaban con documentos legales para internarse en el país del norte. Los intentos por emigrar a Estados Unidos no son exclusivos de los jóvenes que cuentan con documentos legales para su ingreso, también muchos han sido los intentos de jóvenes que no cuentan con tales documentos y que forman parte de la muestra. Retornar a México desde California (3.1% de los casos) es otro camino por transitar: la no adaptación a la sociedad norteamericana y las deportaciones forzadas se enfrentan a los sueños de familias y jóvenes. El endurecimiento de la frontera, a través de las políticas de militarización del muro fronterizo, y las bandas criminales que trafican con droga y con el traslado de personas para introducirlas en territorio norteamericano, han complicado su llegada hasta los lugares donde cuentan con redes de apoyo en aquel país (Massey, Durand y Pren, 2016).

Mudarse al interior de México es otro tránsito en la vida, no siempre bajo la voluntad de los adolescentes, en el que casi siempre el trabajo de los padres dirige los destinos de residencia de los adolescentes urbanos y rurales. En tanto, 18.4% de los jóvenes del medio urbano de Ameca contestó haber emigrado al interior de México: de dicho porcentaje, 14% lo hizo a la zona metropolitana de Guadalajara, y el resto a otros puntos dentro del estado de Jalisco. En el caso de los jóvenes rurales, 8.5% emigró al interior de México, aunque principalmente para mudarse a vivir a la zona urbana de Ameca, por el simple motivo de encontrar un mejor empleo que en el rancho. Muchas de las veces, el transitar requiere que los jóvenes tengan que rehacer su vida.

Atendiendo a la división por sexo de los jóvenes en California y Ameca, es posible apreciar una serie de trayectorias distintas. Las mujeres han tenido más éxito educativo que los hombres en ambos países y los hombres se insertan de forma más temprana al mercado laboral que las mujeres, más aún en el medio rural que en el urbano de Ameca, aunque con empleos más precarios. Además, las mujeres de California cuentan con porcentajes más altos que los hombres en la actividad laboral. Por otro lado, las mujeres rurales de Ameca registran el mayor porcentaje de amas de casa, de hecho, es el mayor porcentaje dentro de su mismo grupo por género, a lo que le sigue la opción de trabajar y, posteriormente, estudiar en la universidad. Por su parte, para las mujeres del medio urbano de Ameca, la principal actividad es estudiar en la universidad, en segundo lugar, trabajar y en tercero, ser ama de casa.

Uno de los panoramas más sombríos se presenta entre las mujeres del medio rural de Ameca que no estudian ni trabajan y que evidencian los niveles más altos de desconexión social de los tres grupos de mujeres. El trabajo de campo nos ha permitido observar que hay factores, tanto estructurales como del entorno familiar que orillan e inducen a las mujeres a no trabajar y no estudiar. El hecho que las instituciones públicas (universidad y bachillerato) no tengan cupo para todos los jóvenes en México, es uno de los factores determinantes de su desconexión. Por otro lado, los embarazos a temprana edad llevan a muchas jóvenes y adolescentes a quedarse inhabilitadas, en términos del mundo educativo y laboral. Lo aquí expuesto indica que el sexo sí es un factor determinante en la trayectoria de los jóvenes hacia la adultez.

En cuanto a los logros educativos, hasta ahora alcanzados por los jóvenes de las tres muestras de análisis, podemos señalar que son diferidos como se muestran en la tabla.

Cuadro 6. Distribución de logros educativos de los jóvenes en los tres grupos de muestras Ameca urbano, Ameca rural y California

Escolaridad de los jóvenes	Ameca urbano	Ameca rural	California	Total
Secundaria Inconclusa	0.9%	0.0%	0.0%	0.4%
Secundaria Terminada	7.9%	52.8%	0.0%	15.8%
Bachillerato o *High School* inconcluso	13.2%	5.7%	0.0%	7.7%
Estudia Bachillerato, Carrera Técnica o *High School*	14.0%	0.0%	14.9%	11.1%
Bachillerato o *High School* terminado	21.9%	22.6%	11.9%	19.2%

Escolaridad de los jóvenes	Lugar de la muestra			Total
	Ameca urbano	Ameca rural	California	
Universidad, *Community College* (Licenciatura, Normal o Ingeniería) inconclusa	3.5%	0.0%	7.5%	3.8%
Estudia Universidad o *Community College*	35.1%	17.0%	58.2%	37.6%
Universidad Terminada	0.9%	1.9%	7.5%	3.0%
Desconocido	1.8%	0.0%	0.0%	0.9%
No aplica (falleció)	0.9%	0.0%	0.0%	0.4%
Total	114	53	67	234
	100.0%	100.0%	100.0%	100.0%

Fuente: Elaboración propia con base en datos del INEGI (2010).

Por un lado, los que presentan los niveles inferiores de formación son los del medio rural, porque apenas un poco más de la mitad sólo cuenta con nivel secundaria (nueve años de educación). Y, por otro lado, los de mayor nivel son los jóvenes de la muestra de California, donde el 65.7% se encuentra estudiando en la universidad o finalizó estudios universitarios. Respecto a los estudios universitarios, el mayor porcentaje (más de un tercio) de los jóvenes urbanos de Ameca está en esa categoría, mientras que en los rurales son una sexta parte de la muestra.

El panorama para el grupo de jóvenes rurales es preocupante, y en menor medida para los jóvenes urbanos, ya que los niveles hasta ahora alcanzados, proyectan un futuro lleno de incertidumbre y de pocas expectativas para desarrollar empleos bien remunerados y tener una buena calidad de vida.

Por su parte, al observar los factores que inciden en el acceso a los estudios universitarios, los determinantes estructurales por estrato social, se muestran de forma diferida. Aunque no es un objetivo central de esta investigación realizar un estudio profundo de la conformación social, "clase social", o estrato social de las tres muestras (Ameca urbano-rural y California), sino identificar el efecto de la categoría en el impacto de los factores estructurales en las trayectorias educativas. En ese sentido, las clases son construidas por el investigador (de acuerdo con Bourdieu, 2001), pero con base en el análisis empírico (Fernández, 2007). Al tomar en cuenta esta delimitación y precisión, para abordar el concepto de estrato social en nuestro caso de estudio, se ha clasificado a las familias de Ameca rural y urbana en estrato bajo y medio, y a las de California en bajo, medio y alto, de acuerdo con el estatus socioeconómico con que cuentan las familias de los jóvenes.

Con el fin de hacer un mejor análisis de la información y con ello determinar qué tanto el estatus socioeconómico al que pertenecen los jóvenes y sus familias, impacta en la trayectoria educativa de los jóvenes, los hemos distribuido por estrato social, tomando en cuenta cinco factores. Para el caso de los que residen en el medio rural de Ameca se consideraron: 1) grado de estudio de los padres, 2) "prestigio" laboral, 3) nivel de ingresos de la familia, 4) estatus de residencia de la vivienda y 5) si el padre es propietario o no de tierras ejidales o de pequeña propiedad. Para los que viven en el medio urbano sólo se consideraron los primeros cuatro factores, señalados en el medio rural, eliminando la propiedad de tierras. Para el caso de los que residen en California se establecieron cinco factores: 1) grado de estudio de los padres, 2) estatus de residencia de la vivienda, 3) "prestigio" laboral, 4) nivel de ingresos de la familia, 5) estatus de residencia migratoria de los padres. A partir de estos factores se estableció un índice para clasificar en estratos sociales, a los jóvenes y sus familias, véase el cuadro 7.

Cuadro 7. Distribución de los jóvenes y sus familias según estrato social

Lugar de la muestra	Estrato Social		
	Bajo	Medio	Alto
Ameca rural	77.4%	22.6%	6.9
Ameca urbano	74.4%	25.6%	55.4
California	30.8%	41.5%	27.7%

Fuente: Elaboración propia. Ameca rural N=53, Ameca urbano N=114, California N=67

Los datos de la distribución de la familia de los jóvenes en estratos sociales, evidencian que casi tres cuartas partes de la muestra, tanto de Ameca rural como de Ameca urbano, se ubican dentro de la categoría de estrato social bajo y una cuarta parte en el estrato social medio. En contraste, los jóvenes de California se distribuyen entre los tres estratos, siendo el mayor porcentaje el de estrato medio, y los que pertenecen a los estratos bajo y alto tienen porcentajes similares (los de estrato bajo superan por 3.1% a los de estrato alto).

Los logros académicos de los jóvenes residentes en las tres zonas de nuestro estudio, agrupados en función de su pertenencia a los distintos estratos sociales, quedan reflejados en el cuadro 8.

Cuadro 8. Logros académicos de los jóvenes en función de su lugar de residencia y estrato social

Lugar de residencia de los jóvenes	Estrato social		
Ameca urbano	Bajo	Medio	Alto
Secundaria inconclusa	0.0%	3.1%	
Secundara terminada	8.5%	6.3%	

Lugar de residencia de los jóvenes	Estrato social		
Ameca urbano	Bajo	Medio	Alto
Bachillerato inconcluso	18.3%	0.0%	
Estudia bachillerato, carrera técnica	12.2%	18.8%	
Bachillerato terminado	22.0%	21.9%	
Universidad inconclusa	3.7%	3.1%	
Estudia universidad	30.5%	46.9%	
Universidad terminada	1.2%	0.0%	
Ameca rural			
Secundaria terminada	58.5%	33.3%	
Bachillerato inconcluso	7.3%	0.0%	
Bachillerato terminado	22.0%	25.0%	
Estudia universidad	12.2%	33.3%	
Universidad terminada	0.0%	8.3%	
California			
Estudia *High School*	9.1%	14.8%	22.2%
High School terminada	9.1%	22.2%	0.0%
Universidad o *Community College* inconclusa	9.1%	7.4%	5.6%
Estudia Universidad o *Community College*	72.7%	40.7%	66.7%
Universidad terminada	0.0%	14.8%	5.6%

Fuente: Elaboración propia. Ameca rural N=53, Ameca Urbano N=114, California N=67

Los principales datos que vinculan el estrato social con los logros académicos de los jóvenes rurales de Ameca, son que todos, tanto los de estrato social bajo y medio, al menos han terminado la secundaria. Pero, respecto a los estudios universitarios, sólo 12.2% de los jóvenes de estrato social bajo estudia en la universidad, frente al 41.6% de los de estrato medio que estudian o han finalizado sus estudios universitarios. En los jóvenes rurales de estrato bajo, más de la mitad tienen terminada la Secundaria.

En los jóvenes urbanos de Ameca, destaca que 26.8%, que pertenecen al estrato social bajo, están en el nivel de Secundaria terminada o Bachillerato inconcluso, frente al 9.4% de los de estrato social medio. En el otro polo, los datos se invierten, ya que 46.9% de los jóvenes de estrato medio estudia en la universidad, en contraste con 31.7% de los de estrato social bajo, que estudia o ha concluido sus estudios universitarios. El porcentaje de jóvenes urbanos de Ameca de estrato bajo y medio que han terminado el bachillerato es similar, un poco superior a una quinta parte.

Respecto al estrato social en los jóvenes de California, encontramos que 72.7% de los de estrato social bajo estudian en la Universidad; el porcentaje es similar al de la clase alta (72.3%) que estudian o han finalizado los estudios universitarios, y son superiores a los del estrato medio (65.5%). En la tabla se percibe que los porcentajes de universitarios son muy altos para los tres estratos, los otros porcentajes de logros educativos son bajos y sólo destacaremos que poco más de una quinta parte de los jóvenes de estrato medio, se ubican en la categoría *high school* terminada y un porcentaje igual, del estrato superior, en "estudia en *high school*".

Estos datos evidencian que la pertenencia a un estrato social bajo, en Ameca, coloca al joven en un estado de mayor vulnerabilidad en su trayectoria educativa, e impacta negativamente en los jóvenes del medio rural y urbano de Ameca, no es así para los jóvenes que residen en California. Así que el estrato social sí es significativo en la trayectoria educativa de los que residen en México, puesto que los jóvenes que pertenecen al estrato medio presentan porcentajes más favorables en su trayectoria educativa, ya que más de tres cuartas partes (76.6%) han terminado el bachillerato o están estudiando en la universidad y/o finalizaron sus estudios universitarios.

Igualmente destacamos que, dentro del estrato social medio, el acceso, estudio y finalización en la universidad es superior (5.3%) en los jóvenes urbanos de Ameca que en los rurales. Pero la gran diferencia, en función del estrato social, se da entre los jóvenes de estrato social bajo que residen en Ameca urbana, ya que en el nivel de Secundaria Terminada concentran

8.5%, frente al 58.5% de los jóvenes rurales. Ello evidencia que la mezcla de ruralidad y pertinencia al estrato social bajo son factores muy determinantes para el bajo éxito educativo, o dicho de otra forma, para abonar al fracaso escolar. Estas diferencias no se dan en el estrato social medio. En el estrato social medio también se dan diferencias en contra de los jóvenes rurales, pero no tan relevantes como las del estrato bajo, y como señalamos anteriormente son muy bajas en la Universidad. Es decir, en el estrato social medio, influye menos la ruralidad.

Conclusiones

El planteamiento de una estrategia metodológica que nos permita movernos entre el origen y el destino, viéndolo como un todo y no como entes separados, nos ha permitido acercarnos a observar detenidamente las trayectorias educativas de los jóvenes en ambos lados de la frontera. Estudiar desde el origen permite comprender, de forma más amplia, el desarrollo de los jóvenes que viven y se quedaron en el medio rural y urbano de Ameca y los que se fueron y nacieron en California.

A partir de nuestros hallazgos podemos constatar que el sistema escolar mexicano complica el rumbo más positivo hacia la adultez de los jóvenes de Ameca, ya que parece poner en una encrucijada a los jóvenes urbanos y rurales (en mayores proporciones a los de las clases bajas). El sistema escolar mexicano no les proporciona las oportunidades suficientes, ni las herramientas necesarias para tener éxito profesional, para "salir adelante" en su vida adulta. En esta línea, la Organización para la Cooperación y el Desarrollo Económico (OCDE/CEPAL/CAF, 2016), refiriéndose a América Latina, señala que, aunque ha habido avances, sigue habiendo deficiencias en la calidad, en la adquisición de las competencias básicas (lectura, matemáticas y ciencias) y en la vinculación con las demandas de los mercados laborales.

Los jóvenes en Ameca, además de presentar el panorama más adverso sobre logros educativos (y más aún las mujeres rurales), son quienes están transitando más rápido a la adultez (pero de una forma más desfavorable), sobre todo, las mujeres al establecer una nueva familia, pues son quienes registran los niveles más altos en la actividad de amas de casa que viven en pareja (sobre todo las mujeres rurales), o como madres solteras, en el caso de las mujeres del medio urbano de Ameca. Los datos de nuestro estudio van en consonancia con las críticas de Pezzini (2016: 20) que, refiriéndose a Iberoamérica y a las clases más desfavorecidas, afirma

> Esta situación es prevalente entre los jóvenes de hogares pobres y vulnerables, quienes abandonan la escuela antes que sus homólogos en hogares de clase media y trabajan en empleos informales. Sin embargo, son las mujeres de la región las más afectadas por estas problemáticas. Las jóvenes representan más de tres cuartos de la población que ni estudia, ni trabaja, ni se capacita (aunque muchas de ellas realizan tareas domésticas). Así, los jóvenes no están involucrados en los principales canales de inclusión social y económica, el sistema educativo y el mercado laboral.

Saravi (2015: 58) en una investigación centrada en México expresa, coincidiendo en parte con los resultados de nuestros jóvenes de Ameca, que

> diferencias y contrastes en las condiciones socioeconómicas de los estudiantes, sus familias y sus comunidades de origen condicionan severamente las oportunidades educativas de acceso, permanencia y aprovechamiento escolar.

Otra vía de transitar rápido (dadas las responsabilidades que implica ser adulto) es a través de ingresar al mercado laboral, trabajando en el mismo lugar de origen, o en su caso en la búsqueda de un mejor empleo, a partir de la migración internacional o emigrar al interior del país. Pero las dificultades no terminan, puesto que los jóvenes en Ameca no ven alternativas a su futuro inmediato, incluso los jóvenes rurales ya no ven la vida en el campo como una posible alternativa futura. Por otro lado, los jóvenes urbanos, dado que no acumulan capital humano, al transitar a su vida adulta, están cubriendo los empleos más precarios que se pueden ofrecer en la localidad. Aunado a esta situación adversa de abandono escolar y de bajos niveles educativos de los jóvenes que residen en la zona rural y urbana de Ameca, se suma que las oportunidades educativas no son suficientes para todos los jóvenes. La OCDE/CEPAL/CAF (2016) señalan la vinculación, en América Latina, entre la educación, la inclusión y la participación exitosa en el mercado laboral, resaltando que en esta Región la relación entre el nivel educativo y los ingresos es superior a otros miembros de la OCDE. Estas afirmaciones ratifican las de nuestra investigación que vincula la trayectoria educativa con la calidad de los trabajos de los jóvenes de Ameca.

Los resultados positivos aquí presentados, de los jóvenes hijos de inmigrantes provenientes de Ameca que residen en California, en contraparte con los resultados arrojados por Portes y Rumbaut en su estudio CILS, ponen en evidencia que un sector de familias mexicanas ha ido aprendiendo el valor sustancial de la educación como un mecanismo de movilidad económica y social, para dar un mejor futuro a los hijos. Las familias mexicanas a partir de la búsqueda de un nuevo proyecto de vida familiar e individual, en el país de acogida, y al asumir que no regresarán a México, tomaron conciencia de que debían mejorar la expectativa de futuro de sus hijos a través de la educación.

La inserción positiva de los hijos de inmigrantes indocumentados (*dreamers*) de Ameca, es sólo una muestra de que los *dreamers* en Estados Unidos están cumpliendo sus sueños, por adaptarse positivamente a la sociedad norteamericana. Es revelador que, de los diez jóvenes indocumentados de la muestra de California, sólo uno no continuara estudios más allá de la *high school*; los otros nueve se encuentran actualmente cursando una carrera universitaria. Eso merece una oportunidad para que sea legalizado su estatus migratorio. El *Dream Act* es un proyecto de ley ante el Congreso estadunidense que crearía un camino a la ciudadanía formal para los jóvenes que se encuentran no autorizados y así poder avanzar en la escala social a partir de la obtención del éxito educativo.

Fuentes consultadas

Ariza, Marina y Alejandro Portes (2007) "La migración internacional de mexicanos. Escenarios y desafíos de cara al nuevo siglo", en Marina Ariza y Alejandro Portes (comps.), *El país trasnacional migración mexicana y cambio social a través de la frontera*, Universidad Nacional Autónoma de México, Ciudad de México.

Bourdieu, Pierre (2001) *Las estructuras sociales de la economía*, Manantial, Buenos Aires.

Burd Sharps, Sarah y Kristen Lewis (2012) *One in Seven: Ranking Youth Disconnection in the 25 Largest Metro Areas*, Measure of America, Social Science Research Council, Nueva York.

Durand, Jorge (1991) *Migración México-Estados Unidos. Años veinte*, Consejo Nacional de la Cultura y las Artes, Ciudad de México.

Fernández, Tabaré (2007) *Distribución del conocimiento escolar. Clases sociales escuelas y sistema educativo en América Latina*, El Colegio de México, Ciudad de México.

Guber, Rosana (2001) *El salvaje metropolitano*, Paidós, Buenos Aires.

INEGI (Instituto Nacional de Estadística y Geografía) (2010), *Censo de Población y Vivienda 2010*, INEGI, Aguascalientes.

Levitt, Peggy y Nina Glick Schiller (2004) "Perspectivas internacionales sobre migración: Conceptualizar la simultaneidad", en *Migración y desarrollo*, núm. 3, Universidad Autónoma de Zacatecas, Zacatecas.

Martínez Curiel, Enrique (2016) *Los que se van y los que se quedan. Familia, migración, educación y jóvenes en transición a la adultez en contextos binacionales*, Universidad de Guadalajara, Guadalajara.

Massey, Douglas, Jorge Durand y Karen Pren (2016) "Why Border Enforcement Backfired", en *American Journal of Sociology*, vol. 121, núm. 5, SAGE, Chicago.

OCDE/CEPAL/CAF (Organización para la Cooperación y el Desarrollo Económico / Comisión Económica para América Latina / Banco de Desarrollo de América Latina) (2016) *Perspectivas Económicas de América Latina 2017,* OECD Publishing, París.

Pezzini, Mario (2016) "Juventud, emprendimiento y competencias", en VVAA, *Pensamiento Iberoamericano. Juventud, Emprendimiento y Educación*, Secretaría General Iberoamericana, Madrid.

Portes, Alejandro, Luis Guarnizo y Patricia Landolt (1999) "The Study of Transnationalism: Pitfalls and Promise of an Emergent Research Field", en *Ethnic and Racial Studies*, vol. 22, núm. 2, SAGE, Londres.

—, y Rubén Rumbaut (2010) *América Inmigrante*, Anthropos, Barcelona.

—, y Rubén Rumbaut (2011) *Legados: La historia de la segunda generación inmigrante*, Hipatia, Barcelona.

—, y Rubén Rumbaut (2005) "The second generation in early adulthood", en *Ethnic and Racial Studies*, vol. 28, núm. 6, Ethnic and Racial Studies, Londres.

—, Erik Vickstrom, William Haller y Rosa Aparicio (2011) "Dreaming in Spain: Parental determinants of immigrant children's ambition", en CMD *Working*, 11-02b, Princeton University, Center for Migration and Development, Philadelphia.

PNUD (Programa de las Naciones Unidas para el Desarrollo) (2014) *Juventud empoderada, futuro sostenible, Estrategia del PNUD para la juventud 2014-2017*, Organización de Naciones Unidas, Nueva York.

Rumbaut, Rubén, Nancy Foner, y Steven Gold (1999) "Transformations: Immigration and Immigration Research in the United States", en *American Behavioral Scientist,* vol. 42, núm. 9, Nueva York.

—, y Alejandro Portes (2001) *Ethnicities: Children of Immigrants in America*: University of California Press and Russell Sage Foundation, Nueva York.

—, y Enrique Martínez Curiel (2012) "Los que se van y los que se quedan ante la educación. Un estudio comparativo-longitudinal de jóvenes en transición a la adultez en México y Estados Unidos", en *Gazeta de Antropología*, núm. 28/3, Universidad de Granada, Granada.

Salas Quintanal, Hernán (2011) "Identidades y globalización en el espacio fronterizo del noroeste de Sonora", en Cristina Oehmichen Bazán y Hernán Salas Quintanal (comps.), *Migración, diversidad y fronteras culturales*, UNAM, Ciudad de México.

Saraví, Gonzalo Andrés (2015) *Juventudes fragmentadas. Socialización, clase y cultura en la construcción de la desigualdad,* FLACSO México / CIESAS, Ciudad de México.

Thomas, William I. y Florian Znaniecki (1918-20) *The Polish Peasant in Europe and America*, núm. 5, Badger, Boston.

Wimmer, Andreas y Nina Glick Shiller (2003) "Methodological nacionalism and beyond: nation-state building, migration and the social sciences", en *Global Networks,* vol. 2, núm. 4, Wiley Online Library, Oxford.

Implicaciones de la migración internacional en la dinámica escolar del estudiantado de licenciatura de la UAEM

Norma Baca Tavira, Andrea Bautista León y Patricia Román Reyes

Introducción

En la actualidad existen pocos estudios que retratan a la población joven que con alguna experiencia migratoria se encuentra inserta en el sistema de educación superior en México. La investigación reciente se ha centrado en el nivel básico y medio, por lo que aún existe un vacío en la literatura sobre quienes están estudiando en las universidades. Este artículo presenta información acerca de las y los jóvenes que se encuentran actualmente inscritos en la Universidad Autónoma del Estado de México, la cual es una de las más importantes del país por el volumen de matrícula que tiene y, además, por encontrarse en una de las entidades de mayor influencia en el país en términos económicos, políticos y demográficos. Específicamente en este trabajo se retrata el perfil demográfico de las y los jóvenes y las características de su acercamiento con los procesos de la migración internacional.

Migración desde el Estado de México a Estados Unidos

La historia de la migración internacional desde el Estado de México, principalmente hacia Estados Unidos, se puede rastrear desde la implementación del Programa Bracero en los años 40 del siglo pasado (Baca, 2009). Esta entidad es relevante para el país en términos políticos, económicos y demográficos, esto es, aporta 8.9% del Producto Interno Bruto (PIB) nacional, solamente superado por la Ciudad de México, de acuerdo con los datos del año 2016. Es el estado de la república mexicana más poblado, con 16'187,608 habitantes, según la Encuesta Intercensal levantada por el Instituto Nacional de Geografía y Estadística (INEGI) en 2015. Respecto al tema de migración, fue el quinto lugar en términos de volumen de recepción de población migrante retornada (33,593), esto es, población que cinco años antes vivió en otro país, pero principalmente en Estados Unidos. El escenario actual del sistema migratorio entre México y Estados Unidos se caracteriza por la desaceleración de flujos yendo hacia el norte y por el incremento del retorno de mexicanos (Durand, 2016), muchos, sujetos a procesos de deportación o, bien, por razones familiares (González, 2015; Passel, Cohn y González, 2012). También tiene como característica, entre las personas migrantes que estuvieron tiempo fuera y que regresaron, el hecho de que tienen un perfil demográfico heterogéneo, esto es, está compuesto por mujeres y hombres con diferentes edades y dimensiones de experiencia en el extranjero y distintas credenciales educativas (Hazán, 2014; Parrado y Gutiérrez, 2016). Esta heterogeneidad marca pautas distintas de integración a la sociedad mexicana, en diferentes ámbitos. El escolar es uno de ellos y el que compete a este trabajo.

Educación superior y migración en México

La literatura que vincula el tema migratorio con la educación está enfocada en varias vetas: la transferencia de habilidades y credenciales educativas (Hagan, Hernández y Demonsant, 2015), la educación básica y los problemas de inserción (Román, González y Zúñiga, 2014) por ejemplo. Debido al volumen importante de niños, niñas y adolescentes que han regresado, es que la investigación se ha centrado en el nivel básico de educación y se han abordado con menor intensidad los niveles medio y superior. Por ser muy heterogéneos dentro del país, es pertinente hacer estudios concretos con casos particulares. En este trabajo compete explorar el caso de la Universidad Autónoma del Estado de México, centro de educación superior que se ha posicionado como una de las principales del país por el tamaño de su matrícula y por su producción científica (Quadratín, 2017: s/p). Actualmente, poco se conoce sobre las características demográficas de la población joven que ha tenido la experiencia de vivir en el extranjero y se encuentra estudiando en las universidades mexicanas.

Redes y experiencias dentro de la universidad

Debido a la escasez de estudios sobre algunas áreas de la dinámica de la población universitaria, poco se sabe por ejemplo acerca de las experiencias cotidianas de convivencia entre compañeros y compañeras, y con ellos la institución, lo cual resulta relevante si se considera que es muy probable que los jóvenes migrantes inscritos en la universidad vengan de una dinámica de trayectorias escolares interrumpidas y tengan que pasar por un proceso de revalidación de estudios lo cual los posiciona en una situación más complicada que el estudiante promedio. En este trabajo se busca dar algunas pistas acerca de estas experiencias para conocer más acerca de los estudiantes universitarios. Además de esta dimensión es relevante observar la cercanía de la población joven (incluso quienes no son migrantes) con familiares que estén fuera del país, porque diversos estudios sobre el tema señalan que estos hogares cuentan con un ingreso económico extra por la llegada de remesas.

Datos y métodos

Partiendo de los planteamientos anteriores, este trabajo busca como objetivo principal retratar un panorama general del estudiantado de la Universidad Autónoma del Estado de México que haya vivido en el extranjero. Como objetivos secundarios, se busca dar cuenta de sus experiencias dentro de la universidad con compañeros, compañeras y profesorado y, finalmente, conocer la vinculación de la población universitaria con redes migrantes, entendidas éstas como la cercanía con familiares que viven o vivieron en otro país. Para lograrlo se utilizó una base de datos especializada descrita a continuación.

Características de los datos

Los datos con los que se identifican las características de los jóvenes, provienen de los recolectados en la "Encuesta sobre Relaciones de género, salud reproductiva y la capacidad de decidir informadamente para aminorar la inseguridad biográfica del estudiantado de la Universidad Autónoma del Estado de México (UAEM)", realizada en el marco del proyecto de investigación del mismo nombre, financiado por la Secretaría de Educación Pública y realizado por el Centro de Investigación y Estudios en Movilidad y Migraciones Internacionales (CIYEMMI) perteneciente a la UAEM (Baca *et al.*, 2017). Si bien el objetivo principal de esta fuente de datos fue colectar las experiencias sobre salud sexual, reproductiva y relaciones de género, también incluye un módulo sustantivo sobre migración internacional. Es de este módulo de donde se recupera la información de y los jóvenes universitarios.

Esta fuente de datos da cuenta de todo el universo de la UAEM en sus diferentes planteles. Los resultados que se pueden procesar fueron cuestionarios aplicados durante julio de 2017 a estudiantes de licenciatura en 22 Facultades, 10 centros universitarios y la unidad académica profesional Tejupilco de la Universidad Autónoma del Estado de México. En total se recolectaron 19,752 cuestionarios completos mediante un muestreo aleatorio simple que, con el ajuste de factor de expansión, representa a un total de 44,482 estudiantes.

Identificación de personas migrantes

Con esta fuente de información se pueden identificar a dos poblaciones con algún tipo de migración internacional: aquellos que nacieron en el extranjero y otra población que vivió algún tiempo en otro país. De esta forma se obtiene que 383 personas entrevistadas nacieron en otro país mientras que 1,450 vivieron fuera de México en algún punto de su vida. Además de conocer las características de esta población joven, resulta relevante estudiar las características de otras modalidades en que las y los jóvenes están vinculados con la migración internacional, esto es, a través de familiares que hayan vivido fuera del país o bien continúen en el extranjero. El objetivo del presente trabajo es mostrar un panorama de la población universitaria vinculada de alguna manera con la experiencia migratoria en un esfuerzo por visibilizar a este grupo que ha sido poco trabajado desde la academia. Para lograrlo se presenta un análisis comparativo entre jóvenes que han vivido fuera del país y quienes no.

Resultados

Características demográficas

Se calculó que del total de 1,450 estudiantes que han vivido en el extranjero, 48.6% son hombres y 51.4% son mujeres. El promedio de años que vivieron fuera es de 5.4 años con una desviación estándar de 4.9 años. Esto habla de que es un grupo que seguramente tuvo una experiencia en el sistema escolar de otro país que fue interrumpida por la migración. En el cuestionario recolectado, se les preguntó si migraron con documentos o sin ellos. Los resultados indican que sí lo hicieron 71.3% y 67.2% de hombres y mujeres, respectivamente. Este resultado es interesante puesto que usualmente son las mujeres aquellas que viajan más con documentos y los hombres en menor proporción (Bautista y Rodríguez, 2016). Aunque la fuente de información no nos permite saber bajo qué tipo de visa o documento migraron, conocer este dato nos habla de que este grupo captado por la encuesta cuenta con recursos materiales o de redes que le permitieron acceder a un documento para migrar de una manera más segura.

Siguiendo con las características demográficas, una de las principales para conocer el perfil del estudiantado entrevistado, es analizar sus edades. Normativamente la educación superior se cursa entre los 18 y 22 años de edad. Siendo así, se construyeron cuartiles para agrupar a esta población, entonces, la primera categoría incluye a quienes se ubican entre 17 y 18 años, la segunda de 19 a 20, la tercera sólo a la edad 21 y la cuarta a aquellas personas de 22 años y más, con diferentes proporciones entre hombres y mujeres. Es aquí, con esta primera característica, que emergen diferencias importantes entre hombres y mujeres y entre aquellos con y sin experiencia migratoria. En el Cuadro 1 se observa, entre los hombres, que aquellos que han migrado alguna vez son de mayor edad que los varones que no lo han hecho, esto es, 69.3% tiene 21 años, comparado con 51.3%. Entre las mujeres, 50.5% de las que ha vivido en el extranjero tiene más de 21 años, mientras que sólo 32.6% corresponde a este grupo, lo que significa que son más jóvenes las que no han migrado. La situación conyugal de ambos grupos y entre sexos no muestra diferencias de gran magnitud, pero sí se aprecia que los jóvenes con migración muestran ligeramente una mayor proporción en unión conyugal. La población estudiantil con migración sigue un patrón similar, entre quienes presentan en mayor proporción el ser padre o madre. Finalmente, se encontró que el tamaño de los hogares de las y los jóvenes que nunca han vivido fuera del país es ligeramente más grande en promedio con cinco miembros contra cuatro de aquellos con experiencia migratoria.

Cuadro 1. Características demográficas de la población estudiantil universitaria por sexo, UAEM 2017

Característica seleccionada	Hombres		Mujeres	
	No Migrante	Experiencia migratoria	No Migrante	Experiencia migratoria
	%		%	
Grupo de edad				
17 a 18	15.5	9.1	28.35	14.98
19 a 20	33.2	21.6	39.05	34.53
21	17.1	18.1	14.92	20.2
22 y más	34.2	51.2	17.68	30.29
Situación conyugal				
Soltera(o)	94.09	90.36	92.7	90.73
En unión	4.96	6.93	6.39	8.93
Separada(o)	0.96	2.71	0.91	0.33

Característica seleccionada	Hombres			Mujeres	
	No Migrante	Experiencia migratoria		No Migrante	Experiencia migratoria
	%			%	
Hijos					
Sí	4.74	5.63		6.91	7.35
No	95.26	94.37		93.09	92.65
N	18,536	704		24,496	746
		Media	Desviación estándar	Mínimo	Máximo
Tamaño del hogar	Experiencia migratoria	4	2	1	20
	No migrante	5	2	1	36

Fuente: Encuesta, Relaciones de género, salud reproductiva y la capacidad de decidir informadamente para aminorar la inseguridad biográfica del estudiantado de la Universidad Autónoma del Estado de México Por favor sustituir por (Baca et al., 2017).

Familia de origen

En general, la familia de origen tiene mucha incidencia en las trayectorias escolares de las personas, por lo que resulta importante estudiar de dónde provienen la población universitaria joven encuestada (Blanco, Solís y Robles, 2014). Para aproximarse a conocer de dónde vienen y de alguna manera el nivel socioeconómico de las y los jóvenes, se presentan a continuación la ocupación de la madre y el padre entre migrantes y no migrantes. Se incluyen también las tareas domésticas no remuneradas. Tener esta información acerca de la ocupación del padre y madre resulta también relevante para poder tener un panorama de las posibilidades de movilidad social entre el estudiantado universitario. La movilidad social en México, es poder lograr un nivel educativo u ocupacional mayor al del padre o madre, lo que ocurre poco (Solís y Boado, 2016). Por ejemplo, Gil (2014) mostró que solamente 50% de aquellos jóvenes con padres profesionistas pudieron lograr una credencial educativa en el nivel superior.

Los resultados muestran de manera global que, en las ocupaciones profesionales, las madres y padres de los jóvenes que migraron alguna vez están sobre representados en 5.7 y 8.8 puntos porcentuales, respectivamente. Esto significaría que estos jóvenes tienen mayormente un origen social más favorecido. Por otra parte, el trabajo doméstico no remunerado tiene una mayor concentración entre las madres comparada con la de los padres, lo cual está asociado con los roles de género que se encuentran muy marcados en la sociedad mexicana (Lamas, 2018) y es de mayor magnitud para las madres de quienes declararon ser no migrantes.

Cuadro 2. Estructura ocupacional de las madres
y padres de la población estudiantil universitaria,
UAEM 2017

Ocupación	Trabajo de la madre			Trabajo del padre		
	No migrante	Experiencia Migratoria		No migrante	Experiencia Migratoria	
	(a)	(b)	(b)-(a)	(a)	(b)	(b)-(a)
Profesional	6.6	12.3	5.7	7.5	16.3	8.8
Empleado en sector privado	7.4	6.8	-0.6	18.0	17.7	-0.3
Empleado en sector público	12.4	13.8	1.4	17.5	18.3	0.8
Trabaja por su cuenta	8.8	9.0	0.2	14.5	11.8	-2.7
Comerciante	11.7	15.6	3.9	14.8	14.1	-0.7
Trabaja en un negocio	4.3	5.4	1.1	3.9	4.0	0.1
Trabajo agrícola	0.4	0.5	0.2	4.3	3.6	-0.7
Tareas domésticas remuneradas	5.5	3.2	-2.3	0.3	0.0	-0.3

Ocupación	Trabajo de la madre			Trabajo del padre		
	No migrante	Experiencia Migratoria		No migrante	Experiencia Migratoria	
Tareas domésticas no remuneradas	23.8	17.9	-5.9	0.6	0.7	0.1
Otro	5.8	7.0	1.2	9.0	7.6	-1.5
Ninguno	12.1	7.4	-4.7	3.5	1.7	-1.8
No sabe	1.2	1.1	-0.1	6.0	4.2	-1.8

Fuente: Encuesta sobre relaciones de género, salud reproductiva y la capacidad de decidir informadamente para aminorar la inseguridad biográfica del estudiantado de la Universidad Autónoma del Estado de México (Baca *et al.*, 2017).

Integración y ambiente escolar

Una veta poco estudiada por la falta de información es la integración de las y los jóvenes y sus experiencias dentro de la universidad. La encuesta permite analizar experiencias diversas y de discriminación dentro del aula. En este apartado se presentan los resultados en torno a las percepciones sobre violencia, discriminación y relación con los profesores.

Los resultados indican que los estudiantes varones que han tenido experiencia de migración, perciben que hay violencia en la manera de relacionarse entre compañeros y compañeras con 39.0% dato que contrasta con el 30.3% de aquellas personas que no han migrado. Aunque con sus limitaciones, este resultado apunta a que la violencia está presente en la dinámica universitaria y debe observarse con mucho más detalle para precisar sus características y diseñar estrategias de atención. Entre las mujeres no hay diferencias sustantivas.

Más adelante se preguntó al estudiantado si se ha sentido discriminado y de contestar afirmativamente, por quién. Los resultados indican que, para ambos, hombres y mujeres con experiencia en el extranjero existe una percepción de haber sido sujetos de discriminación, comparados con sus pares. Además, los datos indican que quienes declararon haberse sentido discriminados mencionan que las compañeras son las que más realizan esta práctica.

Una diferencia sustantiva que marca la experiencia migratoria está en la percepción de discriminación por parte del personal administrativo. Este resultado puede estar relacionado con que al haber estado viviendo en otro país les resulta complicada la revalidación de sus estudios o bien, tienen que realizar más tramites que los que tradicionalmente deben realizar quienes no requieren estas revalidaciones. En este punto es relevante evaluar en investigaciones futuras, los procesos a los que se enfrentan los estudiantes provenientes de otro país para insertarse en la universidad.

Otro punto más que merece la pena explorar son las percepciones que tiene la población estudiantil acerca del comportamiento de los profesores y las profesoras en clase. Esto nos podría indicar cómo son las dinámicas en el aula en términos de las relaciones de género y autoridad, y si existen diferencias entre jóvenes que han migrado y quienes no. La información se recolectó preguntando acerca de sus impresiones sobre la importancia que le dan las profesoras y los profesores a las opiniones de hombres y mujeres. Se encontró que, entre los hombres, más de 85% opina que no hay diferencia. Sin embargo, 8% de los estudiantes que han vivido en el extranjero encuentran que las profesoras dan más importancia a las opiniones de los hombres y 5.9% que los profesores hacen lo mismo. Estos porcentajes son mayores cuando se comparan con los que no han migrado. Aunque para hacer afirmaciones más concretas se necesitaría hacer más investigación, el hecho de conocer que hay universitarios que han tenido acercamiento en otros centros educativos en el extranjero, que perciben que los y las profesoras tienen inclinaciones hacia las opiniones masculinas, resulta relevante para ir estableciendo nuevas preguntas de investigación sobre lo que sucede al interior de las clases.

Cuadro 3. Percepciones sobre violencia, discriminación y relación de la población estudiantil con el profesorado, por sexo, UAEM 2017

	Hombres		Mujeres	
¿Consideras que hay violencia en la forma en que se relacionan compañeras y compañeros?	No Migrante	Experiencia Migratoria	No Migrante	Experiencia Migratoria
Sí	30.3	39.0	32.5	31.5
No	69.7	61.0	67.5	68.5

	Hombres		Mujeres	
¿Alguna vez te has sentido discriminado como estudiante universitario?	No Migrante	Experiencia Migratoria	No Migrante	Experiencia Migratoria
Sí	10.8	21.4	12.5	14.3
No	89.2	78.6	87.6	85.7

¿Por quién te has sentido discriminado(a)?	Hombres		Mujeres	
	No Migrante	Experiencia Migratoria	No Migrante	Experiencia Migratoria
Profesoras	22.9	29.4	21.7	32.5
Profesores	5.7	2.7	3.7	1.8
Compañeras	53.1	35.8	46.2	30.9
Compañeros	7.2	6.5	17.4	11.1
Personal administrativo	9.2	16.8	9.4	19.3
Personal de intendencia	2.0	8.8	1.6	4.4

¿Percibes que las profesoras dan más importancia a las opiniones de los hombres, de las mujeres o no hay diferencias?			
	Hombres		Mujeres	
	No Migrante	Experiencia Migratoria	No Migrante	Experiencia Migratoria
Hombres	2.9	8.0	5.2	6.9
Mujeres	4.8	6.3	1.2	1.0
No hay diferencia	92.3	85.7	93.6	92.1

¿Percibes que los profesores dan más importancia a las opiniones de los hombres, de las mujeres o no hay diferencias?			
	Hombres		Mujeres	
	No Migrante	Experiencia Migratoria	No Migrante	Experiencia Migratoria
Hombres	2.3	5.9	3.5	5.2
Mujeres	14.3	19.9	7.6	15.8
No hay diferencia	83.4	74.3	88.9	79.0

Fuente: Encuesta sobre relaciones de género, salud reproductiva y la capacidad de decidir informadamente para aminorar la inseguridad biográfica del estudiantado de la Universidad Autónoma del Estado de México (Baca *et al.*, 2017).

Migración y redes familiares

Como se indicó en la sección de datos, con la encuesta se puede diferenciar al estudiantado que vivió en el extranjero y también a quienes tienen algún vínculo indirecto con la migración. En esta sección se presenta información relativa a las remesas que se reciben en los hogares de las y los universitarios y de la cercanía que tienen con familiares que migraron.

Los resultados indican que, de los 44,482 estudiantes captados por la encuesta, 8.0% recibe remesas en su hogar, esto es igual a 3,542. Estas remesas pueden ser provenientes de otros estados o bien de otro país. Se encontró que 38.6% de las remesas provienen de Estados Unidos mientras que 58.3% proviene de otras entidades de la república. Un papel importante de las remesas dentro de los hogares es la contribución a los estudios de los miembros de la familia (Aguilera y Massey, 2003) y en este caso especial de la población universitaria. Esto se confirma pues los resultados indican que 57.3% de las personas entrevistadas mencionaron que dedican parte de esas remesas a financiar sus estudios.

Asimismo, una aproximación distinta es conocer los lazos que tienen las y los estudiantes con familiares que hayan vivido fuera del país, o bien, que en la actualidad se encuentren fuera. En la parte baja del Cuadro 4 se observan estos resultados. Siendo así, se encontró que 11,269 estudiantes tienen algún familiar que ha vivido en otro país, lo que representa 25.3% del total del estudiantado. Además, hay algunos que tienen a alguien más viviendo en otro país en el presente, cifra que alcanza 34.0%, equivalente a 15,143 estudiantes. Como se aprecia, si bien en general se obtuvo un número relativamente pequeño de universitarios que vivieron fuera y regresaron, es potente el nivel de conexión que se tiene, sobre todo con Estados Unidos, a través de familiares.

Cuadro 4. Relaciones indirectas con la migración, UAEM 2017

Remesas en tu hogar	Absolutos	%
Sí	3,542	8.0
No	25,948	58.3
No sé	14,992	33.7
Total	44,482	100.0
¿De dónde provienen?		
De otro Estado	2,065	58.3
De EEUU	1,366	38.6
De otro país	111	3.1
Total	3,542	100.0

¿Se destinan parte de esas remesas para a financiar tus estudios?		
Sí	2,028	57.3
No	973	27.5
No sé	541	15.3
Total	3,542	100.0
Parentesco	**Haya vivido y regreso**	**Viviendo en otro país**
Padre	12.3	3.3
Madre	2.6	0.9
Hermano	4.0	3.5
Hermana	2.6	2.3
Abuelo	3.9	2.3
Abuela	2.2	2.2
Otro (tía, tío, prima, etc.)	72.4	85.5
Total	11,269	15,143

Fuente: Relaciones de género, salud reproductiva y la capacidad de decidir informadamente para aminorar la inseguridad biográfica del estudiantado de la Universidad Autónoma del Estado de México (Baca *et al.*, 2017).

Reflexiones finales

La cantidad de personas migrantes retornadas que está recibiendo el Estado de México resalta como uno los más altos comparado con otras entidades del país. Esta situación supone retos importantes para la integración de esta población en el sistema educativo, de salud y laboral. Ante este contexto y la heterogeneidad de los perfiles de esta población con experiencia migratoria que regresó al país, es necesario realizar estudios puntuales que demuestren lo que acontece día con día en diferentes ámbitos. Este trabajo se restringe al espacio de la universidad.

Con la información disponible se pudo identificar que al comparar al estudiantado con migración internacional con el resto de los estudiantes, se encontró que el primer conjunto estaba concentrado en los grupos mayores de edad, y que en promedio pasaron alrededor de cinco años fuera del país. Esto apunta a que estas personas tuvieron trayectorias escolares interrumpidas y muy probablemente estudiaron algunos niveles de su educación en otro país. Otro hallazgo significativo fue la percepción que esta población tiene de ser discriminada por sus profesores, compañeros, compañeras y por el personal administrativo. En este punto habría que indagar acerca de si la posible interrupción de su trayectoria y el haber estudiado en otro país son motivo de barreras, como el lenguaje. Esto es, tener dificultades con el español, o bien, desconocer los trámites necesarios para acceder y permanecer en el sistema, también habla de la falta de un protocolo de atención para la población con experiencia migratoria. Otro hallazgo es que alrededor de 10 por ciento de los hogares de todos los universitarios recibe remesas que sirven para ayudar a los jóvenes con sus estudios. Además de esto, 34.0% de la población universitaria tiene algún familiar viviendo actualmente en el extranjero, lo que habla de que la migración internacional es un fenómeno con el que al menos una tercera parte del estudiantado tiene una cercanía, lo cual es importante en términos de la creación de incentivos para migrar al extranjero. Finalmente, se puede vislumbrar cómo la experiencia de migración internacional tiene implicaciones en la dinámica escolar con otros estudiantes, así como para resolver trámites administrativos; es así que a partir de estudios como el presente se pueden detectar las necesidades de estas poblaciones y resolverlas oportunamente.

Fuentes consultadas

Aguilera, Michael y Douglas Massey (2003) "Social Capital and the Wages of Mexican Migrants: New Hypotheses and Tests", en *Social Forces*, vol. 82, núm. 2, Oxford University Press, Chapel Hill.

Baca Tavira, Norma (2009) "Migración y gobierno. Atención a migrantes internacionales en el estado de México", en *Gaceta Laboral*, vol. 15, núm. 3, Universidad de Zulia, Zulia.

Baca, Norma *et al.* (2017) *Encuesta sobre relaciones de género, salud reproductiva y la capacidad de decidir informadamente para aminorar la inseguridad biográfica del estudiantado de la Universidad Autónoma del Estado de México*, Universidad Autónoma del Estado de México, Toluca.

Bautista León, Andrea y Mauricio Rodríguez Abreu (2016) "Cambios y continuidades en el proceso migratorio de las mujeres del Estado de México a Estados Unidos", en Jorge Olvera García y Norma Baca Tavira (coords.) *Continuidades y cambios en las migraciones de México a Estados Unidos. Tendencias en la circulación, experiencias y resignificaciones de la migración y el retorno en el Estado de México*, Universidad Autónoma del Estado de México, Toluca.

Blanco, Emilio, Patricio Solís y Héctor Robles (2014) *Caminos desiguales. Trayectorias educativas y laborales de los jóvenes en la Ciudad de México*, El Colegio de México / Instituto Nacional para la Evaluación de la Educación, Ciudad de México.

Durand, Jorge (2016) *Historia mínima de la migración México-Estados Unidos*, El Colegio de México, Ciudad de México.

Gil, Manuel (2014) "Cobertura en la educación superior: Crecer sin modificar las brechas" en *Coyuntura Demográfica*, núm. 5, Sociedad Mexicana de Demografía, Ciudad de México.

Gonzalez Barrera, Ana (2015) "More Mexicans Leaving Than Coming to the U.S." en *Pew Research Center*, 19 de noviembre. Recuperado de: http://www.pewhispanic.org/2015/11/19/more-mexicans-leaving-than-coming-to-the-u-s/

Hagan, Jacqueline, Rubén Hernández León y Jean-Luc Demonsant (2015) *Skills of the Unskilled. Work and Mobility among Mexican Migrants*, University of Carolina, Columbia.

Hazán, Miriam (2014) *Understanding return migration to Mexico: towards a comprehensive policy for the reintegration of returning migrants*, Center for US-Mexican Studies, University of California, Berkeley.

INEGI (Instituto Nacional de Estadística y Geografía) (2015) Encuesta Intercensal, INEGI, Aguascalientes.

Lamas, Marta (2018) "División del trabajo, igualdad de género y calidad de vida" en *El trabajo de cuidados: una cuestión de derechos humanos y políticas públicas* ONU Mujeres, Ciudad de México.

Parrado, Emilio y Edith Gutiérrez (2016) "The Changing Nature of Return Migration to Mexico, 1990-2010: implications for Labor Market Incorporation and Development" en *Sociology of Development*, vol. 2, núm. 2, Universidad de California Press, San Diego.

Passel, Jeffrey, D´Vera Cohn, y Ana González (2012) "Net Migration from Mexico Falls to Zero-and Perhaps Less", en *Pew Hispanic Center*, 23 de abril. Recuperado de: http://www.pewhispanic.org/2012/04/23/net-migration-from-mexico-falls-to-zero-and-perhaps-less/

Quadratín (2017) "Consigue UAEM histórica posición en ranking de universidades nacionales" en *Portal Quadratín Estado de México*, 17 de octubre, Agencia Quadratín, Toluca.

Román González, Betsabé y Víctor Zúñiga (2014) "Children Returning from the U.S. to Mexico: School Sweet School?" en *Migraciones Internacionales*, vol. 7, núm. 27, El Colegio de la Frontera Norte, Tijuana.

Solís, Patricio y Marcelo Boado Marcelo (2016) *Y sin embargo se mueve... Estratificación social y movilidad intergeneracional de clase en América Latina*, El Colegio de México / Centro de Estudios Espinosa Yglesias, A.C., Ciudad de México.

es
MIGRACIONES Y JUVENTUDES RURALES E INDÍGENAS

¿Y los que ya no se van? Cambio e imposibilidad de trayectorias migratorias de jóvenes rurales en el centro de México.

Héctor Daniel Hernández Flores

Introducción

En los últimos años se ha observado un notable incremento en las investigaciones realizadas sobre las juventudes rurales en México y América Latina. Sin embargo, resulta significativo destacar que dichas problemáticas no han logrado del todo imponerse como un tema relevante en la investigación social. Hay que recordar que en los debates sobre las comunidades rurales se ha privilegiado el estudio acerca de la vinculación del productor agrícola con el mercado y el Estado, generalmente en una situación de subordinación de aquél hacia los segundos (Palerm, 1980; Warman, 1980, 2001). En este contexto, se ha abordado también el tema de la migración del campo a la ciudad, pero ahí el campesino se transmutaba en un nuevo actor: el migrante, el colono o el obrero, quien venía a poblar los nuevos cinturones de miseria en la ciudad (Arizpe, 1978; Lomnitz, 1987).

En estos enfoques llama la atención la poca importancia que se les daba a las trayectorias de los más jóvenes. Diversos estudios centrados en analizar la migración moderna de México, principalmente de tipo transnacional, han señalado que durante las décadas de los setenta y ochenta los perfiles del migrante se caracterizaban por ser temporales, masculinos e indocumentados, y su procedencia era parte de una zona histórica entre el occidente y el altiplano central (Durand y Massey, 2003: 108-116). Sin embargo, en las dos décadas siguientes, la migración empezó a caracterizarse por un importante incremento de población joven más heterogénea, proveniente ahora de espacios rurales que normalmente no eran regiones de expulsión, como es el caso del centro de México.

Es una realidad que los cambios impulsados por el sistema de economía mundial, por lo menos en los últimos 30 años, han trastocado y modificado importantes elementos dentro de las instituciones tradicionales donde se habían constituido con anterioridad los procesos de socialización, pertenencia e integración en la mayoría de las sociedades rurales o campesinas. Ante la transformación acelerada de estos espacios, el papel actual que juegan las generaciones más jóvenes, les ha hecho visibles como actores importantes al momento de redefinir lo que corresponde a la ruralidad contemporánea.

Bajo nuevos escenarios las poblaciones más jóvenes de los espacios rurales del país, han tenido que generar trayectorias diferentes que ya no estén necesariamente ligadas a labores agropecuarias. Por tanto, la migración y la pluriactividad laboral se han constituido en estrategias necesarias para compensar la desigualdad y fragmentación económica. Cabe mencionar que la migración en muchos sentidos tradicionalmente constituía el tránsito necesario a la adultez para diversas comunidades rurales campesinas e indígenas, como ha sido retratado en diversos estudios que han supuesto la experiencia como un "rito de paso" (Faret, 1997; García, 2008; Huacuz y Barragán, 2008).

Sin embargo, si la migración, como se ha mencionado, es una estrategia que ha permitido la reproducción social de amplias regiones en México, ésta también ha entrado en una nueva fase y se ha expresado en nuevos patrones migratorios, ya que después de décadas de una circulación estable de migrantes indocumentados entre ambas fronteras, el flujo parece haber disminuido considerablemente. Esto es atribuido a las medidas de control migratorio tomadas a partir de 2001, pero también a otros factores en juego, como el colapso financiero, la crisis económica, el desempleo y una sensible disminución en la demanda, que es el principal motor de la migración indocumentada. Lo anterior, sumado a una creciente histeria antiinmigrante, a la animosidad de muchos medios de comunicación y a la creciente legislación en los diferentes estados en Estados Unidos, que pretenden limitar una serie de derechos a los que anteriormente los inmigrantes podían acceder (Massey, Pren y Duran, 2009: 124-126).

Las condiciones objetivas de existencia en que se encuentran estos jóvenes, no son del todo idénticas a las que experimentarían en un contexto urbano, pero cada vez hay más similitudes en cuanto a las problemáticas a las que se enfrentan. En este sentido, es fundamental entender que bajo las condiciones que expresa el modelo sociohistórico actual, la juventud es un periodo clave en la vida de todos los individuos, porque es en esta etapa transicional donde se realizan y se generan las mayores decisiones para el futuro. Hay que remarcar que, si la juventud en contextos urbanos afronta situaciones de tensiones bajo las formas del capital actual, éstas se hacen todavía más difíciles para las juventudes rurales e indígenas.

Las viñetas que se presentan a continuación intentan plantear una reflexión a partir del análisis etnográfico, pues sumado a los factores señalados anteriormente, se han observado en los últimos años otras condicionantes que han imposibilitado trayectorias migratorias para los jóvenes rurales actuales. Como se expondrá en los casos estudiados dentro de un espacio rural del centro de México, existen procesos de independencia o individualización a través de nuevas ocupaciones y otras dinámicas sociales, que en ocasiones han permitido nuevas oportunidades de pertenencia y sobrevivencia en el espacio rural. Sin embargo, como también se ha observado, esto ha llevado a las juventudes rurales actuales a nuevos riesgos e incertidumbres, enmarcados en esquemas más amplios de desigualdades sociales.

El siguiente trabajo presenta, en principio, una serie de consideraciones acerca de la categoría de juventud rural, discutiendo cómo ésta ha sido invisibilizada precisamente en los estudios sobre ruralidad, resultado de una desigualdad histórica y profunda. Por otra parte, se presentan algunos relatos de una investigación realizada en el municipio de Nativitas al suroeste de Tlaxcala, dentro de la región centro de México entre los años 2015 y 2016.

Desde la perspectiva antropológica, estas historias presentan trayectorias actuales de los jóvenes. Si bien se utilizaron fuentes secundarias de análisis estadístico, y durante el ejercicio se aplicaron cuestionarios a distintos jóvenes, el enfoque de la investigación fue primordialmente cualitativo. Con esta finalidad se realizó una amplia selección de localidades o pueblos[1] y, a partir de diversos recorridos, se identificaron espacios de

---

[1] Las localidades estudiadas fueron: Guadalupe Victoria, Jesús Tepactepec,→

socialización de jóvenes entre de 15 y 29 años, y durante más de dos años se efectuaron más de 50 entrevistas a jóvenes de las localidades del municipio de Nativitas.

Las entrevistas que se realizaron de manera estructurada y/o semiestructurada buscaron identificar diferentes temáticas en las que se pueden observar cambios de perspectiva ante procesos más amplios de acceso a la educación, aumento en la diversificación del empleo, la reconversión a otras formas de movilidad regional y el encarecimiento del cruce migratorio por la presencia de grupos delictivos.

Lo anterior se suma al hecho de captar la experiencia vivida a través de historias cortas y de los relatos dados a través de la convivencia etnográfica, que refleja cómo se han transformado las dinámicas consideradas tradicionales y cómo se expresan formas interiorizadas de desigualdad. Si bien la migración había representado una estrategia de las familias para la reproducción social ante la fragmentación económica y marginación histórica, los relatos mostraron escenarios más adversos para la población más joven, que ya no puede acceder a ella.

La invisible juventud rural

Es preciso observar que el concepto de juventud, como una categoría de edad que se reconoce actualmente, depende directamente de la idea de moratoria social,[2] y es parte de un proceso histórico establecido a partir de los albores

---

San Bernabé Capula, San Francisco Tenexyecac, San José Atoyatenco, San Miguel Analco, San Miguel del Milagro, San Miguel Xochitecatitla, San Rafael Tenanyecac, San Vicente Xiloxochitla, Santa María Nativitas, Santo Tomás la Concordia, Santiago Michac y La ex Hacienda Santa Elena.

[2] El concepto de moratoria social o moratoria psicosocial fue propuesto por el psicólogo estadunidense Erik Erickson (2000), el cual ha sido utilizado ampliamente para explicar el desarrollo de las identidades juveniles. Para Erickson la moratoria social facilitaría el desarrollo del "yo" y la percepción personal de lo que da "sentido" a la vida, lo que, en suma, facilita el desarrollo de la identidad. Esto es un tiempo o espacio transicional en el cual se generaba una prórroga forzada y de preparación de los jóvenes definidos socialmente, con fines de alcanzar las calidades exigidas para competir en el espacio social y laboral.

del siglo XIX, que tuvo su máxima expresión a finales del siglo XX. En esa etapa se establecieron los criterios necesarios para que, en las sociedades industrializadas, a los jóvenes se les abrieran las posibilidades de extender un tiempo legítimo para que se dedicaran al estudio y la capacitación, con el fin de ingresar en el aparato productivo de las ciudades en desarrollo, postergando procesos sociales como el matrimonio.

Esto expresaba que la juventud únicamente estaba determinada hacia el interior de ciertas clases sociales, las cuales podían ofrecer este beneficio a sus miembros recién llegados a la madurez biológica. Por tanto, la condición histórico-cultural de juventud no se ofrecía de igual forma para todos los integrantes que estadísticamente pudieran pertenecer a ella. Bajo esta perspectiva los integrantes de los sectores al margen de las sociedades más desarrolladas, como en el caso de las sociedades rurales, verían acotadas sus posibilidades de acceder a la moratoria social, pues no existirían condiciones para lograr ser joven en la forma descrita (Margulis y Urresti, 2008).

Se debe apuntar que otras categorizaciones sobre juventud se han limitado a considerar a ésta como un mero signo, Una construcción cultural apartada de otras condiciones, con un sentido socialmente establecido, el cual se encuentra relativamente desvinculado de las condiciones materiales e históricas que condicionan a su significante. Dentro de esta simbolización de la juventud, han caído las condiciones de clase, debido a que son éstas las que han posibilitado observar características corporales, a través de la estética y prácticas de una "cultura juvenil", la cual ha sido tomada y recreada para especificar un paradigma dentro de las sociedades "modernas". Bajo esta idea, la juventud se establece como mero producto u objeto de una estética, un signo que puede ser adquirido en los mercados por cualquier persona, incluso adultos, para extender en el tiempo su capacidad de portarlo: "la juventud como signo se transformó también en mercancía, la cual se compra y se vende, y asimismo, interviene en el mercado del deseo como vehículo de distinción y de legitimidad" (Margulis y Urresti, 2008: 17).

Para autores como Gonzalo Saraví (2009), la juventud como experiencia de curso de vida, hace referencia a la heterogeneidad y diversidad en que se percibe la transición a la adultez, sin embargo, ésta se experimenta diferencialmente y está sujeta a los procesos de desigualdad social que imperan en la sociedad. Por ello la juventud es simultáneamente un producto histórico y una construcción social, pues como grupo o sector dentro de una sociedad, su construcción no es neutral, por el contrario, es una categoría que revela la manera en que diversas sociedades perciben y valoran el mundo. Es por ello que no se debe pretender hablar de ellos a través de la experiencia abstraída y exotizada, ni tampoco hablar de los jóvenes en un afán descriptivo de sus expresiones culturales o experiencias demográficas. "El interés es mostrar a los jóvenes como una pauta de la sociedad contemporánea, y de forma principal, la representación de un sector paradigmático en los que se conjugan las tensiones de una nueva cuestión social" (Saraví, 2009: 19).

Esta construcción social, como anteriormente ha sido propuesto por Pierre Bourdieu (1990), obliga a tomar en cuenta los contrastes entre diferentes tipos de juventudes, las diferentes etapas de la historia que han proyectado los fundamentos sociales por grupos de edad, pero también que en algunas sociedades estos tipos de planteamientos no han existido, ya que la juventud, más allá de articular social y culturalmente en función de la edad biológica, es producto de la asimilación de las normas de reproducción y división social del trabajo imperantes en dado momento histórico. Por tanto, categorías como juventud, género y clase, están siempre inmersas en relaciones de poder, determinadas por el lugar que se ocupa dentro de la estructura jerárquica de la sociedad. La condición juvenil resulta ser un estatus sometido a la subordinación, con la finalidad de establecer límites y reproducir un orden social, en el cual cada quien debe mantenerse, así como interiorizar su lugar dentro de una estructura desigual.

Partiendo de lo anterior, con la progresiva precarización de los mercados agrícolas en México y América Latina, la idea de juventud rural comenzó a tener un reconocimiento importante, principalmente porque ante las transformación del espacio rural, se dio todo un conjunto de prácticas que a la larga generaron, transformaciones sociales y culturales, lo que no quiere decir que antes de estos cambios no hubiera jóvenes rurales, sino que la juventud, en las sociedades agrícolas o campesinas, no integraba una fase distinta y descriptiva del ciclo de la vida de los individuos (Bevilacqua, 2009: 622). Al respecto, cabe mencionar que por mucho tiempo se ha considerado que los jóvenes en espacios rurales son una minoría (Quintana, 2011) que, debido a sus responsabilidades, tanto familiares como laborales, no generaban un tránsito de la infancia a la adultez y por este motivo se ha llegado a expresar que la juventud en el contexto rural no existiría (Tavares, 1984).

Lo anterior apelaba a una perspectiva en donde las trayectorias etarias eran observadas bajo las condicionantes del trabajo agrícola y las dinámicas propias de las sociedades rurales o campesinas, es decir, se consideraban sujetos rurales a aquellos que conformaban cuerpos socio-productivos en los que los niños ayudaban de forma limitada, los jóvenes-adultos realizaban actividades de manera plena, ya sea dentro de la producción agrícola y/o del trabajo asalariado temporal, así como en la participación y reproducción comunitaria, y los adultos mayores, los que casi no realizaban ninguna función productiva, pero se les mantenía como pilares de una autoridad social.

En ese sentido la juventud rural tradicionalmente se ha observado bajo la condicionante de las actividades agropecuarias, y se le ha considerado con escasa o nula participación en la toma de decisiones familiares y comunitarias, al igual que en el uso de los recursos naturales y/o materiales. En muchos casos estas valoraciones han sido reflejadas bajo la idea de una mentalidad tradicional, a lo que se suma la carencia de espacios de desarrollo o interacción propiamente "juveniles". Esto ha llevado a la ausencia de conceptos claros y de conocimientos empíricos de las realidades que viven los jóvenes precisamente en el espacio rural, pues éstos, a contraparte de los estudios generados en espacios urbanos, se han manejado con base en estereotipos, generados por la clásica percepción idealizada de lo rural.

Aun en las zonas más empobrecidas, los jóvenes de hoy tienen características socioculturales y demográficas diferentes a sus padres, las cuales, en determinados contextos, se pueden convertir en ventajas respecto de la generación anterior; entre ellas pueden contarse mayores niveles de escolaridad, diversificación del empleo, cambios en la estructura familiar, acceso a medios de comunicación y sentido de pertenencia a una sociedad global. Sin embargo el encarecimiento actual de las actividades agrícolas, el limitado acceso a mejores niveles y espacios educativos, la falta de buenos empleos tanto locales y regionales que derivan en subcontratación, tercerización y flexibilización del trabajo, son factores que han llevado también a la exclusión y marginación social, así como a la proliferación de problemas sociales similares a los que experimentan jóvenes en lugares más urbanizados, como el aumento de violencia, drogadicción, alcoholismo y la cada vez mayor influencia del crimen organizado.

Hoy, ante la disminución de la participación de los jóvenes en la producción agrícola, ha tomado mayor relevancia la posibilidad de su inserción en ocupaciones en otras esferas como los servicios, el comercio, la cultura y la industria, especialmente en los contextos contemporáneos marcados por la intensa integración socioeconómica entre los diversos segmentos del capital urbano-rural, sin que lo anterior haya terminado con las condiciones de exclusión social preexistentes, las cuales en sobrados casos se han agudizado. Estos cambios han permitido una apertura al observar a las juventudes rurales no sólo como sujetos generadores de continuidad o tradición, sino como constructores e impulsores de nuevas formas de articulación del espacio rural contemporáneo.

En ese sentido es válido observar las trayectorias de vida de los jóvenes bajo el actual momento histórico enmarcado en el capitalismo neoliberal, y en las consecuencias políticas y económicas reflejadas en las prácticas cotidianas de las poblaciones, pues en un contexto de abandono de políticas públicas en el país y de la imposición de modelos económicos en diversas regiones, se han profundizado las condiciones de desigualdad en los espacios rurales. Lo anterior, debido a que se han debilitado los soportes que alguna vez conformaron certezas en la definición de los proyectos de vida de las personas y en las condiciones sociales objetivas que hacían posible otras dinámicas dentro de estos espacios.

Nativitas, un espacio rural del centro de México

El municipio de Nativitas, en Tlaxcala, históricamente ha desarrollado una ruralidad muy característica del centro de México. Uno de los principales factores y que le dio identidad al territorio actual, más allá del poblamiento prehispánico de hace dos mil años y del cual da cuenta el sitio arqueológico Cacaxtla-Xochitecatl y que es comparable con el resto de espacios de la región central, fue la creación de haciendas y la consolidación de la propiedad española.

En Nativitas se dio como resultado de un mercado de tierras promovido por la nobleza india y los migrantes españoles, así como por el aprovechamiento de la ley de ocupación de terrenos baldíos, lo que fue facilitado por el decrecimiento poblacional ocasionado por las epidemias, migraciones y muertes por guerra, donde, ademas las tierras eran productivas para la agricultura nativa, gracias a los dos ríos que atraviesan el territorio (Velasco, 2014).

Durante el siglo XVI las planicies de Nativitas destacaron por ser más fértiles que en otras partes del estado, aunque contrariamente las haciendas fueron de menor extensión que en otros lugares del centro del país. Estas haciendas fueron de mayor valor y, en su gran mayoría, dedicadas al cultivo de trigo y maíz (Heath, 1982). Este panorama se mantuvo de cierta forma hasta la segunda mitad del siglo XIX, debido a que muchas haciendas y ranchos comenzaron a desaparecer, probablemente por falta de recursos, incontrolables inundaciones provocadas por los ríos o también por la presión sobre las tierras que provocó el movimiento revolucionario (Tyrakowski, 1976). Ya hacia el siglo XX la redistribución y la fragmentación de la propiedad, derivada del reparto llevado a cabo por la reforma agraria, dotó de un contexto importante de tierras y ejidos a la población actual.

En Nativitas, el ejido ha conducido tanto la vida productiva, la distribución y el acceso a los recursos naturales, como la organización social, territorial, comunitaria y política del municipio. Sin embargo, la puesta en marcha de la política de modernización del campo provocó un cambio sustancial en el desarrollo agrícola del país y, de forma indirecta, desplazó el desarrollo productivo del municipio.

Es importante mencionar que el cambio productivo es sólo parte de una compleja política de industrialización, de un abandono de la agricultura en pequeña escala y de un interés centrado en la ganancia entre sectores privados en el espacio rural. En concordancia con esos intereses a lo largo de la década de los 60, se instalaron en municipios vecinos industrias como la siderúrgica Hojalata y Lámina S.A. (HYLSA), la Petroquímica Industrial Texmelucan y una planta de vehículos Volkswagen. Casi al mismo tiempo se construyó la autopista México-Puebla que conecta a la Ciudad de México con las ciudades de Puebla, Tlaxcala y el Puerto de Veracruz. Durante los mismos años, el gobierno estatal realizó un plan de conurbación con la intención de dar mayor empuje al crecimiento industrial en su zona metropolitana. Esto llevó a la instalación de diferentes empresas en diversos corredores industriales cercanos al municipio como los de Tlaxcala-Ixtacuixtla, Apizaco-Huamantla, Chiautempan-San Pablo del Monte y zonas industriales como Calpulalpan, Nanacamilpa, Hueyotlipan y Xicohténcatl (González, 1991).

En la actualidad el municipio de Nativitas tiene una extensión territorial de 61,990 kilómetros cuadrados y es uno de los 60 municipios en que se encuentra dividido el estado de Tlaxcala. Se sitúa en el suroeste del estado, dentro de la región del Valle de Puebla-Tlaxcala. Cuenta con 34 localidades, de las cuales 13 corresponden a los principales pueblos o comunidades y ejidos, el resto son barrios o colonias, pequeños ranchos y ex-haciendas que se han ido poblando.

Nueve de los principales pueblos se articulan de oriente a poniente a un costado de la carretera Texmelucan-Zacatelco que atraviesa la entidad. Ésta fue construida en 1970 y sobre ella se han ido ubicando comercios, centros educativos y algunos de los edificios de las presidencias municipales y auxiliares. En ese sentido la traza urbana contrasta con los campos de cultivo que rodean las principales localidades instaladas a lo largo de esta carretera principal.

En la mayoría de los pueblos, la elección de sus autoridades se rige por usos y costumbres, por lo que se mantienen las figuras de presidente de comunidad, delegados, alguaciles, comandantes y comisarios ejidales, aunque en los últimos cinco años se ha transitado a formas constitucionales de gobierno. Aún se mantiene la importancia de los cargos religiosos, como fiscales, porteros, campaneros y vocales que, al igual que la mayoría de cargos comunitarios, no tienen remuneración oficial. Las autoridades civiles y religiosas se eligen dentro de asambleas comunitarias, lo que ha reproducido una forma de mantenimiento social, reflejado principalmente en los cargos y cooperaciones a lo largo del año.

Entre 1990 y 2000, el municipio había sido considerado como semiurbano, debido a que más de 50% de su población habitaba localidades de entre 2,500 y 15,000 habitantes. Sin embargo, para 2010 su estatus cambió a rural, ya que se encontró que más de 50% de la población vivía en localidades menores de 2,500 habitantes (INEGI, 2010). Cualitativamente esta información no refleja la realidad del municipio, ya que muchas de las localidades se encuentran sin urbanizar y las ocupaciones de la mayor parte de la población no se centran en las actividades agrícolas. Esto se puede observar tanto en la experiencia cotidiana, como en los porcentajes de ocupaciones de la Población Económicamente Activa (PEA) del municipio. Mientras que la población registra una ocupación de 30.9% dentro del sector primario, el mayor porcentaje de ocupación se ubica en el sector terciario con 43.6%, mientras que en el sector secundario alcanza 25.53% (INEGI, 2010).

Si bien algunos jóvenes han continuado con algún tipo de actividad agrícola, es claro que ésta ha sido cada vez más desvalorizada, tanto en el sentido económico como simbólico. Ante esto se observa el tránsito a múltiples formas de empleo y estrategias de sobrevivencia, las cuales cada vez más los enfrenta al abandono de actividades agropecuarias, aumento de empleos precarios e inestables tanto en industrias como en comercios, una alta terciarización y flexibilización de la mano de obra. Lo anterior también ha ido de la mano de una alteración de las dinámicas tradicionales, producto de estas nuevas condicionantes de vida, lo que se ve reflejado en muchos de los relatos de los jóvenes entrevistados.

Como se ha mencionado al principio, la migración y la pluriactividad se han constituido en estrategias importantes para sobrellevar las transformaciones socioeconómicas en los espacios rurales. Sin embargo, también en los últimos años se han experimentado cambios en los patrones tradicionales de migración, en los que se pueden encontrar tanto migraciones pendulares, circulares y por temporadas, como una mayor movilidad regional, que destacan por los traslados diarios o semanales a las ciudades de Puebla y de México. Éstos han contribuido a la economía familiar de las unidades domésticas de muchos pueblos tlaxcaltecas (Salas, 2015: 85).

Estudios previos realizados en la región, han mencionado una alta valoración de los jóvenes ante la posibilidad de migrar a Estados Unidos, como una estrategia cultural y económica y, por tanto, al igual que en la mayoría de las entidades del país, los jóvenes presentan estrategias migratorias más intensas que el resto de la población. Este aparente incremento de la actividad no significa que tales estrategias sean exitosas, ni que las trayectorias y planes migratorios lleguen a lograrse (Rivermar, 2014: 200).

En ese sentido, lo que actualmente se ha encontrado en las entrevistas con los jóvenes rurales del municipio, es que, si bien aparece la migración como una experiencia de sus familias, a partir de la desaceleración declarada por Estados Unidos sobre su economía y la caída del empleo, se ha generado una disminución de las horas de la jornada laboral, la escasez de contratos, el general deterioro de las condiciones de trabajo y el endurecimiento de políticas migratorias del gobierno (Salas, 2015: 92). En este contexto, no disminuye solamente el ritmo de la migración y un proceso de retorno de migrantes, sino también la imposibilidad de trayectorias migratorias transnacionales para la población joven del municipio.

Trayectorias "posibles" a través de la educación

Citlalli tiene 19 años y es originaria de San Rafael Tenanyecac, localidad que se considera el asentamiento más antiguo de Nativitas, debido al temprano establecimiento registrado de villas en los terrenos actuales (Ramírez, 1997: 23), que ocurrió en lo que se ha nombrado fase Tenanyecac (100 d.C. – 650 d.C.), periodo anterior al esplendor de Cacaxtla (650 d.C.- 850 d.C.), y el cual fue importante para la región Tlaxcalteca por la tendencia a la ruralización (Sugiura, 2005: 87). Esto permitió el establecimiento de las sociedades que posteriormente se asentaron en la zona. De igual forma, San Rafael Tenanyecac, es de los primeros ocho pueblos en formarse en el municipio hacia 1850 (Cabrera, 1995: 21), y, posterior, hacia 1918, a la población del lugar se les dio posesión definitiva de ejidos (Buve, 1994: 164).

En la actualidad San Rafael se ubica al extremo oeste del municipio, comparte límites al este con las localidades de San José Atoyatenco y un tanto al suroeste con San Miguel Xochitecatitla, hacia el norte por su parte se encuentra con el municipio de Tepetitla de Lardizábal, hacia el oeste con Santa María Moyotzingo y al sur Santa Ana Xalmimilulco, estas últimas localidades ya pertenecientes al estado de Puebla. Hasta el último censo se tenía registrada una población de 2699 habitantes (INEGI, 2010), lo que le confiere un estatus de localidad urbana, sin embargo, al igual que localidades vecinas, como San José Atoyatenco y San Miguel Xochitecatitla, presenta una importante actividad agrícola, especializada en los últimos años en el cultivo de hortalizas y forrajes para engorda.

La mayoría de viviendas se ubica detrás de estas calles principales y, a su vez, el ejido detrás de estas viviendas, las cuales, a diferencia de otras localidades, tienden a ser más amplias y de dos o más pisos. Lo anterior, debido a que se ha encontrado una fuerte tendencia a la migración de familias del lugar, así como en los últimos años el éxito de algunas familias en el comercio y en la albañilería. La cercanía con Puebla, en zonas como la de San Martín Texmelucan o el parque industrial Quetzalcóatl, ha generado también que muchos de los jóvenes se trasladen hacia esos lugares a trabajar, ya sea como obreros, comerciantes o empleados, y abandonen las actividades agrícolas, sin embargo, estas últimas aún son significativas para un número importante de familias.

Citlalli es la menor y la única mujer de cuatro hermanos, su padre se dedica a trabajar como supervisor de seguridad en una fábrica en Santa Ana. Su mamá vende ropa deportiva en San Martín Texmelucan, además de vender ropa ocasionalmente en los tianguis de la región y algunas ventas por catálogo. Ambos migraron en su juventud. De los hermanos mayores de Citlalli, dos están casados, el mayor de 32 años se encuentra en Estados Unidos, trabajando como jardinero en Los Ángeles desde hace cinco años y el otro, de 28 años, es ingeniero, trabaja en la ciudad de Puebla, pero vive con su mujer y un niño de tres años en la casa de Citlalli. El tercer hermano, de 25 años, por su parte, trabaja como chofer de reparto.

Anteriormente el padre de Citlalli contaba con parte de un ejido, el cual vendió para irse a Estados Unidos, de donde regresó hace tres años. Si bien alguno de sus tíos trabaja en el ejido, Citlalli comenta que a ella y a sus hermanos casi no les ha tocado participar de actividades agrícolas, la principal razón es el tiempo que se requiere y lo poco que se gana de ella. La mayoría de su familia (tíos, primos), también comenta, ha preferido migrar o trabajar en otra cosa. Citlalli se encuentra estudiando una Licenciatura en Comunicación (BUAP/Puebla), trabaja por las tardes en un cibercafé de Puebla y los fines de semana comparte su tiempo entre ayudar en la venta de ropa con su madre en el tianguis de San Martín y su participación en una asociación de jóvenes católicos, así como en una liga de basquetbol local. Citlalli comenta que si bien existe una tradición migratoria en la localidad, actualmente los jóvenes como ella prefieren estudiar.

> Pues sí, algunos de mis amigos de la primaria o secundaria ya no se siguieron estudiando y algunos sí se dedican al campo, pero la mayoría de los jóvenes de acá ya no les gusta, por lo que yo creo que es mejor estudiar, además, luego, si quieres encontrar trabajo te piden estudios [...] como joven o mujer es más difícil dedicarte sólo al campo, por lo que mi papá prefiere que estudiemos y hagamos otras cosas [...] pues sí, estudiar te permite pensar y hacer otras cosas que la gente más grande de aquí no hace [...] Muchos de mis tíos también migraron como mi papá y mamá, pero también muchos de ellos también estudiaron [...] mi papá y mamá se fueron muy jóvenes allá [New Haven], y estuvieron muchos años (15 años), tengo tíos por allá pero a mí no me gustaría irme como ellos [indocumentados], además mi mamá dice que para eso ellos se fueron, para que nosotros no lo tuviéramos que hacer [...] aquí yo ya puedo tener mi profesión yo quiero seguir estudiando y ser ingeniero eléctrico; si algún día migro que sea por eso o por paseo (Citlalli, 2015)

Algo que se observa en relatos como el de Citlalli y, que de manera importante se ha experimentado en los espacios rurales actuales, es el acceso a mayores niveles de educación y, a través de ella, a fuentes de empleo no agrícola. Si bien los jóvenes rurales actuales tienen niveles más altos de escolaridad que generaciones anteriores, algunos estudios en la última década han observado también la continuación de un patrón cultural de menor acceso con respecto a jóvenes urbanos, en cuanto a la educación en niveles de secundaria, preparatoria y educación profesional se refiere. En ese sentido, en el pasado se priorizó la necesidad de proporcionar a la población rural una educación técnica agropecuaria, con el fin de mejorar sus actividades económicas, ya que esto, bajo las primeras ideas del Estado posrevolucionario, conduciría a elevar el nivel de vida de las poblaciones rurales. Lo anterior, lejos de cumplir con el cometido inicial, generó desigualdades de desarrollo para la población en el espacio rural por el carácter inicial en que se enfocó la educación.

A nivel nacional no existe información precisa sobre características actuales de los programas educativos y/o del papel de las instituciones de educación pública en la formación de los jóvenes rurales, pero a través de entrevistas y encuestas realizadas en diversas localidades, se puede observar el incremento de escolaridad de la población rural. De igual forma se ha encontrado un cambio en el perfil de la educación impartida en espacios rurales. Prueba de ello es el cambio en las ofertas educativas, como consecuencia de procesos de industrialización de diversas regiones. Ante las transformaciones experimentadas por la sociedad mexicana, en donde la educación se ha vuelto una herramienta fundamental para acceder a mejores niveles de vida, ha sido posible para los jóvenes a generar otras trayectorias sin recurrir a la migración.

Cambio de trayectorias ante una creciente pluriactividad

Mario tiene 18 años, es de Guadalupe Victoria, una localidad de sólo 940 habitantes (INEGI, 2010). Esta localidad se originó tiempo después de los primeros repartos agrarios en el municipio, en una superficie que se segregó de Santiago Michac por solicitud de algunos campesinos que formaron posteriormente el poblado. La población que conforma la localidad de Guadalupe pertenece a Santiago Michac y está conformada, de forma importante, por gente originaria de San Miguel del Milagro, los cuales fueron comprando y construyendo sus viviendas en la localidad.

En la actualidad, Guadalupe Victoria se ha conurbado y comparte límites con las localidades de San Bernabé Capula, San Miguel del Milagro y la cabecera Santa María Nativitas, de tal forma que hoy tiene la apariencia de una pequeña colonia, la cual se ha ido urbanizando, entre otras razones por encontrarse atravesada por la carretera San Martín-Zacatelco. Si bien existen dentro de esta localidad ejidos y economía de traspatio, los que se dedican a la agricultura tienen su mayor ocupación como jornaleros y/o medieros en otros ejidos, donde destaca la producción de maíz y cebada para forraje. La ocupación de la mayoría de la población de Guadalupe Victoria se concentra en el comercio, tanto formal como informal. Dentro de la localidad no existen escuelas, ni tampoco hay lugares de recreación para los jóvenes, los cuales tienen sus mayores espacios de diversión únicamente en los bailes y las fiestas religiosas que se realizan a lo largo del año en el pueblo.

Mario estudió únicamente hasta el primer semestre de educación media Colegio de Bachilleres del Estado de Tlaxcala (cobat de Nativitas). A finales de 2015 se juntó con Alma, dos años mayor que él, quien pertenece a la misma localidad y, en el momento de la entrevista, tenían una niña de seis meses. Viven en la casa de la madre de Mario, donde comparten la vivienda con su hermano de 10 años. Cabe mencionar que su padre migró hace siete años a Arizona y los abandonó. Si bien la madre de Mario es la que principalmente ha mantenido el hogar, desde hace mucho él le ayuda con los gastos. La madre se emplea como asesora financiera en San Martín Texmelucan y Mario trabaja vendiendo artículos religiosos en un puesto semifijo, propiedad de un tío, a las afueras del Santuario de San Miguel del Milagro. Esta actividad la combina con otras, como la elaboración de dulces, jornalero agrícola y mesero en la ciudad de Tlaxcala.

Mario ha tenido que trabajar desde temprana edad y, como la mayoría de jóvenes de la localidad, su primer contacto laboral fue a través del campo. Si bien su madre no cuenta con propiedad ejidal, él comenzó a ayudar desde niño en el ejido de su abuelo. Comenta que como todos los jóvenes de Guadalupe Victoria, inició trayendo y llevando pastura y poco a poco empezó a realizar otras actividades dentro de la milpa. A los 12 años un tío le comenzó a pagar por desyerbar su terreno, desde ese momento también comenzó a buscar otros lugares donde emplearse. A los 13 años comenzó como ayudante en una tienda de abarrotes de San Bernabé Capula y de ahí pasó por otros negocios o "ayudando" a comerciantes de dulces o de comida de la localidad, después de salir de clases. A los 15 comenzó a trabajar en un local de reparación de motos y un año más tarde, a los 16, se trasladó hasta la ciudad de Tlaxcala a trabajar de ayudante de cocina en un restaurante, donde también comenzó a trabajar como mesero. A los 17, por invitación de otros peones de la localidad, trabajó como jornalero de la temporada de cosecha de naranja en Tamaulipas y Sonora, a donde Mario planea ir cada año, porque este empleo tiene una duración de dos a tres meses y a pesar de que la carga de trabajo es pesada y, además, le cobran las comidas, el hospedaje y entrega un porcentaje de su sueldo al contratista, puede ganar hasta 10 mil pesos. De esta manera, la última vez pudo comprarse una motoneta. Desde hace un par de meses comenzó en el puesto de venta de artículos religiosos de un tío que le paga $120 por día, trabaja cinco o seis días a la semana de 10 a.m. a 6 p.m. aproximadamente, dependiendo de la cantidad de gente que asiste al santuario. También ayuda a su abuelo en la elaboración de dulces (palanquetas, barras de amaranto, obleas, etc.), las cuales vende en otras localidades o durante las ferias. Mario considera que si bien ha conocido a algunas personas que han migrado, esto ya no resulta una opción viable, pues de alguna forma, por poco que sea, ya se puede tener un ingreso para mantenerse en sus localidades.

> A mí me gusta trabajar, lo aprendí de mi abuelo, el cual sigue trabajándole en su tierrita y haciendo dulces de vez en cuando, y de mi mamá, que siempre le ha buscado, ya sea de secretaria, de lo que hace ahora o de lo que sea, toda la familia lo hace, aquí no hay nadie que no haga nada, si bien siempre faltan cosas, todos chambeamos y así se van consiguiendo cosas [...] Pues igual ya no hace falta irse al otro lado, muchos ya no lo hacen porque poquito, o algo más va saliendo, basta con echarle ganas y chambear duro, si no te gusta el campo, pues te puedes ir a la ciudad, si no te gusta una chamba, pues te buscas otra y así, el chiste es buscarle aquí o allá (Mario, 2016).

Algo que refleja Mario, tanto en su relato como en su corta historia de vida, y que es muy común en los jóvenes de Nativitas, es la temprana trayectoria laboral de la mayoría de ellos, ya sea a través de ocupaciones agrícolas o no agrícolas. Si bien podemos considerar que bajo las circunstancias particulares de la familia, esto lo ha obligado a conseguir ingresos que ayuden al hogar, Mario manifiesta que, al igual que otros jóvenes del municipio, el empleo es la posibilidad de establecer algún proyecto de vida, sin la necesidad de migrar. En ese sentido llama la atención que Tlaxcala tiene uno de los porcentajes más bajos del país en proporción de inactividad ("ninis") de jóvenes de 15 a 29 años. Mientras el promedio nacional es de 3.7%, en Tlaxcala el porcentaje es de 0.7%, ubicado entre los tres últimos estados a nivel nacional (IMJUVE, 2011). De igual forma se observa cómo la pluriactividad progresivamente se va convirtiendo en la principal estrategia para la reproducción y sobrevivencia dentro del espacio rural, por lo que se debe considerar que la forma de empleo actual no presenta mejores condiciones, al contrario, se caracteriza por su gran flexibilidad y precarización.

Otras trayectorias, de la migración a la movilidad

Gerardo tiene 21 años y es originario de San Vicente Xiloxochitla, uno de los primeros pueblos de Nativitas, que al igual que otras localidades tiene su origen en la conformación de barrios indígenas. Si bien no hay referencias exactas sobre la historia del lugar, se ha especulado que la región ha sido habitada desde tiempos prehispánicos, como lo atestigua la presencia de estructuras piramidales en el valle y en el hallazgo de algunos vestigios arqueológicos en el cerro de la Mina. San Vicente Xiloxochita está entre los pueblos que lograron conservar sus tierras, por lo menos la base de su supervivencia, aunque de forma reducida, y que no fueron incorporados por las haciendas (Tyrakowski, 2003: 169-170). Lo anterior, en parte, porque la localidad está asentada principalmente sobre colinas, las cuales hasta hace 70 años en las partes bajas se mantenían anegadas durante casi todo el año y en época de lluvias el nivel de agua subía aún más, lo que hacía imposible la producción, a menos de que se utilizaran diques artificiales de arena.

De la historia reciente se sabe que, en 2002, pobladores de San Francisco Tenexyecac, un barrio de la localidad, decidieron constituirse como una comunidad independiente y debido a su reciente creación, los ejidatarios de este poblado pertenecen al ejido de Xiloxochitla. Si bien durante un tiempo las características del lugar no impidieron el desarrollo más o menos exitoso de cultivos para la alimentación de la población, y en la actualidad, en los ejidos de San Vicente se puede encontrar una producción importante de forrajes, maíz y amaranto. En voz de sus pobladores, desde hace 50 años se comenzó con un trabajo, el cual hoy es la principal característica y actividad económica del lugar, que le ha dado un reconocimiento a nivel nacional: la elaboración y venta de tacos de canasta.

San Vicente Xiloxochitla se ubica en el extremo norte del municipio de Nativitas, comparte límites con la localidad de San Francisco Tenexyecac y con los municipios de Santa Ana Nopalucan y San Damián Texoloc, Tlaxcala. La localidad se ha ido acomodando y gradualmente se ha urbanizado de forma importante a lo largo de la carretera San Vicente Xiloxochitla–San Miguel del Milagro, su principal vía de comunicación tanto con el centro del municipio como con la ciudad de Tlaxcala. Se destaca por la diversidad de negocios que hay en el lugar, como tiendas de abarrotes, farmacias, papelerías, herrerías, carpinterías, recauderías, fruterías, pollerías, carnicerías, materias primas, cibercafés, estéticas, venta de ropa y zapaterías, pero sobre todo porque debido a la venta de tacos de canasta hay una cantidad muy importante de tortillerías y molinos de nixtamal, así como negocios de cestería. Se ha destacado, en los últimos años, el abandono de las propiedades ejidales, ya que éstas ya no son trabajadas por las familias, y muchos de ellos se han vendido o rentado a otras familias de localidades como Santa Apolonia Teacalco o Santiago Michac.

Al visitar la localidad es evidente que la mayoría de la población se dedica a la elaboración y venta de tacos de canasta, y esto fue corroborado en entrevistas con el presidente de la localidad, quien afirmó que más del 60% de los habitantes se dedica a dicha actividad, por lo que casi todas las mañanas, a partir de las cinco de la mañana se ven salir decenas de taqueros en bicicletas, motocicletas y autos a diversos puntos de Tlaxcala y el centro de México, como Puebla, Ciudad de México e Hidalgo, e incluso muchas familias ya se han trasladado a vivir a lugares más lejanos como Veracruz y San Luis Potosí. Al respecto, entrevistas con la población y cuestionarios realizados en el lugar, muestran que muchos de los jóvenes dejan de estudiar muy temprano, para dedicarse exclusivamente al negocio de los tacos.

Gerardo es el segundo menor de cinco hermanos, sus padres son comerciantes y cuentan con una pequeña porción ejidal y otra propiedad privada, que suelen rentar para el cultivo de amaranto y maíz de forraje. Gerardo estudió únicamente hasta la primaria y actualmente se dedica, al igual que su familia, al negocio del taco de canasta, aunque anteriormente también trabajó como jornalero agrícola, albañil, mesero, vendedor de zapatos y empleado de tienda.

De lunes a jueves, Gerardo se levanta a las cuatro de la mañana, para ayudar en la elaboración y preparación de los tacos de canasta; a más tardar a las 6 de la mañana sale en motocicleta de San Vicente Xiloxochitla y recorre algo más de 120 kilómetros para vender su producto en las cercanías de Ciudad Universitaria en la Ciudad de México. Antes de las siete de la noche se encuentra de nuevo en su localidad. En un mal día, puede regresar con una ganancia de $250 y en un día que vende todo va de los $700 a $1000, normalmente, ya descontando gastos, recibe un pago de $300 a $500. Para jóvenes como Gerardo, las posibilidades de desplazarse hacia las ciudades no representa un reto, sino cada vez más parte de una cotidianidad para trabajar.

> Aquí la mayoría se dedica al mismo negocio y, la verdad, ya casi nadie quiere trabajar el campo, porque pues no paga, ni se gana lo mismo [...] yo también trabajé en eso, incluso trabajé como albañil, en tiendas, incluso estuve unos meses trabajando de mesero en Puebla, pero pues mucho de esas chambitas o del empleo de nosotros no se hace aquí [...] pues ya no se necesita ir tan lejos (migrar) para conseguir dinero, como hacían antes que incluso se iban para el otro lado, ahora pues hay trabajo más cerca, aquí en Apizaco, Puebla, Tlaxcala o México [...] antes sí se hacía pesado, pero te acostumbras, a mí me gusta estar aquí y allá, a veces pienso que podría conseguir una casa allá en México, pero aquí es más bonito y más barato (Gerardo, 2016).

Como se observa en múltiples estrategias de las poblaciones rurales actuales, en especial del grupo más joven, existen patrones de movilidad que ya no requieren de un cambio de residencia y por tanto de la necesaria migración transnacional. Como anteriormente ha expuesto Larralde (2008), observado de forma simple, el trabajo agropecuario familiar tradicional suponía la coincidencia del lugar de trabajo y de residencia, en tanto que en el trabajo industrial-asalariado, generaba una separación y un mayor distanciamiento entre ambos. En consecuencia, la movilidad espacial cotidiana de las ciudades se generaba de forma constante. Pero el comportamiento espacio-temporal de la población rural-campesina no se ajusta exclusivamente a una u otra forma de trabajo y movilidad espacial. Pues "hay que recordar que este comportamiento laboral y de movilidad geográfica, se refería en términos del campesino-obrero, el cual trabajaba como agricultor y obrero, y residía en forma temporal en el campo y la ciudad" (Larralde, 2008: 67).

Sin embargo, este patrón de movilidad ha cambiado con el proceso de modernización de las sociedades. La desagrarización del campo, también ha modificado las dinámicas espacio-temporales de las actividades laborales para un número mayor y creciente de habitantes rurales. El mercado laboral industrial y terciario, es cada vez más especializado, no sólo social, sino también espacialmente (Larralde, 2008: 68). En este sentido, la especialización funcional de las sociedades modernas, generada por la división del trabajo, no se traduce únicamente en consecuencias ocupacionales o en las mercancías producidas, las cuales tienden a ser más numerosas y diversificadas. Los habitantes de las ciudades y de cierta manera también los que viven en las zonas rurales, funcionalizan cada vez más su vida cotidiana, dividiéndola espacial y temporalmente, en actividades cada día más básicas por especializadas (Salvador, 2000: 123).

Con base en lo anterior, las condiciones y dinámica del territorio se han transformado, acercando entre sí a la población asentada en un territorio más amplio. En el presente, la movilidad bi-residencial no es un patrón dominante en las zonas rurales; es más común la presencia de movilidad pendular diaria entre el lugar de residencia y el lugar de trabajo (Zelinsky, 1971). Como resultado de la mayor apertura y flexibilización del territorio, se aprecian procesos como el incremento de la movilidad de las personas, la deslocalización de las actividades económicas y los movimientos pendulares diarios o *commuting* entre el domicilio y el lugar de trabajo, que ya no sólo se asocian a los espacios periurbanos. Los efectos de la globalización se han extendido al resto del espacio rural (Gómez, 2008: 66).

Trayectorias imposibles ante el crimen organizado

Josué tiene 18 años y es originario de San Miguel del Milagro, una de las localidades con mayor reconocimiento del municipio, debido al santuario del mismo nombre y los sitios arqueológicos de Cacaxtla y Xochitecatl. La localidad tiene una geografía particular, al ubicarse en la parte alta de un cerro, desde donde se aprecian los volcanes Popocatépetl e Iztaccíhuatl, así como La Malinche. San Miguel del Milagro colinda con el sitio arqueológico Cacaxtla-Xochitecatl, desde el cual es posible apreciar gran parte del Valle Puebla-Tlaxcala. Es así que cerca de ahí, en Cacaxtla, se desarrolló una de las sociedades más importantes en el periodo Epiclásico (650-900 d.C.) de Mesoamérica. Su poderío logró la hegemonía política, militar y económica en gran parte del Valle Puebla-Tlaxcala después de la caída de Teotihuacán y Cholula, consiguiendo entablar relaciones comerciales a larga distancia con regiones como la Costa del Golfo y la Cuenca de México (Ávila, 2002: 208).

Una de las características principales del pueblo de San Miguel del Milagro, fue su fundación por motivos religiosos, esto a cargo de la orden franciscana, que construyó en el lugar uno de los primeros asentamientos españoles de Tlaxcala. La historia se remonta al año de 1631 con la presunta aparición del Arcángel San Miguel en el lugar, lo que dio paso a la edificación de una ermita que posteriormente se convertiría en el santuario actual.

Es por esto que en la actualidad San Miguel del Milagro tiene un nivel importante de urbanización. Se han expandido los negocios como tiendas de abarrotes, farmacias, papelerías, recauderías, fruterías, pollerías, carnicerías, materias primas, cibercafés, estéticas, venta de flores y venta de semillas. De igual forma han tenido un éxito importante en reconvertir su producción agrícola de cultivos básicos al cultivo del amaranto, que hoy por hoy constituye un elemento característico del pueblo. Es así que muchos de los habitantes de San Miguel lo siembran y la mayoría lo vende o lo procesa en talleres artesanales y pequeñas industrias que existen en el pueblo, para la elaboración de dulces típicos y otros productos como alegrías, galletas, cereal, harina, etc., que se comercializan a nivel local y regional (González, 2013: 69).

¿Y los que ya no se van?

Así, una de las principales características de los habitantes de San Miguel en los últimos años, tiene que ver con el comercio promovido por el santuario y, en alguna medida, con la zona arqueológica de Cacaxtla. Debido a las múltiples peregrinaciones al santuario durante todo el año, en especial durante septiembre, cuando se celebran las principales fiestas patronales, la actividad comercial se dinamiza en el lugar, donde la gente participa, ya sea de forma directa, a través de la instalación de puestos de alimentos, artesanías religiosas y servicios básicos, como hospedaje e higiene, por ejemplo, o recibiendo una compensación económica por el uso del espacio al que ellos tienen derecho como habitantes de la localidad.

Josué es el mayor de dos hermanos. Actualmente se encuentra trabajando en una casa de materiales de la localidad. Su padre migró hace unos años a Estados Unidos y regresó a poner un local de venta de alimentos y forrajes para animales. La madre de Josué, por su parte, se dedica a elaborar comida casera de manera informal afuera de su casa. Josué abandonó los estudios después de la secundaria, debido a que tenía la ilusión de migrar, sin embargo, como relata, esto cada vez es más difícil para los jóvenes.

> Pues como a eso de las tres pm., escuchamos que nos dicen ";Saben qué? Ya tenemos luz para pasar hoy […] para esto ya teníamos como una semana esperando en una como casa en Reynosa, primero algunos no habían pagado, y después, que según no tenían autorización de los "jefes" […] Pues miedo no, no tanto, ya en mi casa mi jefe me había dicho cómo iba estar la cosa, y mi tío que estaba allá [Houston] también, los coyotes igual todo el tiempo decían cosas como: "aguas", "quietos a la voz", "cuando esperamos, esperamos hasta que se les diga", "vamos ligeros, bien comidos e hidratados" […] No había pasado mucho cuando dijeron "vámonos", era ya de noche cuando llegamos al Río y ahí esperamos […] Pues los "coyotes" que nos llevaban se la sabían, donde cruzamos no estaba tan así profundo, el problema fue después cuando quisimos llegar a la carretera, esperamos mucho, pues se escuchaba y se veían luces todo el tiempo de la migra, al final como que nos vieron y nos dijeron que se había apestado y que teníamos que regresar […] Hasta ese momento no había pagado más que el

viaje hasta allá, pues uno de los coyotes era un pariente del pueblo, primo de mi tío, le dijo que le iba pagar allá, pero entonces ya de regreso el pariente me dijo que los del Cártel no iban a dejar pasar a nadie que no pagara, incluso en corto me dijo que a los que ya tenían les iban a pedir más […] Hablé con mi familia. Dijeron que no. Estaba cabrón pagar eso ($40,000), que mejor con la mitad hasta me ponían un puesto de algo en el pueblo pero que yo viera, la neta la pensé, como están las cosas mejor estar en donde uno es, igual cuesta, pero se hace, por lo que mejor me regresé y ya no pasé (Josué O., 2015).

Al igual que lo relata Josué, diferentes estudios han hablado de un importante aumento en el costo económico que representa cruzar la zona fronteriza hacia Estados Unidos. Y si bien se tiene registrado un claro aumento en el gasto fronterizo por parte del gobierno estadunidense, con el fin de incrementar la vigilancia, muchas de las historias encontradas muestran que este incremento y las dificultades para cruzar son resultado de una mayor participación y control de la frontera por parte de organizaciones criminales. Jorge Durand (2016) por ejemplo, ha escrito que el coyote del pueblo o el coyote fronterizo ya no son tan operativos en un contexto donde hay un estricto control a lo largo de la frontera, y donde el incremento de los costos ha hecho rentable el negocio para el crimen organizado, que ahora controla una parte del proceso. Si bien existe un debate en cuanto a comprobar el alcance real del involucramiento del narcotráfico en el tráfico de personas, es innegable que en las entidades fronterizas se han registrado aumentos importantes en los niveles de violencia relacionada con redes delincuenciales. Tan sólo entre los años 2000 y 2005, se pasó de un porcentaje de homicidios de 16% a 43% (Durand, 2016: 247).

De tal forma, el vínculo entre el crimen organizado y la migración indocumentada adquiere especial relevancia, algo que se ha agudizado en los primeros años del presente siglo, al aparecer rutas de narcotráfico que coinciden con las de los migrantes en su trayecto hacia Estados Unidos (Correa, 2014: 89). Ante esto, jóvenes como Josué han evaluado los riesgos y las dificultades que representa en la actualidad emprender una trayectoria migratoria.

Reflexiones finales

Bajo el actual contexto de transformación de las sociedades rurales, el estudio de los jóvenes supone una comprensión dual de las actuales dinámicas sociales. Por un lado, una dinámica que se relaciona con la familia, la comunidad local y el espacio urbano-industrial; lugares distintos que se superponen y entrelazan, los cuales son esencialmente espacios de vida que dan contenido a la experiencia de los jóvenes que permiten su integración en la sociedad. Por otro lado, a través de estas experiencias se genera la socialización necesaria que a su vez produce prácticas, dinámicas y sentidos de vida, las cuales están infundidas de una dinámica temporal, que son expresadas por prácticas del pasado, estrategias del presente y las perspectivas sobre el futuro y que son reflejadas en la vida cotidiana (Wanderley, 2007).

Los procesos de cambio que actualmente se constituyen en el ámbito rural actual, a su vez actúan como factores diferenciadores de la juventud. De ahí que la juventud rural, como se ha mostrado a través de los relatos en este trabajo, está lejos de caracterizarse por su homogeneidad, como lo hacían estudios anteriores que encasillaban a la población de manera general a través de categorías determinadas, invisibilizando el papel de distintos sujetos dentro de la estructura de sus sociedades.

Hoy más que nunca, ante la desarticulación de la actividad agrícola, la juventud de los espacios rurales se enfrenta al incremento de la pobreza, el desempleo, subempleo, informalidad y precarización laboral, a una disminución o falta de acceso a servicios de salud, la atenuación y/o mercantilización del sistema educativo, y cada vez más se halla envuelta en ambientes de violencia, inseguridad y expuesta a relaciones delictivas. En este sentido, se experimenta una etapa de importantes cambios y transformaciones sociales en el presente neoliberal, en donde la desigualdad se ha vuelto un signo que acompaña sus prácticas cotidianas y sus trayectorias de vida.

Si bien en décadas anteriores, ante la crisis económica y la fragmentación de condiciones objetivas de vida las trayectorias migratorias se constituían en estrategias que permitían a una parte importante de la población rural sobrevivir, estas posibilidades se encuentran actualmente en una fase de desarticulación ante algunos de los panoramas expuestos en este trabajo a través de los casos descritos. La práctica etnográfica en ese sentido, puede ofrecer datos para cuestionar la lógica que precedía a las dinámicas migratorias anteriores y replantear las consecuencias para aquellos que ya no tienen la posibilidad de irse. En ese sentido, el incremento de la pluriactividad y de la movilidad regional son factores que contribuyen a mostrar cambios socioculturales que han dado lugar a la participación activa de los segmentos más jóvenes de las poblaciones rurales, articulando otras formas que están transformando los patrones migratorios y al conjunto de las sociedades rurales actuales.

Fuentes consultadas

Arizpe, Lourdes (1978) *Migración, etnicismo y cambio económico. Un estudio sobre migrantes campesinos a la Ciudad de México*, El Colegio de México, Ciudad de México.

Ávila Aldapa, Rosa Mayra (2002) *Los pueblos mesoamericanos*, Instituto Politécnico Nacional, Ciudad de México.

Bevilacqua Marin, Joel Orlando (2009) "Juventud rural: una invención de capitalismo industrial", en *Estudios sociológicos,* año 27, núm. 80, El Colegio de México, Ciudad de México.

Bourdieu, Pierre (1990) *Sociología y cultura*. Grijalbo, Consejo Nacional para la Cultura y las Artes, Ciudad de México.

Buve, Raymundus Thomas Joseph (1994) *El movimiento revolucionario en Tlaxcala*, Universidad Iberoamericana, Ciudad de México.

Cabrera, José María (1995) "Estadística de la Municipalidad de Nativitas, conforme a las instrucciones dadas para la general del territorio de Tlaxcala", en Ángel García Cook y Beatriz Merino (eds.) *Antología de Cacaxtla,* vol. I, Instituto Nacional de Antropología e Historia / Gobierno del Estado de Tlaxcala, Tlaxcala.

Correa Cabrera, Guadalupe (2014) "Migración, crimen organizado y política en las dos fronteras de México", en *Revista Internacional de Ciencias Sociales y Humanidades,* vol. XXIV, núm. 2, Universidad Autónoma de Tamaulipas, Tamaulipas.

Durand, Jorge (2016) *Historia mínima de la migración México-Estados Unidos,* El Colegio de México, Ciudad de México.

—, y Douglas Massey (2003) *Clandestinos. Migración México-Estados Unidos en los albores del siglo XXI,* Miguel Ángel Porrua / Universidad Autónoma de Zacatecas, Zacatecas.

Faret, Laurent (1997) "La frontera y el estado-nación en la perspectiva de los migrantes internacionales", en Philippe Bovin (ed.) *Las fronteras del Istmo,* Centro de Estudios Mexicanos y Centroamericanos, Ciudad de México.

García, Martha (2008) "Rituales de paso y categorías sociales en la migración internacional nahua del Alto Balsas, Guerrero", en *Cuicuilco, Revista de Ciencias Antropológicas,* año 15, Instituto Nacional de Antropología e Historia, Ciudad de México.

Gómez, Sergio (2008) "Nueva Ruralidad. Fundamentos teóricos y necesidad de avances empíricos", en Eldemira Pérez *et al.* (comps.) *La nueva ruralidad en América Latina: avances teóricos y evidencias empíricas,* Pontificia Universidad Javeriana / Consejo Latinoamericano de Ciencias Sociales, Bogotá.

González Jácome, Alba (1991) "Evolución de la industria textil en Tlaxcala. Siglos XIX y primera mitad del XX", en Alba González Jácome (ed.) *La economía desgastada. Historia de la producción textil en Tlaxcala*, Universidad Autónoma de Tlaxcala, Tlaxcala.

González Nava, Leonor Alejandra (2013) *Los límites del Patrimonio Cultural en el análisis del complejo festivo: La Celebración de San Miguel del Milagro, Tlaxcala*, (tesis de Licenciatura) Universidad Nacional Autónoma de México, Ciudad de México.

Heath Constable, Hilaria Joy (1982) *Lucha de clases. La industria textil en Tlaxcala*, Ediciones el Caballito, Ciudad de México.

Huacuz Elías, María Guadalupe y Anabella Barragán Solís (2008) "Cruzar la frontera: la migración internacional como rito de construcción de la masculinidad en jóvenes de Guanajuato", en *La Manzana. Revista Internacional de Estudios sobre Masculinidades*, año III, núm. 5, Benemérita Universidad Autónoma de Puebla, Puebla.

INEGI (Instituto Nacional de Estadística y Geografía) (2010) *Censo General de Población y Vivienda 2010*, INEGI, Aguascalientes.

Larralde Corona, Adriana Helia (2008) *Trabajo rural y urbanización en la región centro de México*, (tesis de Doctorado) El Colegio de México, Ciudad de México.

Lomnitz, Larissa Adler de (1987) *Cómo sobreviven los marginados*, Siglo XXI, Ciudad de México.

Margulis, Mario y Marcelo Urresti (2008) "La juventud es más que una palabra", en Mario Margulis (ed.) *La juventud es más que una palabra. Ensayos sobre cultura y juventud*, Biblos, Buenos Aires.

Massey, Douglas, Karen Pren, y Jorge Durand (2009) "Nuevos escenarios de la migración México-Estados Unidos. Las consecuencias de la guerra antiinmigrante", en *Papeles de Población,* año 15, núm. 61, Universidad Autónoma del Estado de México, Toluca.

Palerm, Ángel (1980) *Antropología y marxismo,* Nueva Imagen, Ciudad de México.

Quintana, Víctor (2011) "Algunas reflexiones sobre el estar y el quehacer de los jóvenes en el campo", en *La Jornada del Campo,* núm. 45, Universidad Nacional Autonóma de México, Ciudad de México.

Ramírez Rancaño, Mario (1997) "Las raices de un estado", en Ana Arenzana (ed.) *El estado de Tlaxcala,* Azabache, Ciudad de México.

Rivermar Pérez, María Leticia (2014) "La migración con fines laborales en el contexto de la diversificacion de actividades económicas entre los nativiteños", en Hernán Salas Quintanal y María Leticia Rivermar Pérez (eds.) *Nativitas, Tlaxcala. La construcción en el tiempo de un territorio rural,* Universidad Nacional Autonóma de México, Ciudad de México.

Salas Quintanal, Hernán (2015)"Migración y retorno laboral: ¿Son los poblados rurales lugares de refugio?", en *Revista Lider,* núm. 26, Centro de Estudios del Desarrollo Local y Regional de la Universidad de Los Lagos, Osorno, Chile.

Salvador, Juan (2000) "La vida cotidiana y su espacio-temporalidad", en Alicia Lindón Villoria (ed.) *La vida cotidiana y su espacio-temporalidad,* El Colegio Mexiquense / UNAM / Anthropos, Ciudad de México.

Saraví, Gonzalo (2009) *Transiciones vulnerables. Juventud, desigualdad y exclusión en México,* Centro de Investigaciones y Estudios Superiores de Antropología Social, Ciudad de México.

Sugiura, Yoko (2005) *Y atrás quedó la ciudad de los dioses: historia de los asentamientos en el Valle de Toluca,* Universidad Nacional Autónoma de México, Ciudad de México.

Tavares Dos Santos, José Vicente (1984) *Colonos do vinho. Os Colonos do vinho; estudo sobre a subordinação do trabalho camponês ao capital,* Hucitec, Sao Paulo.

Tyrakowski Findeiss, Konrad (1976) "Poblamiento y despoblamiento en la región central de la Cuenca de Puebla-Tlaxcala", en *Comunicaciones, Proyecto Puebla-Tlaxcala,* num. 13, Fundación Alemana para la Investigación Científica, Puebla.

Tyrakowski Findeiss, Konrad (2003) "Historia colonial en detalle: progreso y decadencia de la España Chiquita, del pueblo de Santa María Natívitas Yancuitlalpan en Tlaxcala (México)", en *Revista Española de Antropología Americana,* núm. 33, Universidad Complutense de Madrid, Madrid.

Velasco Santos, Paola (2014) *Antropología socioambiental. Ecología política, sujetos rurales y transformación del río Atoyac en el municipio de Natívitas, Tlaxcala,* (tesis de Doctorado) Universidad Nacional Autónoma de México, Ciudad de México.

Wanderley, Maria de Nazareth Baudel (2007) "Jovens rurais de pequenos municípios de Pernambuco: que sonhos para o futuro", en Maria José Carneiro y Elisa Guaraná de Castro (eds.) *Juventude rural em perspectiva,* Mauad x, Río de Janeiro.

Warman, Arturo (1980) *Los campesinos. Hijos predilectos del régimen,* Editorial Nuestro Tiempo, Ciudad de México.

—, (2001) *El campo mexicano en el siglo xx,* Fondo de Cultura Económica, Ciudad de México.

Zelinsky, Wilbur (1971) "The hipótesis of the mobility transition", en *Geographical Review,* vol. 61, núm. 2, SAGE, Nueva York.

Migración interna, apropiación del espacio y redefinición de las identidades de jóvenes indígenas en Tacubaya

Carlos Alberto González Zepeda
y
Adriana Paola Zentella Chávez

Introducción

> *Ninguna zona del Distrito Federal sufre una destrucción comparable a la que está a punto de borrar la antigua ciudad de Tacubaya. Degradada a simple barrio, mutilada en su territorio para formar colonias en sus antiguos límites, vencida por la especulación inmobiliaria, y sobre todo, víctima ejemplar de la cultura del automóvil, y de una como deliberada perversidad mediante la cual hacemos horrible lo que fue hermoso, Tacubaya se encuentra en vías de extinción....*
>
> —José Emilio Pacheco (1998).

La plaza del Mercado Gonzalo Peña Manterola, mejor conocido como Cartagena, ubicada en el corazón de la Colonia Tacubaya del Ayuntamiento Miguel Hidalgo en la Ciudad de México, es un espacio urbano que durante años se ha caracterizado por ser punto de tránsito y socialización de personas indígenas –mazahuas, otomíes y nahuas, principalmente– provenientes de los estados de México, Hidalgo, Puebla y Michoacán, que se reúnen ahí por diversas razones: algunas para comerciar productos que traen del campo, como frutas, verduras y diversas artesanías que circulan entre las comunidades originarias y el poniente de la ciudad; las personas más jóvenes, varias de las cuales se han asentado en colonias aledañas como Observatorio, Santa Fe, Santa Lucía, Santa Rosa Xochiac y San Mateo Tlaltenango, utilizan este espacio para socializar y divertirse, así como para comprar ropa, herramientas de trabajo y otras mercancías en los diversos puestos ambulantes que caracterizan el paisaje de esta plaza los fines de semana.

Es bien sabido que la movilidad de las personas en las grandes ciudades es un fenómeno que ha generado diversos efectos significativos en el crecimiento de la población, la expansión y densificación del territorio, así como transformaciones importantes en el perfil sociodemográfico de la población (Rodríguez, 2012), como resultado de las interacciones y las características de los grupos poblacionales que llegan, quienes se van y quienes permanecen en las grandes urbes como la Ciudad de México (Rodríguez y Busso, 2009). Para el caso en cuestión, la llegada paulatina de migrantes indígenas a diversos puntos de la ciudad es, en parte, resultado de la falta de oportunidades –laborales y de generación de ingresos monetarios– en las comunidades de origen, a ello se suma la nueva forma urbana que va adoptando esta ciudad: una concentración acelerada de población y un contacto forzado de sus habitantes entre sí, producto del cambio de paradigma tecnológico referido a la producción y a la circulación (Hiernaux, 1999).

La Ciudad de México es fuente de nuevas relaciones sociales y nuevos comportamientos donde "las personas, los grupos y las colectividades transforman el espacio, dejando en él su *huella*, es decir señales y marcas cargadas simbólicamente" (Vidal y Pol, 2005: 283, cursivas nuestras). Ello se puede apreciar en las dinámicas de movilidad en la plaza del Mercado Cartagena y alrededores, donde todos los fines de semana se observan muy diversos grupos de jóvenes, mayormente indígenas y/o de origen rural, que acuden a este espacio para encontrarse con amigos y congéneres, socializar y divertirse, comprar o comerciar algunos productos, incluso para identificarse por medio de su atuendo como *punketos, darketos, rockanroleros y reggaetoneros*. Así, esta plaza se ha convertido en un punto de reunión, un lugar donde no se sienten excluidos, donde expresan a través de la vestimenta, los peinados, el maquillaje, la música y otras formas simbólicas las cualidades del espacio, del entorno y del paisaje como definitorias de su identidad y de sus acciones.

Migración interna, apropiación del espacio y redefinición de las identidades

En este barrio se materializan diversas estructuras, además de la plaza del Mercado Cartagena, la estación del metro Tacubaya, los varios paraderos de transporte público, así como algunos edificios públicos y privados a través de los cuales la gente del barrio se presenta y se representa. Muy frecuentemente estas estructuras constituyen símbolos. Por ejemplo, el antiguo edificio del Ex-Arzobispado y el Observatorio Astronómico de México.[1] Tacubaya, en tanto *barrio,* representa un todo dentro del todo, *la ciudad*.[2] Y la plaza del Mercado Cartagena es un medio que los grupos humanos que interactúan en ella moldean, deforman y transforman.

El objetivo de este trabajo es plantear algunas ideas sobre la apropiación del espacio y la redefinición de identidades juveniles asociadas a la migración interna, que combinan una perspectiva sobre la construcción social de la ciudad y un enfoque sobre la presencia de juventudes indígenas en las grandes urbes con trayectorias migratorias diversas. El trabajo retoma las primeras reflexiones surgidas de un estudio etnográfico sobre la apropiación espacial en el barrio de Tacubaya, en la Ciudad de México. Durante nuestros recorridos de campo conversamos con algunos jóvenes provenientes de comunidades indígenas y rurales del Estado de México, Puebla y Michoacán que nos dieron su apreciación del lugar como un punto de interacción, comercio, expresión y ocio. También como un lugar de confrontación entre diversos grupos juveniles, un espacio que han transformado y del cual se han *apropiado*, pero sobre todo, que les hace *sentirse* parte de esta gran ciudad. Se trata de un trabajo en el cual la observación directa en las inmediaciones del lugar nos permitió apreciar algunos aspectos importantes del contexto de las comunidades que lo habitan.

La metodología empleada en esta investigación es cualitativa, una etnografía del espacio y su dinámica social enraizada en la observación directa, así como en diálogos y charlas informales sostenidas con distintos jóvenes que transitan y significan la plaza del Mercado Cartagena. Utilizamos la fotografía como una herramienta metodológica no sólo para

---

[1] Véase el Sistema Nacional de Fototecas (SINAFO), *Observatorio de Tacubaya*, disponible en <INAHhttp://sinafo.inah.gob.mx/observatorio-de-tacubaya/>.
[2] Sobre la ciudad como totalidad véase Henri Lefebvre (1978).

documentar las características del lugar y de sus personajes, sino también como un medio para acercarnos a los jóvenes y conversar con ellos. Por supuesto, solicitamos su aprobación para tomarles fotografías (véase anexo), explicando nuestro interés por su forma de vestir y su preferencia de visitar dicha plaza. La relevancia de utilizar la fotografía como herramienta metodológica –cuestión que no abordaremos en este trabajo por asuntos de *espacio*– nos permitió ilustrar los estilos e identidades urbanas donde encontramos referencias al *punk,* al *reggaeton,* al *rock* y al *hip-hop* que reflejan las formas y expresiones que estos jóvenes tienen para socializar, y que en algunos casos también representan algo de lo que en sus colonias y comunidades es una forma de perteneser al barrio.

El trabajo está organizado en tres apartados: en el primero, a manera de marco analítico, explicamos los conceptos migración, identidades y juventudes indígenas. Posteriormente, exploramos algunas ideas de la perspectiva espacial que son útiles para el abordaje de los estudios migratorios, hacemos hincapié en la concepción del espacio no sólo como un territorio o espacio geográfico, sino como una construcción social que incluye aspectos emocionales y simbólicos. El tercer apartado trata sobre los dilemas que enfrentan los jóvenes indígenas que se reúnen en la plaza del Mercado Cartagena para lidiar con los estigmas que ha ganado esta parte de la ciudad como insegura y peligrosa. Concluimos que la plaza del Mercado Cartagena y el espacio público urbano de Tacubaya constituyen un punto de sociabilidad juvenil para los migrantes indígenas del poniente de la Ciudad de México, un lugar de re-significación de sus identidades y experiencias juveniles, pertenencias diversas e híbridas que desdibujan lo rural, lo indígena y lo urbano.

Migración interna e identidades juveniles indígenas

Migración y desplazamientos internos

En las últimas décadas los flujos migratorios al interior de México han experimentado un cambio en sus direcciones debido principalmente a las transformaciones en los mercados de trabajo, las actividades industriales y el desarrollo de nuevas zonas urbanas, incluso como resultado de las latentes olas de violencia que prevalecen en varias regiones del país. Estos movimientos a su vez representan una serie de oportunidades que tanto las zonas expulsoras como las receptoras aprovechan para activar sus economías e impulsar el crecimiento y desarrollo de las regiones por medio de la experiencia y las habilidades que los emigrantes e inmigrantes llevan consigo de un lugar a otro (Chávez, 1999; Partida, 1994; Rodríguez, 2012; Varela, Ocegueda y Castillo, 2017).

Desde el punto de vista de la demografía la migración se define como el cambio de residencia habitual de las personas de una comunidad hacia otra, en ésta intervienen dos áreas geográficas, aquella donde se inicia el desplazamiento región de origen y aquella donde finaliza, región de destino (Partida, 1994). Para el caso de México se distinguen dos tipos de movimientos de población que se definen como migración y que necesariamente implican el cruce de los limites económico-administrativos: por un lado, los movimientos dentro del país [migración interna] y, por el otro, los movimientos que significan el cruce de las fronteras nacionales [migración internacional] (Chávez, 1999; Rodríguez, 2012; Rodríguez y Busso, 2009; Arango, 2003).

La migración interna, a la cual referimos en este texto, da lugar a diversos desplazamientos de grupos poblacionales que viven en zonas carentes de recursos económicos o donde son escasos los medios para satisfacer las necesidades esenciales hacia zonas con mayor desarrollo en las que pueden encontrar alguno de los satisfactores buscados (Chávez, 1999). El estudio de estos desplazamientos permite identificar aquellas regiones del territorio mexicano expulsoras de fuerza de trabajo, así como los polos de atracción de esa mano de obra en las grandes ciudades (Varela, Ocegueda y Castillo, 2017).

Desde esta perspectiva, se supone que los mercados laborales locales determinan los flujos migratorios internos porque en la medida que exista desempleo se desencadenarán procesos donde el individuo tomará la decisión de buscar mejores condiciones y oportunidades laborales en otros lugares de destino (Varela, Ocegueda y Castillo, 2017; Olivera y Galindo, 2013; Arango, 2003). Se trata de un proceso relacionado con diversos problemas sociales, económicos y políticos en las regiones expulsoras, la migración interna se puede distinguir como: *definitiva*: referida al cambio definitivo de residencia que implica un cruce de la división político-administrativa [puede darse entre localidades, municipios o entidades federativas]; *temporal*: cuando la población se desplaza hacia otra localidad dentro del mismo municipio, a otro municipio o entidad federativa, pero no cambia de manera definitiva su lugar de residencia; y, *pendular*: es una modalidad de la migración temporal porque no implica el cambio definitivo de residencia [se trata de movilidades cotidianas a corta distancia, por ejemplo las que se suscitan diariamente en la Zona Metropolitana de la Ciudad de México] (Chávez, 1999: 55-57).

Por supuesto estos cambios en el patrón migratorio son una oportunidad para analizar la expansión de las ciudades y las implicaciones en aspectos como la demanda de agua, el acceso a vivienda y otros servicios públicos (Varela, Ocegueda y Castillo, 2017; Sobrino, 2014). Además, permite comprender los procesos de cambio cuantitativo y cualitativo de la población en las grandes ciudades, asociados a la gran cantidad de personas y lo que ello provoca en la composición poblacional, tomando en cuenta que la composición de los flujos difiere de los promedios de las zonas de origen y de las zonas de destino de los migrantes, modificando con ello las características de ambas (Rodríguez, 2012; Pérez y Santos, 2013).

Jóvenes indígenas en México

En términos del imaginario social predominante, la juventud suele entenderse como una etapa de la vida posterior a la infancia en la cual las personas alcanzan su madurez biológica y se encaminan hacia su ser adulto social. Se asocia a un periodo que comprende edades específicas, por lo general establecidas desde los organismos internacionales, los gobiernos locales y las políticas gubernamentales. Para el caso de México, de acuerdo con el Instituto Mexicano de la Juventud (IMJUVE), corresponde a la etapa de vida entre los 12 y 29 años.

En contraste, nuestro análisis reconoce que ser joven e identificarse/ser identificado como joven se construye en referencia al contexto social, cultural, político e histórico de las personas. En el caso específico de los pueblos indígenas mexicanos, y entendiendo la etnicidad indígena como una construcción social de la diferencia cultural, los jóvenes han cobrado relevancia como sujetos y como colectividad en varias investigaciones socioantropológicas que advierten sobre la presencia de jóvenes de origen indígena tanto en comunidades con prácticas de vida campesina como en diferentes ciudades de México, a consecuencia de las migraciones rurales hacia las urbes (Pérez, 2008a; Urteaga, 2008a y 2008b; CIESAS-Fundación Ford, 2010; Pacheco, 2010; López, 2012; Bertely, Saraví y Abrantes, 2013; Urteaga y García, 2015).

Los indígenas jóvenes son protagonistas en diversos procesos sociales y comunitarios como la educación familiar, la escolarización oficial, la migración interna e internacional, la soltería como estilo y etapa de vida, el empleo asalariado, las profesiones universitarias, los medios de comunicación y las tecnologías digitales, principalmente. Las juventudes indígenas suelen asociarse con las juventudes rurales del campo y con las populares de la ciudad. A veces forman parte de esos grupos, pero otras no, es decir, ser indígena no es sinónimo de ser campesino, ni todas las personas indígenas urbanas provienen de sectores populares o empobrecidos.

Los movimientos de la población juvenil son cada vez más frecuentes y visibles en las grandes urbes mexicanas. En 2015 residían en México 30.6 millones de personas jóvenes de 15 a 29 años, que equivalen a 25.7% de la población total (INEGI, 2016). De estos jóvenes, los indígenas representan una minoría: se estiman poco más de dos millones y medio de adolescentes y jóvenes hablantes de alguna de las 68 lenguas indígenas originarias, lo que equivale a 6.8% de la juventud en el país (INEGI, 2012). Por el contrario, al interior de las distintas poblaciones indígenas son mayoría los jóvenes, además, son quienes muestran mayor movilidad migratoria hacia las ciudades al interior del país.

Algunas investigaciones sobre poblaciones indígenas en ciudades mexicanas, estudian la apropiación y transformación de algunos espacios públicos en los cuales indígenas migrantes se concentran durante sus tiempos de descanso para socializar, por ejemplo, la Alameda Mariano Escobedo en la ciudad de Monterrey, identificada como el parque de las trabajadoras del hogar originarias de la región de la Huasteca (Díaz, 2008); o el Parque Rubén Darío en la ciudad de Guadalajara, apropiado por trabajadores de la comunidad náhuatl de Huejutla, Hidalgo (Vázquez, 2008); y la Alameda en la Ciudad de México, antes de su remodelación oficial, concurrida por jóvenes originarios de diferentes grupos étnicos y otros estados (Meneses, 2016).

Redefiniendo identidades en la ciudad

De acuerdo con los procesos culturales contemporáneos en el marco de la globalización que tienden a generar identidades híbridas y deslocalizadas (García, 1990), distintos autores que han explorado las dinámicas sociales de los pueblos indígenas manifiestan que sus identidades son resultado de relaciones interétnicas, contactos interculturales e interacciones sociales imbuidas en un proceso constante de resignificación de los valores y tecnologías propias de la vida urbana (Martínez, 2003, 2001). En el caso de los jóvenes se han documentado diferentes procesos y dinámicas que van desde el ocultamiento de las marcas identitarias: "la lengua y las marcas más visibles de la identidad son de los primeros rasgos que los indígenas abandonan u ocultan en las ciudades, principalmente los jóvenes" (Pérez, 2008b: 60), hasta las mezclas estéticas (Gama, 2008).

Con los cambios intergeneracionales al interior de las diversas comunidades indígenas de México, puede verse cómo interviene la migración –interna o internacional, temporal, pendular o definitiva– en los procesos de socialización y en la adopción de nuevas prácticas y formas de ocio entre los jóvenes originarios. Nosotros les llamamos redefinición de identidades.

Producción y apropiación del espacio en la ciudad

El espacio percibido, concebido y vivido

El espacio no es solamente una construcción social: la valorización e interpretación que se le asigna en una sociedad dada, remite también, en forma totalmente imbricada, a la concepción de tiempo que adopta esa sociedad (Hiernaux, 1999). Es decir, el significado del espacio deriva de la experiencia que en él se mantiene y que además incluye el aspecto emocional, el cual implica que las acciones del individuo se desarrollan en el lugar y, las concepciones que en el lugar se generan, están conectadas (Vidal y Pol, 2005: 288). Entonces los lugares que poseen significado para los individuos emergen en un contexto social, es ahí donde se producen, a través de las relaciones sociales y de los contactos continuos, proporcionando a los individuos una "identidad territorial subjetiva" (Gustafson, 2001a, en Vidal y Pol, 2005: 288), además, dichas relaciones sirven para comprender cómo las sociedades producen el espacio por medio de acciones específicas.

En este trabajo retomamos los aportes de Henri Lefebvre (1991) sobre la producción del espacio, para comprender la serie de relaciones que configuran la dimensión social, histórica y espacial como objetos analíticos en la investigación social en general y en los estudios migratorios en específico. Para este autor, todas las relaciones sociales como la familia, la comunidad, el mercado o el poder estatal permanecen abstractas e infundadas al no ser expresamente espacializadas. El proceso de materialización y contextualización espacial real e imaginario es un asunto que se encuentra lleno de movimientos y cambios, tensiones y conflictos, pasiones y deseos (Soja, 2008).

La producción del espacio tanto para Lefebvre como para Soja resulta una expresión combinada como forma y proceso que puede estudiarse de tres modos distintos interrelacionados entre sí como: espacio percibido [primer espacio]; espacio concebido [segundo espacio]; y, espacio vivido [tercer espacio]. Bajo esta perspectiva se supone que nuestras acciones y pensamientos moldean los espacios que nos rodean, pero al mismo tiempo los espacios y lugares producidos colectiva o socialmente en los que vivimos, por supuesto, también moldean nuestras acciones y pensamientos de un modo que sólo a través del pensamiento espacial lograremos comprender, razonar, comunicar y recordar (Soja, 2008; Lefebvre, 1991; Goldrich y Janelle, 2004).

El espacio *percibido* sensible-físico, implica la producción y reproducción de lugares específicos, tipos y jerarquías del lugar, y conjuntos espaciales. Bajo esta lógica se asegura la continuidad de una formación social de manera cohesiva e implica la forma en que los individuos se relacionan con ese espacio social (Lefevbre, 1991: 42-43). Por su parte, Soja (2008: 39) propone una conceptualización alternativa de este espacio como un "primer espacio" que puede ser estudiado como un complejo de prácticas espaciales materializadas, que trabajan en forma conjunta para producir y reproducir formas concretas y patrones como forma de vida. Aquí el espacio es percibido física y empíricamente como "forma y proceso".

El espacio *concebido* abstracto-mental, tiene que ver con las formas de representación del espacio ligadas a las relaciones de producción y el orden que éstas imponen. Bajo esta concepción del espacio, lo dominante son los signos, los códigos y las relaciones frontales (Lefebvre, 1991). Se trata de una construcción más mental o ideal, conceptualizada en imágenes, pensamientos reflexivos y representaciones simbólicas (Soja, 2008). Es la concepción del espacio a través de la imaginación.

El espacio *vivido*-relacional-social, ofrece una serie de alternativas complejamente codificadas, decodificadas y recodificadas utilizadas como resistencia simbólica (Lefebvre, 1991). Estos espacios sugieren reestructuraciones alternativas de las representaciones institucionalizadas del espacio y también nuevas modalidades de la práctica espacial (González, 2010). En este caso la especificidad espacial es investigada como un espacio enteramente vivido, un lugar simultáneamente real e imaginario, actual y virtual, lugar de experiencia y agencia estructuradas, individuales y colectivas (Soja, 2008).

Los vínculos que las personas mantienen con el espacio [concebido, percibido y vivido] generan depósitos de significados más o menos compartidos por diversos grupos sociales (Vidal y Pol, 2005; Arruda y Alba, 2007), como una categoría social a partir de la cual se desarrollan algunos aspectos de la identidad, como la tendencia a permanecer cerca de los lugares, como una fuente de seguridad y, por supuesto, de satisfacción derivadas del apego a éstos (Pol, 1996).

Apropiación espacial e identificación simbólica

La apropiación espacial como categoría analítica, en términos generales, es un proceso por el que un espacio deviene para el individuo y el grupo en un lugar propio, producto de la interacción dinámica en el entorno (Vidal y Pol, 2005). En su modelo dual de la apropiación espacial, Pol (1996) distingue dos vías principales: la acción transformación ligada a la territorialidad y el espacio personal; y la identificación simbólica vinculada a los procesos afectivos (la atracción del lugar y la autoestima), cognitivos (conocimiento, orientación y percepción) e interactivos (comportamientos) en los diferentes espacios (Pol, 1996). De esta manera la acción de las personas, los grupos y las colectividades transforman el espacio dejando marcas simbólicas. Es decir, las acciones dotan al espacio de un significado individual y social producto de la interacción (Vidal y Pol, 2005; Lefebvre, 1991; Lefebvre, 1978).

En este tenor, la dimensión espacial en los estudios sobre migración cobra relevancia, ya que a partir de su marco conceptual es posible integrar, relacionar y estructurar los datos individuales en un todo: el proceso migratorio. En tanto, el espacio, la representación y el razonamiento son elementos importantes para conocer el verdadero impacto que tienen los vínculos entre los migrantes y los lugares en donde llevan a cabo sus actividades diarias. Lo mismo que permite identificar las propiedades y las relaciones entre el espacio y el fenómeno: lo que representa, lo que significa y lo que simboliza para un individuo o grupo en concreto (González, 2010). En otras palabras, esta perspectiva abarca una serie de procesos cognoscitivos que apoyan la exploración y el descubrimiento en términos de la visualización de las relaciones; la imaginación y la transformación de una escala a otra; y la representación de estos espacios/lugares en imágenes y otras formas simbólicas que refieren incluso a otros espacios/lugares (Logan, Zhang y Xu, 2011; Goodchild y Janelle, 2010).

Barrio activo: cholos, punketos, darketos, rockanroleros y reggaetoneros en Tacubaya

Tacubaya: barrio activo

La estética y transformación de cada barrio en la ciudad en al menos cuatro décadas, también lleva la marca de los cambios en las formas de expresión de las juventudes –más allá de las modas en la manera de vestir, peinarse y bailar–, su comportamiento, reflexión y actuación ante cualquier evento político, social y cultural; asimismo, nos permite revelar el sentido de apropiación y transformación que los jóvenes construyen sobre el lugar que los identifica y significa.

En la época prehispánica Tacubaya tuvo asentamientos teotihuacanos, después, la llegada de grupos chichimecas y, finalmente, la presencia mexica (Rivas y Druán, 1998). Fue un *altépetl tepaneca*; los *tepanecas* fueron un pueblo de origen chichimeca que vino del norte a asentarse en la cuenca del valle de México.[3] Atlacuihuayan, nombre antiguo de Tacubaya en náhuatl, puede traducirse como "lugar donde se toma el agua".[4] El glifo de Atlacuihuiyan en el siglo XVI: "un ojo de agua del cual brotan volutas (ondulaciones), que nos hace pensar en la antigua naturaleza acuosa de la región de Tacubaya" (Rivas y Druán, 1998: 13). Este nombre indica también su localización metros más arriba de la parte central del valle de México y lo que fuera la ciudad de Tenochtitlán.

Posteriormente, en la época Colonial, Tacubaya perteneció al marquesado de Cortés y, en 1578, tuvo lugar la construcción de un convento dominico. Durante el virreinato Tacubaya se convirtió en una villa donde habitaban familias ricas en fincas y casonas de campo, un lugar de escape cercano a la ciudad central de la nueva España que contaba con aguas cristalinas, árboles, frutos y huertos.

---

[3] La arqueología mexicana ha documentado que eran varias las lenguas que se hablaban en los distintos *altépetl tepanecas*, siendo náhuatl y otomí las lenguas habladas originariamente por la tribu tepaneca.
[4] Información de trabajo de campo: representación del glifo en un edificio de la Colonia Tacubaya, 2015.

En Tacubaya residieron personajes claves de la política y la religión y se escribieron capítulos importantes de la historia de México. Por ejemplo, en el edificio del Arzobispado, el presidente liberal Ignacio Comonfort derogó la Constitución de 1857, encarceló los ministros que dictaron las primeras leyes de Reforma y se sumó al plan proclamado en la misma Tacubaya (Pacheco, 1998), plan que dio origen a la Guerra de Reforma. En 1859, después de perder una batalla en Tacubaya, militares y civiles liberales fueron fusilados y pasaron a la historia como los Mártires de Tacubaya.

A principios del siglo xx, a medida que la ciudad de México fue creciendo, la mancha urbana incorporó al antiguo poblado de Tacubaya que a lo largo de varias décadas se convirtió en un barrio de la ciudad, conformándose con poblaciones migrantes, algunas empobrecidas, y el consecuente desplazamiento de los sectores ricos hacia las cercanías del bosque de Chapultepec. Se entubaron los ríos cercanos a la zona: Piedad y Tacubaya. En los años 30 de ese mismo siglo se construyó el primer edificio más alto de la ciudad en el vértice de las avenidas Revolución y Jalisco: el edificio Ermita o Triángulo de Tacubaya, con estilo *art decó*, una de las obras más influyentes de la arquitectura del siglo xx que, a pesar del descuido, aún conserva su carácter de hito urbano (Vázquez, 2010).

En el año de 1970 fue construida la estación del metro de la línea 1 con el nombre de Tacubaya. Su símbolo representa la figura de un cántaro haciendo referencia al topónimo prehispánico de "lugar donde se toma o junta agua". Esta estación funcionó como terminal de la línea 1 por dos años hasta que se amplió hacia Observatorio, quedando ésta como la estación final en el lado poniente y conectando hasta el lado oriente de la ciudad hasta Pantitlán (Fernández, 2014; Baños, 2014). En 1985 se construyó el tramo Auditorio-Tacubaya-Barranca del Muerto de la línea 7 o naranja y, en 1988, el tramo de Centro Médico a Tacubaya la de línea 9 o café, quedando entonces la estación Tacubaya con tres cruces de líneas subterráneas.

En la década de los 80, los callejones de la Colonia Tacubaya fueron conocidos como "la ciudad perdida" en relación a sus características poblacionales de alta marginación, delincuencia y distribución de drogas, que la sociedad urbana asociaba con la presencia de bandas juveniles, y de las épicamente famosas pandillas de los Panchitos (del barrio de Observatorio) y los BUK (Bandas Unidas *Kiss* de Tacubaya) que, por sus enfrentamientos y riñas con otros grupos callejeros de la zona, ocuparon un lugar en los noticieros televisivos que los denominaron "chavos banda" (Castillo, 2014: 64). Tacubaya se convirtió en un lugar referente de la cultura *underground* de la ciudad por la presencia de pandillas y/o bandas juveniles caracterizadas por su rebeldía, transgresión, expresión musical e identidad juvenil.

En el cine y la cultura popular mexicana se encuentran referencias a la vinculación de este espacio urbano con lo socialmente marginal. Ahí fue filmada la célebre película "Los olvidados" de Luis Buñuel (1950) que cuenta la muy triste historia de unos niños y jóvenes huérfanos en un barrio marginal de la ciudad. También se dice que en las inmediaciones de Tacubaya fueron filmadas las multipremiadas "Amores perros" de Alejandro González Iñárritu (2000) y "Perfume de violetas" de Maryse Sistach (2001).

Actualmente el barrio está conformado por las Colonias Tacubaya, San Miguel Chapultepec II sección, Observatorio, Escandón y Ampliación Daniel Garza correspondientes a la Delegación Miguel Hidalgo. Tacubaya, además, es un territorio que ha sido ocupado por pueblos indígenas desde tiempos prehispánicos hasta el presente, con un tránsito de diversos pueblos indígenas tanto originarios de la cuenca de México como de distintas regiones y estados al poniente de la ciudad capital. Incluso en tiempos recientes se ha conformado como un espacio urbano ocupado y resignificado por los jóvenes urbanos de estratos socialmente marginados.

Tacubaya: etnografía del presente

Actualmente Tacubaya es un espacio urbano al poniente de la ciudad de México que conjunta una plaza pública con varias jardineras, una feria de juegos mecánicos y decenas de puestos ambulantes, el Mercado Cartagena, una estación triple de metro y otra de metrobús —ambas de nombre Tacubaya— y un gran paradero de camiones. Este paradero, sobre avenida

Jalisco, se llama oficialmente Centro de Transferencia Modal (Cetram), y es espacio en el cual confluyen diversos tipos y organizaciones del transporte público en la Ciudad de México.

En los alrededores de Tacubaya pulula el comercio, tanto ambulante como establecido, de ropa, artículos diversos, herramientas de albañilería, casas de empeño, tiendas departamentales de crédito y bancos populares. Los fines de semana es visible la presencia y tránsito de población indígena originaria de distintos estados al poniente de la Ciudad de México, como el Estado de México, Hidalgo, Puebla y Michoacán, que utilizan la plaza del Mercado Cartagena como un espacio para reencontrarse, socializar y, en algunos casos, reivindicar su identidad en la mancha urbana. Así, es posible encontrar jóvenes mazahuas, nahuas y otomíes del Estado de México, Puebla e Hidalgo, respectivamente. Trabajadores de la construcción y trabajadoras del hogar caracterizan la verbena que se gesta en este espacio, aun cuando es bien sabido que se trata de una población que sufre discriminación en otras partes de la ciudad por su apariencia física y rasgos étnicos.

Algunas de las características urbanas de Tacubaya, principalmente aquellas que tienen que ver con la imagen del lugar, son: presencia de *graffiti*, basura en las calles, deterioro de los espacios para transitar como banquetas, puentes, avenidas y calles, así como inmuebles que están en condiciones de abandono o maltratados; por supuesto, hay presencia de personas en situación de calle y vías poco transitables. Respecto al paradero de transporte público, Tacubaya es una extensa red de puestos ambulantes y, además de ser un lugar muy transitado por peatones, coches y camiones, el comercio es visible en plena vía pública, apropiándose de los espacios para el peatón. Esta situación es eminente, incluso en los pasillos y túneles que están a las afueras de la línea 7 del metro (Barranca del Muerto-Rosario), donde hay puestos de ropa, discos y películas piratas. Estos pasillos, por las noches, se prestan como un punto para que delincuentes ataquen a transeúntes, por la poca iluminación y porque se pueden ocultar en las estructuras de los puestos de ropa una vez que éstos han cerrado.

Como se puede apreciar, los lugares cobran significado en el contexto social; es a través de las relaciones sociales como se vinculan con lo social, lo económico y lo cultural, proporcionando a los individuos un sentido de pertenencia al lugar, como ocurre en el caso de la plaza del Mercado Cartagena. Durante nuestros recorridos de trabajo de campo e interacciones con los jóvenes preguntamos sobre su autopercepción, cuestionamiento que originó descripciones sobre diversas identidades urbanas. Los grupos mencionados fueron *emmos, rockeros, punks, reggaetoneros y cholos*. Por supuesto, existen conjuntos identificados por sí mismos y por otras personas por su apariencia, moda, gustos, consumo y pertenencia a formas de agrupación juvenil fácilmente ubicables en el ámbito urbano de la ciudad de México, catalogadas como "tribus urbanas" (Castillo, 2014).

Aquellos que se denominaron como *punketos* se caracterizan por los peinados extravagantes "crestas" como parte importante de indumentaria, llevan pantalones entallados de color negro y/o rojo, playeras negras que aluden a grupos musicales como *Sex Pistols, Ramones, Grafitti*, llevan botas, estoperoles, pulseras, parches con consignas de protestas, aunque, a decir verdad, varios de estos jóvenes nunca han escuchado a las bandas que portan en sus playeras. Los jóvenes que se identificaron como parte de esta tribu urbana mencionaron que su trabajo es en la rama de la construcción, como albañiles y/o ayudantes en las zonas residenciales aledañas como Las Lomas, Vista Hermosa y Santa Fe. Uno de los jóvenes entrevistados, *Emmanuel*,[5] se identificó como *punk* y como integrante de una "familia" que se reúne todos los fines de semana en el Mercado del Chopo. Originario de una comunidad mazahua del Estado de México, reside en la ciudad desde hace año y medio, trabajando como albañil en diversas construcciones. Otro joven, *Ezequiel*, de 17 años, se definió a sí mismo como "normal", aunque luego nos mostró una foto de él en el santuario de la Villa donde vestía todo de negro, grandes botas y una playera de grupo musical de metal. Su cabello lucía más lacio y con un peinado diferente. Mencionó que a veces le gusta vestirse de esa forma, pero no siempre. Trabaja como empleado en una tienda y gusta de visitar la feria

---

[5] Los nombres de nuestros interlocutores han sido cambiados para respetar su anonimato.

de Tacubaya los fines de semana, para conocer a más chavos y disfrutar de los juegos mecánicos.

Por su parte, los *emmos,* un grupo que conforman tanto hombres como mujeres llevan peinados que cubren parte de su rostro, visten con ropas entalladas, llevan cadenas, pulseras, cintas que cuelgan de sus pantalones, en algunos casos es posible observar perforaciones en las cejas, nariz y boca, lo mismo que maquillaje que resalta sus ojos, labios y cejas en el caso de las mujeres, se consideran un grupo tranquilo que acude a la plaza para escuchar música, enterarse de alguna fiesta y convivir con los amigos. Las mujeres con las que conversamos mencionaron que se dedican al trabajo doméstico en las casas de las zonas residenciales de la zona, donde permanecen toda la semana (de planta) desempeñando labores de limpieza, cocina y cuidado de menores, principalmente. En el lugar existen diversos establecimientos y cantinas para escuchar música, bailar, beber, emborracharse y, en el peor de los casos, discutir y entrarle a los guamazos —señala sonriente el también conocido como *El aspik*, perteneciente al grupo de los *Emmos*.

En cambio, los *rockeros*, que también se visten de negro mayormente, se permiten el uso de otros colores para resaltar su atuendo, playeras de grupos musicales mexicanos como El Tri, Liran Roll, Luzbel (aunque se trata de una banda de *heavy metal*), llevan escapularios de algún santo o virgen, los peinados no son tan estrafalarios como en el caso de los *punketos*, y algunos llevan gorras deportivas, tenis de suela baja o botas. En el caso de las mujeres, éstas visten de mezclilla, van maquilladas de tal forma que resalten sus labios, ojos y uñas, llevan perforaciones, estoperoles y otros adornos (véase anexo). *Daniel*, de mayor edad que el resto de nuestros interlocutores, pero aún joven, describe a la zona de Tacubaya como un lugar donde "hay de todo" desde aquellos que son "medio fresas", "*rockers* [rockeros]" hasta "chacas [*reggaetoneros*]" y otros tantos "locos [cholos]". Conocimos a Daniel un domingo cuando acudió a comprar herramientas y otros instrumentos para su trabajo como albañil en la zona poniente de Santa Fe, en su visita aprovechó para comprarse algunas playeras de grupos de rock, "tirar barrio" y echar una "cascarita" con los amigos que ahí se juntan. Claro, siempre atento a los movimientos de otros jóvenes, de otras bandas que del otro lado observaban y vigilaban el barrio, los cholos y los *reggaetoneros*.

Los recorridos realizados hasta ahora en la zona, nos permiten inferir, en principio, que la plaza del Mercado Cartagena es un lugar poco seguro, donde la vida nocturna es casi nula, excepto los fines de semana, cuando los trabajadores de la construcción y las trabajadoras del hogar se reúnen en los bares y fondas aledañas a la plaza, como "El Barco Dorado", "La Isla" y otros establecimientos más, caracterizados durante años como posibles lugares de prostitución y venta de drogas.

Identidades laborales en movilidad

La identidad de estos jóvenes migrantes se construye también a partir de sus perfiles laborales que en general se concretan al área de la construcción, albañilería y empleados de servicios, para los varones; y al trabajo del hogar en casas particulares y otros servicios domésticos, para el caso de las mujeres. Su trayectoria migratoria está marcada por la búsqueda de empleo y la necesidad de generar recursos económicos para sí mismos y para sus familias; es probable que la mayoría provenga de familias de bajos estratos dentro de sus comunidades de origen, a diferencia de otras familias indígenas cuyos jóvenes tienen la posibilidad de migrar para estudiar en la ciudad.

Elisa, joven originaria de una comunidad de Chiapas, señaló que vive en la ciudad porque está comprometida con un joven originario la Ciudad de México. Ella y sus amigas se dedican al empleo doméstico en casas particulares en colonias de la zona poniente y los domingos van a pasear a Tacubaya. Como muchas, estos espacios también se convierten en lugares de despedida temporal o permanente porque algunas de ellas regresarán pronto a sus comunidades.

Conclusión

La migración de las juventudes indígenas y rurales, provenientes de diversas comunidades de estados cercanos a la Ciudad de México, resulta en un proceso de socialización y como una posibilidad de encuentro con jóvenes de diferentes culturas, regiones y lenguas que coinciden en lugares específicos de la ciudad. La plaza del Mercado Cartagena en el barrio de Tacubaya es un espacio en el que diversos grupos de jóvenes se identifican y se perciben como iguales, en tanto interactúan con/en el lugar.

La plaza del Mercado Cartagena y el espacio público urbano de Tacubaya constituyen un punto de sociabilidad juvenil para los y las migrantes indígenas del poniente de la Ciudad de México, un lugar de re-significación de sus identidades y experiencias juveniles, pertenencias diversas e híbridas que desdibujan lo rural, lo indígena y lo urbano, un espacio de expresión de su presencia en la gran urbe, muchas veces invisible por sus condiciones desiguales de inclusión a la ciudad, en comparación con otros jóvenes y otros habitantes, incluso dentro de la zona poniente.

En lo que respecta a las identidades juveniles indígenas urbanas, diluidas y hasta anónimas, o bien resignificadas, se puede señalar que los jóvenes son individuos y sujetos sociales políticos. Observamos que la apropiación simbólica del espacio se da por medio de recursos específicos: étnicos, juveniles y de clase social. Opera un proceso de combinación de estos recursos para elegir este lugar y no otros espacios y/o plazas de la ciudad como puntos de encuentro, socialización y resignificación. Los jóvenes migrantes asemejan las características físicas de ese lugar a los zócalos y plazas de los pueblos de origen como un espacio que conjuga además otros objetos, puestos ambulantes, otras personas, otros sonidos, otras formas de apropiación. Un fenómeno semejante se observa en las estaciones del metro Observatorio, ubicada también al poniente de la ciudad, y en el centro histórico en las inmediaciones de las estaciones de metro Pino Suárez e Hidalgo.

Tacubaya, como lugar de reunión, no es un sitio periférico, ni una zona de asentamientos indígenas en particular, sino más bien un lugar de tránsito hacia otros lugares cercanos que ya pueden categorizarse como zonas periféricas de la Ciudad de México en los límites de los Ayuntamientos Cuajimalpa y Álvaro Obregón. Actualmente este punto de la ciudad se cataloga como un "barrio mágico" acechado por los procesos de gentrificación y voracidad inmobiliaria que caracterizan a las grandes urbes.

Fuentes consultadas

Arango, Joaquín (2003) "Explicación teórica de las migraciones: luz y sombra", en *Migración y Desarrollo*, núm. 1, Universidad Autónoma de Zacatecas, Zacatecas.

Arruda, Ángela, y Martha de Alba (eds.) (2007) *Espacios, imaginarios y representaciones sociales*, Anthropos / UAM-Iztapalapa, Ciudad de México.

Baños Lemoine, Carlos (2014) "Crónica de 45 años. Un gusano anaranjado crece con la ciudad", en *El metro es de todos*, Gobierno de la Ciudad de México, Ciudad de México.

Bertely, María, Gonzalo Saraví y Pedro Abrantes (2013) *Adolescentes indígenas en México: derechos e identidades emergentes*, The United Nations Children's Fund / Centro de Investigación y Estudios Superiores en Antropología Social, Ciudad de México.

Chávez, Ana María (1999) *La nueva dinámica de la migración interna en México 1970-1990*, Universidad Nacional Autónoma de México, Ciudad de México.

CIESAS-Fundación Ford (Centro de Investigación y Estudios Superiores en Antropología Social) (2010) "Juventudes indígenas en México: temas y dilemas emergentes", en Revista *Aquí estamos*, año 7, núm. 13, julio-diciembre, Centro de Investigación y Estudios Superiores en Antropología Social, Ciudad de México.

Díaz, Adela (2008) "La alameda los fines de semana. Espacio estratégico de encuentro de los migrantes indígenas de la Huasteca", en Durin Séverine (coord.) *Entre luces y sombras. Miradas sobre los indígenas en el área metropolitana de Monterrey*, Centro de Investigación y Estudios Superiores en Antropología Social / Comisión Nacional para el Desarrollo de los Pueblos Indígenas, Ciudad de México.

Fernández, Iñigo (2014) "Hacer historia. El Metro, símbolo de una generación", en *El metro es de todos*, Gobierno de la Ciudad de México, Ciudad de México.

Gama, Federico (2008) *Mazahuacholoskatopunks*, Instituto Mexicano de la Juventud, Ciudad de México.

García Canclini, Nestor (1990) *Culturas Híbridas. Estrategias para entrar y salir de la modernidad*, Grijalbo, Ciudad de México.

Goodchild, Michael y Donald Janelle (2010) "Toward critical thinking in the social sciences and humanities", en *Revista GeoJournal*, vol. 75, núm. 1, Springer, Amsterdam.

—, y Donald Janelle (2004) "Thinking Spatially in the Social Science", en Michael Goodchild y Donald Janelle (eds.) *Spatially Integrated Social Science*, Oxford University Press / Spatial Information Systems, Londres.

González Arellano, Salomón (2010) "Integración de la dimensión espacial en las ciencias sociales: revisión de los principales enfoques analíticos", en Alejandro Mercado Celis (coord.) *Reflexiones sobre el espacio en las ciencias sociales: enfoques, problemas y líneas de investigación*, Juan Pablos, Ciudad de México.

Hiernaux Nicolas, Daniel (1999) *Los senderos de cambio*, Plaza y Valdez, Ciudad de México.

INEGI (Instituto Nacional de Estadística y Geografía) (2016) *Estadísticas a propósito del día internacional de la juventud*, INEGI, Aguascalientes.

—, (2012), *Encuesta Nacional de Ingresos y Gastos de los Hogares* (ENIGH), INEGI, Aguascalientes.

Lefebvre, Henri (1991) *The production of the space*, Blackwell, Massachuetts.

—, (1978) *De lo rural a lo urbano*, Península, Barcelona.

Logan, John, Weiwei Zhang y Hongwei Xu (2011) "Applying spatial thinking in social science research", en *Revista GeoJournal*, núm. 1, Springer, Amsterdam.

López Guerrero, Jahel (2012) *Mujeres indígenas en la zona metropolitana del valle de México: experiencia juvenil en un contexto de migración*, (tesis de Doctorado en Antropología) Universidad Nacional Autónoma de México, Ciudad de México.

Meneses, Marcela (2016) "Jóvenes indígenas migrantes en la Alameda Central. Disputas pacíficas por el espacio público", en *Revista Iztapalapa*, núm. 80, año 37, enero-junio, Universidad Autónoma Metropolitana-Iztapalapa, Ciudad de México.

Olivera Lozano, Gillermo y Carlos Galindo Pérez (2013) "Dinámica económica y migración en el centro de México: impronta territorial de dos procesos convergentes", en *Economía, Sociedad y Territorio*, vol. XIII, núm.42, El Colegio Mexiquense, Zinacantepec.

Partida Bush, Virgilio (1994) *Migración Interna*, INEGI, Aguascalientes.

Pacheco, José Emilio (1998) *La noche de Tacubaya, Tacubaya, pasado y presente*, tomo I, Ciencia y Cultura Latinoamérica, Ciudad de México.

Pacheco, Lourdes (2010) "Los últimos guardianes. Jóvenes rurales e indígenas", en Rossana Reguillo (coord.) *La situación de los jóvenes en México*, Consejo Nacional para la Cultura y las Artes / Fondo de Cultura Económica, México.

Pérez Ruiz, Maya (2008a) "Jóvenes indígenas en América Latina: ¿globalizarse o morir?", en Maya Pérez Ruiz (coord.) *Jóvenes indígenas y globalización en América Latina*, Instituto Nacional de Antropología e Historia, Ciudad de México.

—, (2008b), "Diversidad, identidad y globalización. Los jóvenes indígenas en las ciudades de México" en Maya Pérez Ruiz (coord.) *Jóvenes indígenas y globalización en América Latina*, Instituto Nacional de Antropología e Historia, Ciudad de México.

Pérez Campuzano, Enrique y Clementina Santos Cerquera (2013) "Tendencias recientes de la migración interna en México", en *Papeles de Población*, vol. 19, núm. 76, Universidad Autónoma del Estado de México, Toluca.

Pol Urrútia, Enric (1996) "La apropiación del espacio", en Enric Pol y Lupicínio Iñiguez (coords.) *Cognición, representación y apropiación del espacio*, Universidad de Barcelona, Barcelona.

Rivas Castro, Francisco y Trinidad Druán Anda (1998) "Toponimia y cartografía antigua de Atlacuiguayan, Tacubaya, México", en Celia Maldonado (coord.) *Tacubaya, pasado y* presente, vol. 1, Ciencia y Cultura Latinoamérica, Ciudad de México.

Rodríguez Vignoli, Jorge (2012) "Migración interna y ciudades de América Latina: efectos sobre la composición de la población", en *Estudios demográficos y urbanos*, vol. 27, núm. 2, El Colegio de México, Ciudad de México.

Rodríguez, Jorge y Gustavo Busso (2009) *Migración interna y desarrollo en América Latina entre 1980 y 2005. Un estudio comparativo con perspectiva regional basado en siete países*, CEPAL, Santiago de Chile:

Sobrino, Jaime (2014) "Migración interna y tamaño de la localidad en México", en *Estudios demográficos y urbanos*, vol. 29, núm. 3, El Colegio de México, Ciudad de México.

Soja, Edward (2008) *Postmetropolis. Estudios críticos sobre las ciudades y las regiones*, Traficantes de sueños, Madrid.

Urteaga, Maritza (2008a) "Jóvenes e indios en el México contemporáneo", en *Revista Latinoamericana de Ciencias Sociales, Niñez y Juventud*, vol. 6, núm. 2, julio-diciembre, Universidad de Manizales, Manizales.

—, (2008b) "Lo juvenil en lo étnico. Migración juvenil indígena en la sociedad contemporánea mexicana", en *Revista Ponto-e-vírgula*, núm. 4, PEPG Ciências Sociais-PUC-SP, Sao Paolo.

—, y Luis García (2015) "Introducción", en *Revista Cuicuilco. Dossier Juventudes étnicas contemporáneas en Latinoamérica*, vol. 22, núm. 62, enero-abril, Instituto Nacional de Antropología e Historia, Ciudad de México.

Varela Llamas, Rogelio, Juan Manuel Ocegueda Hernández y Ramon Castillo Ponce (2017) "Migración interna en México y causas de su movilidad", en *Perfiles latinoamericanos*, vol. 25, núm. 49, Facultad Latinoamericana de Ciencias Sociales, Ciudad de México.

Vázquez Ángeles, Jorge (2010) "Edificio Ermita", en *Casa del Tiempo*, Universidad Autónoma Metropolitana, Ciudad de México.

Vázquez Flores, Erika (2008) "Mujeres Nahuas en el empleo doméstico", en *IX Congreso Argentino de Antropología Social*, Universidad Nacional de Misiones: Posadas, Buenos Aires.

Vidal Moranta, Tomeu, y Enric Pol Urrútia (2005) "La apropiación del espacio: una propuesta teórica para comprender la vinculación entre las personas y los lugares", en *Anuario de Psicología*, vol. 36, núm. 3, Universidad de Barcelona, Barcelona.

Anexos

Fotografía 1.
"Emmos", Plaza del Mercado Cartagena, Tacubaya, CDMX, fotografía propia, 2015.

Fotografía 2.
"Rockeros", Plaza del Mercado Cartagena, Tacubaya, CDMX,
fotografía propia, 2015.

Fotografía 3.
"Punketos", Plaza del Mercado Cartagena, Tacubaya, CDMX,
fotografía propia, 2015.

LAS JÓVENES MIGRANTES Y PROBLEMÁTICAS DE GÉNERO

Mitos personales de jóvenes mujeres mexicanas en *Puebla-York* y *Oaxacalifornia*: maternidad y migración irregular durante la era post-IRCA

Guillermo Yrizar Barbosa y Bertha Alicia Bermúdez Tapia

Conversando sobre sabores, antojos y comida, el helado de vainilla es para Anastasia[1] un triste recuerdo de su infancia. Cuando era niña, había una persona que vendía helados en la calle, a la salida de su escuela primaria, en un municipio del Suroeste de México, muy cerca de la Mixteca Poblana. Anastasia recuerda que acostumbraba pedirle dinero a su madre para poder comprarle al vendedor, hasta que un día le fue revelado un ingrediente secreto para que los helados de vainilla le supieran tan buenos: "caquita de ratón". Más de veinte años después, en la intimidad de su departamento en el condado del Bronx, Anastasia explicaba el por qué su madre le había revelado aquel falso ingrediente secreto: su familia era tan pobre que no tenía dinero para comprarle más helados. Historias como ésta, sobre difíciles condiciones de subsistencia en México a causa de la pobreza o la falta de recursos económicos, la discriminación social y el machismo vividos durante la infancia, son frecuentemente contadas por esta madre mexicana a su hijo e hija, quienes nacieron en Estados Unidos.

A lo largo de este texto exponemos dos narrativas concentrándonos en el "mito personal" (McAdams, 1991) y las voces de dos mujeres nacidas en el Sur de México, madres y trabajadoras migrantes.[2] Ambas han vivido

---

[1] Los nombres son seudónimos. También se han modificado otras referencias para proteger el anonimato, la confidencialidad y privacidad de las participantes y sus familias.

[2] Agradecemos a Robert C. Smith por señalar la pertinencia de utilizar el concepto del "mito personal" de McAdams para este trabajo. También agradecemos los comentarios de Alejandra Beatriz Díaz de León y Ana Fernanda Hierro Barba a las versiones preliminares, así como de Sebastián Villamizar Santamaría y demás participantes de la *Sociology Doctoral Student Conference* del *Graduate Center* de CUNY en 2016.

en Estados Unidos de manera irregular –o autorizada– por más de una década, luego de la última reforma migratoria de 1986, mejor conocida como IRCA (*Immigration Reform and Control Act*).[3] Para McAdams (1991: 34) "un mito personal delinea identidades, dilucidando los valores en la vida de una persona; no es un cuento de hadas, sino una historia sagrada que encarna la verdad personal." Por un lado, narramos la historia de Anastasia, una mujer casada –pero en proceso de separación– que vive en el Sur del Bronx y es madre de un hijo y una hija que nacieron en la ciudad de Nueva York. Anastasia ha vivido toda su vida adulta en Estados Unidos como migrante internacional sin haber regresado a su natal Puebla en más de 20 años. Azhálea, por su parte, es originaria del estado de Oaxaca, y hasta el 2008 vivía en la ciudad de Los Ángeles, también trabajando durante más de una década sin documentos migratorios. En aquel entonces Azhálea estaba separada y tenía dos hijos nacidos en México, con los que cruzó la frontera clandestinamente en distintas ocasiones. Al analizar el mito personal y la trayectoria migratoria de estas dos mujeres, intentamos contribuir al interés por entender cómo "el transnacionalismo y la asimilación son afectados por el género y el curso de la vida" (Smith, 2006: 12).[4] Además, agregamos una capa de análisis en la que describimos condiciones de precariedad y marginalidad socioeconómicas asociadas al estatus migratorio irregular, indocumentado o no autorizado y las relaciones de poder que interactúan en este contexto. Analizamos el rol tradicional del cuidado, como elemento integral de la economía doméstica en Estados Unidos, el cual perpetúa las relaciones de clase desiguales y la posición subordinada de las mujeres tanto en la familia como en el mercado laboral. Dichas disparidades se complican debido a la creciente racialización del

---

[3] Es importante destacar que IRCA fue la última gran reforma a la inmigración en Norteamérica porque consideramos que, junto con otros cambios legislativos, políticos, económicos y demográficos, tanto en México como en Estados Unidos, es una referencia histórica clave para situar tanto el crecimiento de la población indocumentada como los cada vez más largos periodos de estancia y procesos de asentamiento de la población de origen mexicano en ese país.

[4] No es nuestra intención abordar el debate sobre el uso del concepto de "asimilación" y aquí nos decantamos por el uso del concepto de "integración" recientemente propuesto por autores como Alba y Foner (2017).

trabajo doméstico y el estatus migratorio irregular (García, 2017), junto a la proliferación de leyes inmigratorias cada vez más restrictivas orientadas a la deportación en un ambiente sociopolítico hostil.

A partir de las entrevistas a profundidad y notas etnográficas, vinculando la literatura sobre migración internacional y la teoría de género, en este capítulo analizamos dos trayectorias migratorias para mostrar cómo el estatus migratorio irregular afecta el proceso de reconstrucción de la identidad y el desenvolvimiento de la maternidad en tanto mujeres y jóvenes migrantes de primera generación en la era post-IRCA. Los casos fueron seleccionados y desarrollados en proyectos de investigación y momentos distintos con la intención de comparar y contrastar a dos jóvenes mujeres mexicanas sin documentos que durante sus trayectorias migratorias se convirtieron en madres en circuitos migratorios distintos.[5] Ambas mujeres permanecen constantemente al lado de sus hijos/as durante sus trayectorias migratorias y al momento en que las entrevistamos por última vez estaban separadas o en proceso de separación de los padres biológicos de sus hijos/as. Sin embargo, una diferencia crucial entre ellas radica en que Azhálea se convierte en madre en México, luego de cruzar la frontera clandestinamente en varias ocasiones, mientras que Anastasia se establece y se hace mamá en Estados Unidos, sin volver a México en cerca de 22 años.

Este trabajo se compone de tres partes. En la primera nos referimos a la maternidad y la condición de 'sin papeles' como construcciones sociales en un contexto histórico o momento sociopolítico y cultural restrictivo

---

[5] El caso de Azhálea en este capítulo fue documentado gracias al proyecto de investigación "Integrándose a la ciudad: factores socio-demográficos y políticas urbanas en la incorporación de los inmigrantes mexicanos en Los Ángeles" realizado bajo la responsabilidad de Rafael Alarcón Acosta, Luis Escala Rabadán y Olga Odgers Ortiz, investigadores en El Colegio de la Frontera Norte (ver Alarcón, Escala y Odgers, 2012). La entrevista de Azhálea fue conducida por Mirian Solís Lizama y Guillermo Yrizar Barbosa. Aquí presentamos el caso de Azhálea principalmente como persona indocumentada, pues en años más recientes su situación migratoria estaba en proceso de regularización y se hizo residente permanente legal. En el caso de Anastasia, y otros padres y madres de familia de México en Estados Unidos que no han sido incluidos en este texto, las entrevistas y notas son más recientes y forman parte de proyectos de investigación en curso (ver Yrizar Barbosa, 2016 y *Smith y MIDA team* 2017).

para inmigrantes de México, especialmente debido a la imposibilidad para millones de personas de regularizar su estatus y a la consolidación de una "formidable máquina de deportación" (Gonzales y Raphael, 2017). En segundo lugar abordamos las razones y condiciones que motivaron la emigración de Anastasia y Azhálea para salir en busca de oportunidades y proyectos de vida, así como la forma en que cruzaron clandestinamente la frontera y dan sus primeros pasos en territorio estadunidense. Antes de nuestras consideraciones finales, la tercera sección trata sobre los vínculos que encontramos en las historias de estas mujeres en torno al género, la maternidad, la vida familiar y el trabajo.

Trabajo doméstico, maternidad e inmigración indocumentada

Para establecer un diálogo sobre opresión y poder como construcciones sociales, es necesario establecer un análisis basado en una mirada interseccional en donde se incluyan distintos aspectos tales como raza, etnicidad, clase social y, en el caso de Azhálea y Anastasia, el estatus migratorio. Académicas como Chang (2000), concuerdan con que el avance de las mujeres blancas (no latinas) de clase media en la fuerza de trabajo de Estados Unidos ocurre en paralelo con la explotación de mujeres inmigrantes viviendo en pobreza y en la perpetuación de una cadena de opresión de clase y género.

Para entender el desplazamiento del trabajo del cuidado como servicio doméstico pagado en Estados Unidos, el proceso de industrialización es clave. Evelyn Glenn (2010) explica cómo, antes de la industrialización, el trabajo del cuidado se encontraba integrado a la economía doméstica. Durante ese tiempo, las mujeres fueron las principales responsables del cuidado, pero también contribuyeron a la economía de la familia al producir bienes para el consumo familiar y para el comercio. Es después de la Revolución Industrial cuando la concepción del trabajo no remunerado de las mujeres, como categóricamente distinto del trabajo de los hombres, se vuelve más pronunciado. Durante el proceso de industrialización tardía, a pesar de la mayor mercantilización del trabajo de cuidado en el hogar y la dependencia de cuidadores remunerados, el cuidado pagado (en particular) no ha sido incluido como parte de la "modernización" de las relaciones laborales (Glenn, 2010: 180). Por lo tanto, el servicio doméstico sigue siendo tratado como parte del ámbito privado en lugar de formar parte del mercado.

¿Cómo o por qué el trabajo doméstico no se reconoce como empleo remunerado? Hondagneu-Sotelo (2007) explica que esto sucede porque el trabajo doméstico tiene lugar en un hogar privado y se asocia con expresiones "naturales" de amor de las mujeres hacia sus familias. Hondagneu-Sotelo también afirma que la limpieza de la casa normalmente sólo es visible cuando no se realiza y por lo tanto el trabajo doméstico no se considera un trabajo real y se le otorga muy poco respeto. En Estados Unidos, la concepción del trabajo doméstico como algo "natural" se ve reforzada por la construcción social de la maternidad, donde se espera que las mujeres asuman la responsabilidad de la crianza de sus hijos (Segura, 2007). Dicha construcción social clasifica a aquellos trabajos fuera del hogar como menos importantes o "secundarios" a los deberes domésticos de las mujeres.

Cuando hablamos de maternidad debemos entender el concepto en términos de su contexto histórico y cultural. Para Glenn (1994) la maternidad está construida a partir de las acciones y las narrativas de varones y mujeres en un espacio social específico. En el caso de las mujeres mexicanas, en su versión más tradicional, encontramos un fuerte apego a la imagen religiosa de la virgen María en la vertiente católica. Son varias las referencias teóricas que analizan esta representación de la maternidad en términos abnegados, virginales, sagrados (Hondagneu-Sotelo, 2007; Montecino, 1993; Anzaldua, 2012). Para Hondagneu-Sotelo (2007), tales representaciones católicas se conceptualizan bajo los términos de purificación, devoción y abnegación. Esto puede explicar cómo para las mujeres inmigrantes de México y algunos países en Centroamérica, entre los sectores y ocupaciones más comunes se encuentran el trabajo doméstico, la confección de prendas de vestir y trabajos como mucamas en hoteles (Abrego, 2014). No obstante, esta evocación sacra a la abnegación, el sufrimiento, el sacrificio y la docilidad se enfrenta al movimiento constante de las sociedades, a la transformación de las familias y en el caso de las mujeres inmigrantes se ve transfigurado ante las necesidades que expone el nuevo contexto de vida, lejos de las raíces que lo cimentaron y lo han perpetuado.

La migración femenina se acompaña de diversos elementos que es importante enfatizar. Uno de ellos es que las redes familiares transnacionales son responsables no sólo de orientar y garantizar la ruta de migración y el destino, sino también de proporcionar espacios de trabajo que les permitan establecerse (Hondagneu-Sotelo, 2007). El segundo elemento es el tipo de trabajo al que tendrán acceso una vez que han llegado a su destino. Debido a la construcción tradicional de la maternidad y su percepción como "natural" (Hondagneu-Sotelo, 2007; Hondagneu-Sotelo y Avila, 1997; Montecino, 1993), las ofertas de trabajo de las mujeres migrantes se han limitado en gran medida a las áreas de servicio doméstico, ocupaciones que han sido calificadas como una de las peor pagadas, con menos reconocimiento y "biológicamente" asociado con estas mujeres y su maternidad (Hondagneu-Sotelo, 2007; Abrego, 2014). La mayoría de estos empleos domésticos remunerados se enfrentan a innumerables formas de abuso y explotación, dejando a las mujeres inmigrantes en un marco social que perpetúa cierta alienación social y desigualdad económica. Como Tienda y Booth (1991) argumentan, debido a las estructuras de opresión de género y clase, la migración no ha sido una panacea que promueva la autonomía o independencia de las mujeres. Al contrario, se ha encontrado que la concentración de mujeres migrantes en trabajos informales no calificados, condena a esas mismas mujeres a la marginalidad económica, situación que contribuye a un deterioro de su posición como integrantes o jefas de familias y de sus dependientes.

Como la maternidad, la condición de inmigración irregular o indocumentada también requiere ser explicada y entendida como un constructo social.[6] De acuerdo con Souza Rodriguez (2016) en Estados Unidos lo que se sabe acerca de las madres indocumentadas es limitado y las

---

[6] Desde finales del siglo pasado han surgido múltiples trabajos que giran en torno a la idea de que la 'ilegalidad' (in)migratoria es una construcción social que requiere mayor atención (ver Ruszczyk e Yrizar, 2016).

investigaciones en curso sobre familias inmigrantes y estatus inmigratorio requieren dar más espacios a las voces de las madres indocumentadas. Justamente el que un ser humano sea identificado y estigmatizado como "ilegal" (con la carga negativa que conlleva específicamente este término) no ocurre sin la participación del Estado y sus políticas, y es no sólo una construcción social sino también política y legal. La condición de irregularidad o 'ilegalidad migratoria' no se explica sin los controles y las políticas de inmigración impuestas por los estados-nación y sus gobiernos (Anderson, 2010), especialmente ante legislaciones restrictivas a la inmigración en Estados Unidos desde mediados de la década de los 90 a nivel local, regional, subnacional y nacional.

Vivir como persona indocumentada o inmigrante 'sin papeles' en Estados Unidos a inicios del siglo XXI provoca que las barreras que impiden acceder a un mejor trabajo u ocupación laboral sean considerablemente más altas en relación a otras minorías, nativas o extranjeras, que cuentan con ciudadanía o documentos migratorios. Por lo tanto, la posibilidad de experimentar precariedad laboral y vivir en contexto marginales aumenta para aquellos grupos de inmigrantes sin estatus legal, teniendo que enfrentar explotación y riesgos laborales frecuentemente, y teniendo salarios bajos o mal pagados en el mercado laboral de países de destino, especialmente para mujeres inmigrantes en el contexto de procesos globales donde su mano de obra es requerida en espacios o tareas específicas como el trabajo doméstico (Sassen, 1998; Menjívar, 2006; Capussotti, Laliotou y Lyon, 2007; Pratt, 2012). Esto es algo que cada vez más trabajos de investigación han venido documentando. Tanto la precariedad como la marginalidad económica, el miedo o temor a las deportaciones, y la vulnerabilidad social pueden extenderse al resto de los miembros de la familia, como lo es el caso de las/los hijas/os, quienes pueden tener un estatus migratorio indocumentado o no (Yoshikawa, 2012; Dreby, 2015). Las condiciones de "ilegalidad migratoria" y "deportabilidad" (De Genova, 2002) no sólo afectan negativamente a la primera generación de migrantes y pueden tener consecuencias para la integración de futuras generaciones de ciudadanos a ambos lados de la frontera, en algunos casos incluso afectando trayectorias educativas y a la salud mental (Brown *et al.*, 2011; Hainmueller *et al.*, 2017). Por tanto, no es una condición que atañe solamente al nivel individual, sino que se extiende a la familia y a las relaciones entre sus miembros.

Durante la administración de Barack Obama, específicamente durante su segundo mandato y ante la parálisis legislativa en Washington en torno a una reforma migratoria, para diversos académicos y activistas, el tema de la migración indocumentada debía de centrarse en el hecho de que alrededor de cuatro millones de inmigrantes de primera generación –principalmente de origen mexicano– vivían en familias, en muchos casos criando ciudadanos estadunidenses. Al menos desde la década de los 90 diversos análisis han venido estudiando y notado la relevancia de familias "binacionales", "transnacionales," con "estatus inmigratorio mixto" u "hogares mixtos" (Chavez, 1997; Fix y Zimmermann, 2001; Foner y Dreby, 2011; Abrego y Menjívar, 2011; Mummert, 2012; Alarcón, Escala y Odgers, 2012; Angoa y Giorguli, 2014; Yrizar y Alarcón, 2015; López, 2015). En términos generales, estas familias pueden ser definidas como arreglos sociales a través de fronteras internacionales en los que se tienen miembros con diferentes nacionalidades y/o estatus migratorios, nacidos o viviendo en diferentes países, o residiendo en un país distinto al que nacieron (Yrizar, 2015). Ante este panorama y considerando otros debates en curso sobre el futuro de esta población, ya sea bajo la teoría neo-asimilacionista (Alba y Nee, 1997) o de la asimilación segmentada (Portes y Zhou, 1993), aquí analizamos el caso de dos jóvenes mujeres que se convirtieron en madres durante sus experiencias migratorias y destacamos el papel de sus familias, nucleares y extendidas, a través de fronteras políticas internacionales restrictivas.

Emigración y clandestinidad en la migración femenina de México

Desde mediados de la década de los 90 el cruce clandestino de la frontera México-Estados Unidos se ha convertido progresivamente en un evento de alto riesgo para cientos de miles de personas (Spener, 2009; Alonso, 2011; Slack *et al.*, 2015). A continuación, exponemos las condiciones en que Azhálea y Anastasia, siendo muy jóvenes, emigran de sus lugares de origen y cruzan por primera vez la frontera. El caso de Azhálea ocurre inicialmente en un momento histórico de mayor circularidad entre los flujos migratorios, a principios de la década de 80, pero incluso en ese entonces tiene que cruzar escondida en un automóvil y con el apoyo de lo podría denominarse una comunidad transnacional y una sólida red familiar transfronteriza. Anastasia, en cambio, cruza una frontera internacional que no sabía que existía y sin saber exactamente hacia dónde se dirige. A diferencia de Azhálea, Anastasia no contaba con una red transfronteriza de familiares que la apoyara en su viaje y es más bien atraída e incorporada a un flujo migratorio que necesita de su mano de obra.

Viajando en 'oaxacalifornia'

Azhálea cuenta que fue traída a Estados Unidos porque era muy rebelde con sus abuelos, quienes eran residentes permanentes legales en ese país, pero vivían la mayor parte del tiempo en el Sur de México. Ella junto con otros dos primos fueron criados por sus abuelos paternos en un municipio de la región de los Valles Centrales de Oaxaca. Los padres biológicos de Azhálea se separaron y vivían en distintos lugares: su padre estaba en Los Ángeles y su madre en una ciudad de la península de Baja California.

En 1982, cuando tenía cerca de 15 años, Azhálea cruzó la frontera por primera vez. Podría decirse que la decisión de irse a Estados Unidos fue de su familia y no de ella completamente: "Sola, prácticamente sola, me mandaron en avión a Tijuana. Ahí había alguien esperándome para ayudarme a cruzar [a California] en la cajuela [de un automóvil]." Cuando habla de que la mandaron, se refiere a su familia, específicamente a su padre y a la familia extendida. Sus tíos la estaban esperando en San Diego. En aquel entonces cruzar clandestinamente era más sencillo comparado con años posteriores, pues en el primer intento de cruce ya estaba del lado californiano.

Azhálea era una adolescente en aquel momento y recuerda que fue complicado comenzar una nueva vida, incluso viviendo junto con sus familiares y parientes. Azhálea comparaba su llegada a Estados Unidos con su vida en México:

> Estaba muy triste, aunque tenía a mi familia cerca, siempre me sentía sola, no era lo mismo estar encerrada, porque en el pueblo tu podías ir a la biblioteca, a la iglesia, al mercado, pero aquí no podías por el miedo de que te viera la policía […] ¡Por Dios! ¿Dónde me puedo esconder? A esa edad no tenía idea

Incluso era difícil para ella ir a la escuela. No obstante, Azhálea recuerda tener clases como una experiencia muy placentera. Ahí conoció gente de diferentes partes de México y de otros países que nunca hubiera imaginado. Durante su estancia en Estados Unidos, Azhálea pudo estudiar dos años de *high school* y en ese corto tiempo logró formar parte de un grupo de chicas afro-americanas "porque la escuela estaba llena de 'negritos' y había muy pocos latinos." Azhálea nos explicaba que era muy complicado formar parte de este grupo de amigas dado que ella era la única "latina" a la que se le permitía estar con ellas. Sin embargo, cuando la escuela terminó, el día a día en la vida de Azhálea no era lo que ella esperaba, se sentía incómoda, sola. Alrededor de los 17 años ella cuenta que tomó la decisión de retornar por primera vez a México.

Ya de regreso en su municipio de origen en Oaxaca, Azhálea dice haberse sentido "¡feliz de la vida!" de estar de nuevo con sus abuelos, a los que considera como sus "verdaderos padres". No obstante, en esa ocasión su destino no sería sólo Oaxaca, sino también Baja California. Fue en 1986, el mismo año en que se aprobó IRCA, cuando una persona desconocida que vivía en "su pueblo" se acercó y le dijo que su madre biológica, a quien por órdenes de su padre y otros familiares tenía prohibido ver, vivía en Baja California. Aquella persona extraña le proporcionó a Azhálea las indicaciones para encontrar a su mamá en el noroeste de México. El encuentro con su madre lo describió como "algo muy bonito", pues además tuvo la oportunidad de conocer a tres medios hermanos. Vivió ahí durante dos años, pero antes del 2000 (alrededor de los 30 años), cuando se sintió "vieja" optó por volver a Los Ángeles, otra vez sin papeles. En esta ocasión las cosas no fueron tan sencillas comparadas con el primer intento:

> Esa segunda vez sí me pasaron por las montañas, por el monte. Corriendo […] fue una experiencia muy difícil porque era temporada

que hacía mucho calor. Venía una muchacha embarazada y la verdad no supe qué fue de ella, le dolía mucho su vientre, los muchachos que nos traían la dejaron. Un señor y una señora se quedaron con ella. Seguimos corriendo [...] nos dijeron sigan corriendo y cuando pasen la calle se meten a un hotel [...] al llegar al hotel nos metimos y ahí pasamos toda la noche en un baño. Éramos siete personas [...] cuatro mujeres, me acuerdo muy bien porque yo la verdad estaba desesperadísima llorando casi toda la noche y medio día [...] Era el baño del hotel [...] ahí no nos agarraron [los agentes de migración], nos agarraron más adelante [...] y vas para atrás (Azhálea, entrevista en 2008).

Una vez que fracasó el intento por cruzar la frontera por un sitio remoto, Azhálea cruzó nuevamente, pero esta vez en automóvil. Sin embargo, en esta ocasión no lo hizo en una cajuela, sino en el asiento trasero, utilizando los documentos de otra persona (pasaporte y visa). Lo logró. Esta vez la escuela no era una opción para ella y debía encontrar un trabajo. No tuvo suerte: "Nada más estuve poco tiempo porque no encontré trabajo, yo no sé si por los papeles o porque de plano no había trabajo para mí. Entonces me desesperé, sólo estuve un año". Azhálea sólo encontró la posibilidad de limpiar casas o cuidar niños, pero no le gustaba:

> La verdad en ese entonces no quería limpiar casas, limpiaba casas para ayudarme y ayudar un poco a mi papá que siempre vio por mí, pero siempre te hace falta algo. Y entonces dije no más y me fui a México, hay mucho trabajo ahí [...] me dije a mí misma: "Yo no sé por qué me tuve que venir otra vez a Los Ángeles".

La joven oaxaqueña retornó por segunda vez a México, esta vez no con la idea de ir a su pueblo, sino de buscar un empleo.

Azhálea pudo encontrar rápidamente un trabajo en México en la industria turística gracias al inglés que sabía y su gran disposición para trabajar. En Baja California formó parte de equipos de entretenimiento en hoteles y restaurantes que se encargaban de animar eventos con juegos y bailables folklóricos. También era mesera, trabajaba como barista y como cajera. Durante ese tiempo se casó y tuvo dos hijos en México.

Hasta este punto el mito personal de Azhálea se caracteriza por la separación del lugar donde sentía felicidad y el sitio donde radican sus abuelos. Separada de aquellos que la criaron, separada del lugar en el que se sentía libre, feliz, donde no tenía miedo. En un periodo de seis años que inicia con su adolescencia, Azhálea era casi una niña viviendo una vida transnacional, entre su pueblo/municipio en Oaxaca, una ciudad bajacaliforniana y Los Ángeles, en una región conocida como Oaxacalifornia. Azhálea fue capaz de conseguir todo ello gracias a sus redes familiares y al ímpetu personal por buscar oportunidades de vida en este espacio transnacional. Ella inicialmente no decidió llegar a Estados Unidos, su padre la llevó con la ayuda de su familia. La decisión de dejar Oaxaca y, a sus abuelos, y cruzar por primera vez, no fue suya. Como menor, Azhálea no decidió cruzar clandestinamente la frontera hacia Estados Unidos por primera vez: la cruzaron.

Siguiendo de cerca su historia, Azhálea parece irse transformando a través de las decisiones de adultos en su familia en alguien con miedo a salir; alguien con un estatus indocumentado o irregular en un país y ciudades que desconoce. Mientras ella era considerada 'una rebelde', la decisión de dejar México fue tomada por los mayores. Aun cuando en California tuvo la oportunidad de ir a la escuela y conocer a gente nueva y pese a contar con familiares cerca, Azhálea se sentía sola y decidió regresar a su pueblo, su terruño, volver a su lugar natal. Es entonces cuando de pronto aparece la oportunidad de conocer a su madre biológica. Es interesante ver cómo desafía la voluntad de su padre y de sus abuelos y opta por hacer a un lado la prohibición de mantenerse alejada de su madre y e ir a conocerla. Es alrededor de los 20 años que Azhálea se siente mayor y piensa que tal vez es el momento de trabajar y ganar algo de dinero en "El Norte", haciendo uso de sus redes familiares en ambos lados de la frontera. Pero no tuvo tanta suerte, el cruce se hizo más complicado, riesgoso y caro; además su estatus indocumentado le dificultó conseguir trabajo, y después de emplearse como trabajadora doméstica terminó desesperada y decidió volver a México.

El mito personal de Azhálea nos parece indicar que decidió hacerle frente a la adultez como una mujer independiente económicamente en ambos países, en dos sociedades distintas y en dos diferentes mercados de trabajo. Esto lo logró a pesar de ser joven, sin documentos migratorios y, por lo tanto, excluida del sistema legal inmigratorio. Gracias a que encontró a su mamá en Baja California tuvo la posibilidad de cambiar el rumbo de su vida. Azhálea vivió una experiencia de alienación desde sus orígenes, la separación de aquello que valoraba profundamente, como estar con sus abuelos y su libertad para salir en el pueblo. Sin embargo, estando en México parecería que encuentra la forma de sobreponerse a dicha alienación a través de la formación de una familia, como madre. Justamente en México nacen sus dos hijos.

Un viaje incierto hacia el Norte: "¿Y a dónde vamos?"

Anastasia nació a finales de los 70 en un municipio cercano a la Mixteca Poblana, específicamente en una zona tradicionalmente agrícola ubicada en el Sur de México. Anastasia se fue de aquel lugar en 1994, en algún momento entre el levantamiento Zapatista en Chiapas y el Error de Diciembre asociado con la crisis económica mexicana de ese año. Su familia nuclear en México vivía en condiciones de gran pobreza, al grado de que hubo días en que no había comida sobre la mesa. Anastasia recuerda que incluso hubo momentos en que ni siquiera había mesa, y otros tantos en que no había techo. Esta historia de precariedad durante su infancia es algo que Anastasia frecuentemente cuenta a sus dos hijos, ambos nacidos en Estados Unidos y con edades entre los 15 y diez años en 2014. Durante su niñez no supo lo que era contar con el apoyo de su padre. Él le repetía todo el tiempo que las mujeres habían nacido para quedarse en casa, y por lo tanto la simple idea de estudiar era una pérdida de tiempo. Con su madre las cosas eran diferentes y la prueba está en que ella solía ir y registrar a todos sus hijos e hijas para que asistieran a la escuela, pero su madre no contaba con el dinero suficiente para cubrir los gastos escolares. Pese a que lo intentaba era, demasiado complicado conseguir suficiente dinero para mantener a la familia y proporcionales educación. Por otro lado, su padre vivía alcoholizado la mayor parte del tiempo, "él nunca golpeó a mi madre, pero tampoco nunca proveyó, siempre fue una figura presente, pero ausente". Anastasia llegó a Estados Unidos con la idea de ayudar a su madre y a sus cuatro hermanos menores, aunque nunca supo muy bien hacia donde se dirigía.

"¿Por qué decidiste venir a Estados Unidos? "Yo no sabía ni para dónde venía", respondió Anastasia luego de vivir por más de diez años en Nueva York y otros tantos antes en California. El arreglo lo hicieron sus padres con doña Roxana, una mujer de su pueblo que ambos conocían y sabían que era residente permanente legal en Estados Unidos. Doña Roxana cruzaba la frontera entre México y Estados Unidos con relativa frecuencia, pues tenía una casa en una localidad agrícola del Norte de California. Durante el tiempo que estuvo activo el Programa Bracero (1942-1964), esta localidad fue uno de los destinos con mayor presencia de hombres mexicanos que llegaban a trabajar como empleados temporales en los campos agrícolas. Doña Roxana era madre soltera, y estaba buscando alguien más joven que ella que pudiera ayudarle a cuidar de su bebé. "Así que vino esta señora [...] primero habló con mi papá y luego con mi mamá, y entonces me preguntó si yo quería ir con ella a cuidarle el bebé". Cuando Anastasia terminó la secundaria, su gran motivación era seguir estudiando, aunque ella consideraba que estudiar "era imposible" y su padre dijo que ella no podía seguir estudiando. Anastasia todavía recuerda como un día muy triste el momento en que su padre se rehusó a que siguiera con sus estudios. "Lloré y lloré [...] creo que fue la frustración lo que me hizo decidirme a venir acá". Anastasia tenía en ese momento 16 años.

Tal y como es el caso de otras familias en situación de pobreza considerable y, particularmente de los niños y las niñas que han crecido en situaciones de alta marginación y vulnerabilidad socioeconómica, la trayectoria laboral de Anastasia comenzó a muy temprana edad, con salarios mal pagados y empleos inestables en México. Antes de cumplir los diez, ella recuerda haber comenzado a limpiar casas con su abuela, o ayudando en diferentes tareas del hogar para otras personas, como ir a la tienda o al molino de maíz. "Siempre estuve haciendo eso desde que era niña", recuerda. Desde que estuvo en la primaria, ella siempre trabajó y fue a la escuela, y así fue hasta la secundaria que lo siguió haciendo para poder ayudarse con algunos pesos. "Terminé la secundaria por mí misma, porque ni mi papá ni mi mamá me ayudaban". Es por eso que cuando la oferta de doña Roxana apareció, la pregunta que se hacía Anastasia era: "¿Qué estoy haciendo aquí? No puedo seguir estudiando, tendré que seguir trabajando como siempre lo he hecho. Así que pensé, si me quedo aquí todo seguirá siendo lo mismo, nada cambiará." A la mañana siguiente de haber recibido la oferta de Doña Roxana para cuidar a su bebé en California, Anastasia estaba ya lista en la Ciudad de Puebla para tomar un vuelo hacia Tijuana. Era la primera vez de dos ocasiones en su vida que ha viajado en avión.

Es importante mencionar la falta de información y conocimiento que Anastasia tenía sobre lo que venía el día en que ella optó por irse a "quién sabe dónde", a trabajar en algo que no tenía idea qué significaba por completo. No tenía idea de qué significaba en muchos niveles: cruzar una frontera internacional, pagar a alguien que le ayudara a cruzar, o siquiera la existencia de un mundo multi-racial/étnico. "Juro que no sabía a dónde estaba yendo" respondió Anastasia cuando se le preguntó sobre su primer viaje a Estados Unidos. Dadas las circunstancias, en aquel momento el dinero no era un problema. Doña Roxana cubriría los gastos, la cuota del "coyote" y el avión. Fue así que Anastasia viajó con dos sobrinas de Roxana, las primas, ambas adultas y mayores que ella.

Las tres mujeres tomaron un avión que iría de Puebla a Baja California. Era la primera vez que Anastasia dejaba su pueblo. Violeta, la prima mayor de aproximadamente 30 años era la líder del grupo. Un hombre "americano" las esperaba en el aeropuerto de Tijuana. Él las llevó a una casa, "una casa de familia" según lo cuenta, en donde estuvieron por varios días. Las trataban bien, todos los días llegaba y se iba mucha gente. Eso era algo que siempre se preguntaba ¿por qué tanta gente yendo y viniendo? Cuando se decidió a preguntar qué pasaba le respondieron "vamos a cruzar", "¿cruzar a dónde" volvió a preguntar, "Pues, a donde vamos". A lo que Anastasia replicó con una nueva pregunta: "¿Y a dónde vamos? [...] Es divertido, pero también triste pensar en lo ingenua que era en aquel tiempo," confesó Anastasia. "Y cuando te dijeron que irías a California, ¿qué pensabas?" Su respuesta fue: "Yo no sabía que era otro país. Yo nunca había dejado mi pueblo. Yo estudié, pero en aquel tiempo no enseñaban tanta geografía como ahora [...], conocía de mapas, pero nunca nadie me dijo que iba a ir a Estados Unidos [...] en mi pequeño pueblo nunca nadie me contó que hubiera personas de diferentes colores." Después de estar varios días en Tijuana, llegaron un hombre y una mujer y les dijeron que les iban a ayudar a cruzar. La mujer les dijo: "*Okay*, denme a la chica más joven del grupo". La mujer señaló a Anastasia: "Tú, es tu turno." Ella quedó congelada, no se movía.

Confundida acerca de lo que significaba "cruzar", Anastasia esperó a recibir instrucciones sin ninguna conciencia de lo que estaba a punto de hacer.

> Creo que esperé por un día más o menos [...] hasta que una noche me dijeron que me metiera dentro de un coche [...] entonces vino una familia con bebé [...] me pidieron que me bajara del auto [...] algunos de ellos se sentaron y acomodaron los asientos delanteros, fue entonces cuando me pidieron que me recostara en un pequeño espacio. Era un espacio justo detrás de los asientos delanteros. Lo cubrieron con algunas sábanas y cobijas. Justo en medio pusieron el asiento del bebé y al bebé sobre mí. Yo no estaba asustada, no sabía qué hacer y sólo pensé que si tenía que hacerlo, lo iba a hacer [...] cuando me dijeron que debía acostarme ahí, fue cuando supe que me estaba escondiendo de algo (Anastasia).

Sólo había mujeres en el auto: dos al frente y dos en la parte trasera, además de Anastasia, flanqueando al bebé. Todo ocurrió durante la noche, "Ni siquiera sabía si había sido un martes." Manejaron por varias horas hasta que llegaron a otra casa, a casa de una pareja de ancianos. Anastasia no tenía idea de dónde estaba, pero parecía que seguía en México, quizá en otro pueblo de la frontera. Otro '*pollo*' (persona a quien los 'coyotes o polleros' van a cruzar clandestinamente) se encontraba en esa casa, un hombre desconocido que también cruzaría con ella:

> Estaba en algún lugar [que desconocía] y se suponía que debía volver a cruzar [...] esta vez ambos debíamos escondernos en la cajuela [...] [la otra persona, un hombre mayor que ella, le dijo a Anastasia:] 'Que Dios nos ampare, porque yo ya llevo cinco veces intentando y me han agarrado' [...] ¿Intentando qué? [se preguntaba Anastasia] y fue entonces cuando pensé: Virgen Santísima,

esto se está poniendo serio y no sé ni por qué. Por favor Virgencita protégeme." Anastasia recuerda que cruzaron en un punto donde los agentes tenían un perro. "El perro ladraba [...] y recuerdo que el señor ['coyote'] nos había dicho que cuando sintiéramos demasiada luz o mucha gente caminando, no nos atreviéramos ni a respirar.

Susurrando el hombre que la acompañaba escondido en la cajuela le dijo a Anastasia: "'No respires, no te muevas' [...] después de eso no he vuelto a ser capaz de cubrir mi rostro ni con las cobijas, siento como que me asfixio. Me quedó eso". El único cruce clandestino de la frontera México-Estados Unidos para la joven poblana resultó ser una experiencia traumatizante o al menos una experiencia que asocia con cobijas cubriendo su cara.

Género, trabajo y maternidad

La migración femenina mexicana cuenta con características que la distinguen de la masculina. Para el caso de Anastasia y Azhálea recuperamos dos: Por un lado, se encuentran la intensa presencia y el acompañamiento de las redes familiares transnacionales que se encargan no sólo de dictar, guiar y asegurar la ruta y el destino migratorio, sino de procurar espacios de trabajo que les permitan a estas mujeres establecerse (Hondagneu-Sotelo, 2007). El segundo elemento vinculado a dichos espacios será el tipo de trabajos a los que tendrán acceso una vez que han llegado a su destino. Para el caso de las mujeres inmigrantes indocumentadas de México y Centroamérica la oferta se encuentra en gran medida limitada a los espacios vinculados al trabajo doméstico. Un trabajo que ha sido calificado como uno de los peores pagados, con menos reconocimiento y "naturalmente" asociado a las mujeres (Hondagneu-Sotelo, 2007; Abrego, 2014).

Los tipos de trabajo, pero en particular la situación familiar de Anastasia a través de su proceso migratorio, que va desde California hasta Nueva York, nos habla acerca de su mito personal y de los obstáculos a los que ha tenido que enfrentarse como mujer viviendo una situación de migración indocumentada en Estados Unidos. En un principio trabajó como niñera en la California rural, en donde prácticamente no tuvo ningún contacto con el "mundo exterior". Durante un largo año encajó en aquello que Piore (1979) denominó como el valor 'instrumental' que los migrantes le otorgan al estar trabajando y remitiendo constantemente la mayor parte de su ingreso. A continuación, presentamos en primer lugar la experiencia laboral de Anastasia en la transición de California a Nueva York antes de ser mamá y, posteriormente, expondremos el caso de Azhálea ya como madre con dos hijos igual que ella, sin papeles migratorios.

"Pero yo había venido a trabajar, no a estudiar" de California a Puebla-York

El trabajo de Anastasia como niñera para Roxana era una labor muy demandante que le exigía mucho tiempo y trabajo físico. En raras ocasiones salía de la casa y su trabajo era prácticamente todo el día de lunes a sábado. El domingo era su día de descanso, pero siempre se quedaba en la casa de Roxana. El acuerdo era que a la joven le pagarían 100 dólares por semana, aunque dado que tenía que pagar la deuda por haber cruzado la frontera, el pago se le haría por un tiempo cada quince días. Eso significaba que ganaba menos de cinco o seis mil dólares al año. "Yo no sabía de cantidades en dólares, lo que único que yo quería era ayudar a mi mamá [...], así que tomaba los 100 dólares y los enviaba enteros, no me quedaba con nada". Las dos sobrinas de Roxana que hicieron el viaje con Anastasia también vivían con ella. Era una casa de dos habitaciones, ellas compartían un pequeño cuarto y Anastasia dormía en la sala.

En un inicio Anastasia sólo trabajaba cuidando al bebé de Roxana, pero conforme fue pasando el tiempo tuvo que hacerse cargo de lavar los trastes, la ropa y de limpiar la casa. "No tenía otra opción porque no conocía a nadie que no fueran aquellas tres mujeres". Para hacer el envío del dinero las primas solían llevarla a una pequeña tienda cerca de la casa y, por teléfono, se cercioraba de que su mamá hubiera recibido la transferencia. Entre madre e hija sólo hablaban de eso, la conversación era muy breve porque Anastasia no pagaba el teléfono y en aquel entonces no conocía las tarjetas pre-pagadas. Durante ese año Roxana se puso muy enferma y tuvo que regresar a México, así que le pidió a Anastasia que la acompañara. "No, yo me quedaré aquí e iré a Nueva York a buscar a mi hermana," respondió. "No tenía idea de lo que estaba diciendo," reconocería después. Gracias a lo que las primas le pagaban por lavar su ropa o hacerse cargo de limpiar el baño cuando era su turno es que pudo guardar algo de dinero en efectivo. Aquello se convirtió en un ahorro y fue lo que utilizó para poder llegar a Nueva York, ciudad también conocida como *Puebla-York* por la gran cantidad de gente originaria de esa entidad mexicana residiendo en esa ciudad norteamericana.

Antes de pensar en viajar, Anastasia debía convencer a su hermana, quien vivía y estaba casada con un mexicano en el Bronx, de que la aceptara en su casa. Pero Daniela, su hermana en Nueva York, trató de persuadirla para regresar a México. A lo que Anastasia respondió: "¿Cómo voy a regresar si no he hecho nada, no tengo nada? […] así que le dije que ya tenía mi boleto". Daniela se dio por vencida y recibió a Anastasia en su departamento de una recámara.

"Gracias a Dios" es la frase que Anastasia repite constantemente cuando recuerda que nada malo pasó mientras vivía en California y mientras se preparaba para comenzar una nueva vida en Nueva York. Anastasia llega a la 'Gran Manzana' con la idea de seguir ayudando a su familia en México. Su idea era trabajar en lo que encontrara. "No tenía un plan de hacer esto o lo otro". El único objetivo era trabajar. Aunque sabía que tenía familia extendida por el lado de su madre viviendo en la ciudad "era como si no existieran". Su tía era residente permanente legal, pero consideraba que prácticamente "era como no tener familia". La primera identificación de Anastasia en Nueva York se la entregó una escuela donde estudiaba y se preparaba para el GED.[7] Estaba muy orgullosa de poder seguir sumando años de estudio.

Cuando Anastasia llegó al Bronx, Daniela, como hermana mayor, la llevó a las fábricas de ropa para que pudiera encontrar un trabajo. Los

---

[7] El GED o *General Educational Development Test* es una certificación para aquellas personas que cuentan con los requisitos necesarios del nivel equivalente a la preparatoria o bachillerato en Estados Unidos.

gerentes eran todos "orientales" (de origen asiático) y cuenta que con mucha frecuencia le decían: "no, tú ve a la escuela, porque me veían muy pequeña." No le fue sencillo encontrar un trabajo, "me querían mandar a la escuela, pero yo había venido a trabajar no a estudiar". Nadie quería contratarla. Daniela –en ese entonces también indocumentada y recientemente residente permanente legal– y su esposo Manolo –también nacido en México y actualmente ciudadano estadunidense– fueron muy comprensivos y ayudaron a Anastasia durante todo el tiempo que no tuvo trabajo. Nunca le daban dinero, pero siempre recibió comida, un lugar donde quedarse y buenos tratos. Dormía en la sala, un arreglo común en hogares y familias de bajos ingresos en lugares que tienen rentas muy por encima de su ingreso, y como lo había hecho antes cuando vivía en California.

Finalmente, una vecina mexicana le ofreció a Anastasia que fuera caminando a recoger a sus hijos a la escuela. Ese fue el primer trabajo que tuvo en Nueva York, era un trabajo de lunes a viernes. No recuerda cuánto le pagaban, lo que podría indicar que aquel sueldo era más simbólico que sustancial. Su segundo trabajo fue con otra amiga de su hermana Daniela: Una mujer adulta mayor que limpiaba casas y solía vender tamales en la calle. Los estudios y departamentos que limpiaba se encontraban en Manhattan, Anastasia todavía recuerda la primera impresión que tuvo cuando vio esos espacios: "Cuando llegamos no había nadie y para mí eso fue muy extraño […] cómo podía estar tan sucio si no había nadie". Durante los fines de semana se dedicaban a hacer y vender tamales en el Bronx. De lunes a viernes ganaba entre 40 y 50 dólares y los sábados y domingos llegaba a recibir hasta 70 dólares. Con estos primeros trabajos Anastasia seguía sin poder enviar remesas a México; en su lugar, le entregaba parte del dinero a su hermana a cambio de permitirle quedarse en el departamento. Anastasia vivió ahí hasta que conoció a Rodrigo, el futuro padre de sus hijos y, eventualmente, su marido, con quien durante más de una década formó una familia y un hogar en el Bronx.

Una nueva oportunidad de trabajo surgió para Anastasia cuando una amiga de la comunidad de la iglesia católica la contactó con una mujer originaria de India. Esta mujer vivía con su familia y estaba buscando una trabajadora doméstica que pudiera hacerse cargo del cuidado de su casa de lunes a sábado. Debía quedarse a dormir ahí ya que el trabajo consistía en hacer todas las actividades del hogar para la familia, desde preparar el desayuno hasta lavar los trastes de la cena. Lo que nunca le dijeron es que tenía que dormir en el sótano junto al perro.[8] Esta experiencia y la situación laboral fueron demasiado frustrantes. Además del quehacer diario en la casa, debía alimentar y sacar a pasear al perro. Darle de comer no era un problema, pero el paseo significaba un gran esfuerzo, ya que según Anastasia aquel animal era mucho más grande que ella. Lo peor de todo era dormir cerca de esa mascota familiar. Nadie en aquella casa hablaba español y toda la comida era india. Aquella fue una dolorosa experiencia para Anastasia y, después de un par de meses, renunció. A través del mito personal de Anastasia, podemos ver reflejado aquello que señala Hondagneu-Sotelo (2007), respecto a cómo funcionan las relaciones sociales dentro del trabajo doméstico: este tipo de trabajos donde las mujeres están de planta en una casa hasta seis días de la semana, es una de las razones por las que no les es posible extender redes que les permitan acceder a otro tipo de empleos.

"Si se piensan enfermar, se aguanta" en Oaxacalifornia

El regreso a México para Azhálea fue muy difícil porque luego de unos años de haber llegado tuvo un enfrentamiento irreconciliable con su esposo y se separaron. Después de casi una década de estar en México, decidió emigrar a California: por tercera vez. Fue cerca del año 2000 cuando optó por dejar México y cuenta que: "No fue por gusto mío, sino por problemas personales." Esta vez la idea era ahorrar en Los Ángeles y regresar por sus hijos, aun cuando la custodia la tenía el padre. Con esta idea en mente y desafiando la posición de subordinación de género

---

[8] Sara Angel Guerrero-Rippberger ha llamado "encerradas" a las "internadas" o mujeres inmigrantes que son empleadas y usualmente explotadas laboralmente como trabajadoras domésticas de tiempo completo en Nueva York, muchas de ellas de origen mexicano o latinoamericano y generalmente sin papeles migratorios, que pueden llegar a ganar uno o dos dólares por hora ($600 USD al mes) a cambio de 90 o 100 horas semanales de intenso trabajo (Smith y MIDA team, 2017).

en la que había sido colocada frente a su ex-marido, Azhálea comenzó a desarrollar lo que Besserer (2004: 76) denomina como "sentimientos inapropiados" resistiendo a la estructura sentimental ordenada a partir de la hegemonía masculina.

Cerca del año 2002, después de haber ahorrado suficiente dinero trabajando como mesera, Azhálea volvió a México con la firme idea de recuperar a sus hijos y organizó lo que será su cuarto cruce clandestino. Por ese tiempo sus hijos tenían entre 12 y ocho años, el mayor tenía la misma edad que Azhálea cuando cruzó la frontera por primera vez. Una media hermana, ciudadana americana, le ofrece ayuda para cruzar a sus niños utilizando certificados de nacimiento de los hijos de otra pariente, una media hermana de la media hermana.

Ninguno de sus dos niños sabía hablar inglés, por lo que los oficiales de migración no creyeron que los papeles fueran suyos ni que la mujer que iba manejando fuera su madre. Fueron descubiertos por los agentes y los menores fueron enviados a México. Azhálea ya los esperaba en Estados Unidos. El carro de la tía y cómplice fue confiscado y los menores llevados a un albergue en Tijuana. Azhálea volvió inmediatamente por sus hijos y negoció un nuevo cruce, esta vez con otra amiga de su madre que pretendería ser la madre, mientras que Azhálea fingiría ser una amiga cercana. Cruzaron caminando por la garita migratoria utilizando los documentos de otras personas. Esta vez pagó 3,500 dólares por cada niño. En aquella ocasión del cruce familiar frustrado con sus hijos nadie pudo ayudarla a cubrir los gastos, y cuando se le preguntó si alguien le había ayudado a pagarle a los 'coyotes' aparece lo que podría considerarse un sentimiento inapropiado: "Desafortunadamente no. Algunas veces los padres cometen muchos errores, yo a mi papi lo adoro mucho, pero ha cometido muchos errores conmigo y mi corazón tiene mucho dolor por ello." En esa explicación el mito de Azhálea como una mujer que se sobrepone a las adversidades de su vida, en este caso ante la ausencia de apoyo de su padre biológico, emerge de manera notable: "Yo creo que conforme vas caminando te encuentras una piedra [en tu camino] y la pasas como sea, eso te va enseñando a ser más fuerte y a aprender más cosas."

Nuevamente en Los Ángeles, pero esta vez con sus hijos, era momento de reiniciar una nueva vida, pero no como lo hizo en México. Azhálea recuerda haberles dicho a sus hijos: "Aquí es bien difícil, así que si se piensan enfermar *se aguantan* porque aquí no hay doctores y si vamos [al doctor o al hospital] nos agarran y nos echan para atrás." ¿En qué está pensando una madre cuando les dice a sus hijos que no tienen permitido enfermarse? Azhálea pertenece a este grupo de madres cuya condición migratoria las obliga a extender aquello que pensaríamos que es el modelo idílico de maternidad. Lejos de ser una 'mala madre', Azhálea se enfrenta a una disyuntiva interpuesta por su estatus migratorio y los servicios de salud. El poder de exclusión que mantiene la legislación migratoria en Estados Unidos provoca que los migrantes circulen al margen de servicios públicos o de salud elementales. ¿De qué manera entonces los inmigrantes pueden superar este sistema de excepción y acercarse a un "esquema maternal" (Viladrich, 2012) o "a un ambiente local inclusivo" en donde las madres inmigrantes y sus hijos, independientemente del lugar donde hayan nacido y estatus legal, sean reconocidos como "pacientes moralmente valiosos" (Marrow, 2010)? Azhálea expresaba con convicción que "Una tiene que aprender cómo aliviarse de las enfermedades". Sin doctores.

En Los Ángeles, entre los años de la crisis financiera 2007-2008, Azhálea volvió a su empleo como mesera en un restaurante mexicano y buscó trabajo en otros sitios. Incluso intentó trabajar en la construcción. Recuerda haber trabajado para su papá en un restaurante, pero no funcionó. Incluso trabajó en horarios complicados en un restaurante de franquicia con grandes clientelas. Su trabajo en el restaurante mexicano era sólo de medio tiempo "para sobrevivir", por lo que tenía que hacer algo más: limpiar casas, departamentos o lo que se atravesara en su camino. Tenía incluso tarjetas de presentación y ofrecía servicios como mesera, o como barista, para fiestas y reuniones, incluso preparando comida para servir bufetes:

> Me mantengo siempre trabajando; es muy difícil porque no tengo un horario más que el de medio tiempo y pues no me salgo de ahí porque siendo mesera te salen propinas y en dos, tres o cuatro horas ya ganaste lo que vas a hacer en ocho horas de trabajo en otro lado [...] entonces me gusta porque me da tiempo de ir a limpiar

una casa en la mañana. [...] He conocido a mucha gente de [condado en California]. Preparo y llevo comida a la casa de los jueces y policías (Azhálea, entrevista, 2008).

Su primer salario en el restaurante mexicano fue de seis dólares la hora. Para 2008 ya ganaba nueve. Estas cantidades eran aproximadamente el salario mínimo en el estado de California en esos años. Cuando le preguntamos de qué forma la crisis económica de ese año había afectado su trabajo, la respuesta fue la siguiente:

> Sí, mucho. Porque yo a veces hacía hasta dos o tres casas más mi trabajo [en el restaurante], y ahorita sólo hago una casa a la semana, sí me ha afectado mucho. Hace dos años trabajé doble turno, iba a limpiar una casa en la mañana, me iba a mi medio tiempo [en el restaurante], y me salía y me cambiaba de uniforme para llegar al otro trabajo. Regresaba a mi casa como a las 12 de la noche, ahora sí que a darles el beso a mis hijos porque estaban dormidos [...] Fue un año muy difícil (Azhálea, entrevista, 2008).

Azhálea explicó que pagaba 600 dólares de renta, y que cuando trabajó doble jornada no era una cantidad difícil de conseguir. Pero después "ahora sí [en 2008] es difícil porque son 500 de *la troca* [camioneta] y 100 de *la aseguranza* [seguro del auto], 600 de renta y la comida para mi hijos." Después de esa explicación el mito personal de Azahalea vuelve a surgir, aparece nuevamente el pronunciamiento de la mujer que se sitúa como madre en trabajadora sin papeles: "Como mujer estoy muy orgullosa de mí por salir adelante." Esto es particularmente notable en plena crisis económica estructural.

En Estados Unidos, la cultura dominante en torno a la idea de la maternidad nos presenta dos imágenes comunes: la madre de tiempo completo cuyo trabajo se enfoca exclusivamente al cuidado de la familia y la denominada "súper mamá" que hace de todo: trabajo fuera de casa, cuidado personal y cuidado de la familia (Uttal, 1996). Política e ideológicamente ambas imágenes han sido confrontadas y fuertemente cuestionadas. La imagen de la madre dentro del entorno doméstico que vive una maternidad de tiempo completo expone a las mujeres como los agentes prioritarios en el proceso de proveer del cuidado físico y de cubrir las necesidades emocionales. Por otro lado, aquellas que representan la imagen de la "súper mamá" muestran mujeres con sus uniformes de trabajo alrededor de sus hijos. Dichas madres serían capaces de cuidar de sus empleos y al mismo tiempo atender las necesidades físicas y emocionales de sus hijas.

No obstante, ambas representaciones se encuentran construidas a partir de un esquema de clase que termina excluyendo a mujeres como Azhálea, quien, aunque pudiera parecer que encaja con la imagen de la "súper mamá", su condición de madre sin pareja y migrante indocumentada, salta y rompe con la percepción dicotómica idealizada de la maternidad. Azhálea desea estar con sus hijos/as, por eso decidió ir por ellos/as a México. De regreso en Estados Unidos se enfrentan nuevos retos, nuevas barreras, deben adoptar distintas estrategias de supervivencia o adaptación, en un lugar en donde enfermarse no es está permitido ante el temor a la deportación, en donde la búsqueda del bienestar emocional se ve expresada en un beso cariñoso de la madre a sus hijos a la media noche. Porque hay que trabajar, pagar la renta y hay que ir a la escuela. Pero todo ello desde una clandestinidad migratoria que es también una construcción social y política, que suele ser reducida a un binarismo moralista (Andrews, 2017), una construcción que legaliza la exclusión legal de personas bajo lógicas políticas y económicas perversas ya que inevitablemente tienden a reproducir desigualdades socioeconómicas.

Consideraciones finales

Los casos de Azhálea y Anastasia nos muestran la gran incongruencia entre el concepto naturalista de la crianza, la percepción latinoamericana del mito Mariano y la realidad que emerge de la necesidad de trabajar dos y hasta tres turnos en trabajos con muchas horas y bajos salarios por no contar con documentos migratorios. Esto les ocurre a personas indocumentadas en un espacio donde hay que esconderse de 'la migra'. Un espacio en donde la idea de la culpa por alejarse de casa se desvanece ante la situación de considerable precariedad que un estatus migratorio irregular generalmente conlleva. El concepto de maternidad se confronta no sólo con la esfera pública a la que las mujeres que trabajan fuera de casa la han llevado, sino que la dicotomía público/privado parece perder vigencia en tanto la clase, raza, etnicidad, el lenguaje, las necesidades económicas se vuelven preponderantes. Es entonces cuando la maternidad se transforma y cobra nuevas dimensiones, en este caso, asociadas a la migración.

Azhálea y Anastasia nos muestran más similitudes que diferencias respecto a la forma en que dos jóvenes mujeres, trabajadoras de origen mexicano sin documentos migratorios, viven la experiencia de incorporarse a la sociedad estadunidense en ciudades globales, y en el proceso se convierten en madres. Siguiendo sus mitos personales, ambas fueron "traídas sin papeles migratorios" a un país distinto al que nacieron con el apoyo de sus familiares. Ambas fueron criadas en familias nucleares no tradicionales donde la presencia de la familia extendida, como los abuelos, ocuparon lugares prioritarios en el proceso de crianza. La decisión de emigrar de Anastasia fue motivada por un futuro en el que sólo había pobreza, en donde las condiciones de miseria la empujaron a irse a otro lugar del que no tenía nociones. Sin embargo, ella nunca imaginó que irse de Puebla significaba llegar a otro país, con una sociedad muy diversa en orígenes étnicos y nacionales. Por su parte, la decisión de Azhálea no fue dada por cuestiones económicas exclusivamente, sino bajo la premisa de reunificarse con su familia, primero de la que ella formaba parte como menor y, después, de la familia que ella formó con su expareja, en un espacio transnacional.

Ambas mujeres experimentaron situaciones sumamente estresantes y peligrosas al cruzar la frontera entre México y Estados Unidos, ocultándose por horas en cajuelas de autos de personas desconocidas e inmersas en las redes de *coyotaje*. Aun cuando han pasado décadas desde que eso ocurrió, ese recuerdo permanece vigente en la memoria de Anastasia. Para Azhálea, el primer cruce clandestino no fue tan traumático ni fue su decisión, pero los subsecuentes sí lo fueron, al ser detenida cruzando el desierto o al ser separada de sus hijos por varias horas, las dos experiencias sumamente perturbadoras. Anastasia y Azhálea también comparten el gusto por la escuela y la educación, del mismo modo que tienen en común el no haber sido apoyadas por sus familias para continuar sus estudios y, por ende, el no poder cumplir sus sueños de seguir estudiando. Ambas han vivido la mayor parte de su vida adulta en un país que no las reconoce como ciudadanas, viviendo en los márgenes del mercado laboral y teniendo que pasar miedos, sintiéndose vulnerables en situaciones tan cotidianas como salir a la calle, manejar un automóvil, o ir más allá del vecindario o de la ciudad en que residen.

Anastasia ha sido niñera y trabajadora doméstica casi todo el tiempo que ha vivido en Nueva York. Del mismo modo, se ha encargado de llevar a cabo las decisiones respecto a la educación de sus hijos, ya que su esposo, de quién está en proceso de separación, trabaja la mayor parte del tiempo en un empleo que apenas le paga lo suficiente para el día a día. Es por ello que Anastasia ha tenido que navegar su proceso como madre prácticamente en solitario. Su sueño, no necesariamente atado al territorio estadunidense, es convertirse algún día en maestra. Sus hijos, pese a ser ciudadanos americanos, han vivido las repercusiones de los bajos salarios de la familia, llegando incluso a enfrentar discriminación y rechazo en la escuela. Acompañando a su madre a limpiar departamentos o cuidar otros niños, e incluso reconociendo el riesgo de tener que regresar un regalo de cumpleaños o navidad (por ejemplo, una bicicleta) debido a su origen incierto en la economía informal (y el alto costo en la economía formal). A pesar de ello sus hijos continúan avanzando en sus estudios y planeando un futuro universitario, especialmente contando con el apoyo de organizaciones comunitarias locales.

Azhálea tuvo que enfrentarse a la inestabilidad laboral desde que llegó a Estados Unidos. Cuando ha podido, ella ha buscado romper el molde de trabajar en el servicio doméstico, aunque la necesidad la ha hecho volver a ello. Azhálea ha sido mesera, cajera y ha estado a cargo de varias responsabilidades en restaurantes. Como Anastacia, ella ha sido trabajadora doméstica y niñera. Azhálea ha sido madre soltera por más de siete años, viviendo con sus hijos, ambos nacidos en México, con el miedo constante de que un día sean deportados. Azhálea maneja una *troca* con la "licencia de Dios" y de alguna manera es acompañada por una red familiar que se extiende desde California hasta Oaxaca, donde la esperan sus abuelos y a donde planea regresar para hacerse cargo del negocio familiar y dedicarse a bailar algún día.

Enfrentando barreras y posibles limitantes que la sociedad y el sistema legal inmigratorio de Estados Unidos busca imponer, Azhálea y Anastasia han tratado arduamente de formar parte de la vida social de un país distinto al que nacieron, pero en el que se han convertido en jóvenes madres y mujeres adultas trabajadoras; en lugares desconocidos donde se han convertido en jefas de familia al separarse de los padres biológicos de sus hijos. Ambas mujeres, como jóvenes y adultas, se han enfrentado con un acceso limitado a otras redes sociales que les permitan buscar trabajos más allá de los que encuentran como trabajadores domésticas o niñeras. Los mitos personales de Azhálea y Anastasia están fundados en historias de intenso trabajo, vínculos familiares transnacionales, condiciones de pobreza en México y de precariedad laboral en Estados Unidos debido al estatus migratorio. La construcción de su maternidad, así como su incorporación social como inmigrantes indocumentadas es un proceso continuo, basado en relaciones, negociaciones y participaciones dentro de distintos contextos comunitarios e institucionales. A pesar de diversas desventajas que estas madres mexicanas enfrentan a la hora de buscar un trabajo o alternativas de atención médica y educación, sus mitos personales demuestran que siguen luchando para criar, construir y entregar un futuro próspero a sus hijos, incluso a costa de sus propios sueños.

Fuentes consultadas

Abrego, Leisy (2014) *Sacrificing Families: Navigating Laws, Labor, and Love across Borders*, Stanford University Press, San Diego.

—, y Cecilia Menjívar (2011) "Immigrant Latina Mothers as Targets of Legal Violence", en *International Journal of Sociology of the Family*, núm. 37(1), Illinois.

Alarcón, Rafael, Luis Escala y Olga Odgers (2012) *Mudando el hogar al norte: trayectorias de integración de los inmigrantes mexicanos en Los Ángeles*, El Colegio de la Frontera Norte, Tijuana.

Alba, Richard y Nancy Foner (2017) *Strangers No More. Immigration and the Challenges of Integration in North America and Western Europe*, Princeton University Press, Nueva Jersey.

—, y Victor Nee (1997) "Rethinking Assimilation Theory for a New Era of Immigration", en *International Migration Review*, vol. 31, núm. 4, The Center for Migration Studies, California.

Alonso, Guillermo (2011) *El desierto de los sueños rotos: detenciones y muertes de migrantes en la frontera México-Estados Unidos 1993-2013*, El Colegio de la Frontera Norte, Tijuana.

Anderson, Bridget (2010) "Migration, Immigration Control and the Fashioning of precarious workers", en *Work Employment Society*, vol. 24, núm. 2, Sage Journals, Middlesex.

Andrews, Abigail (2017) "Moralizing Regulation: The Implications of Policing 'good' versus 'bad' immigrants", en *Ethnic and Racial Studies*, Taylor & Francis Online, Londres. Consultado en https://www.tandfonline.com/doi/full/10.1080/01419870.2017.1375133?scroll=top&needAccess=true

Angoa, María Adela y Silvia Giorguli (2014) "La integración de los hogares mexicanos en Estados Unidos: transformaciones y continuidades, 1980-2010", en Cecilia Rabel Romero (coord.) *Los mexicanos: Un balance del cambio demográfico*, Fondo de Cultura Económica, Ciudad de México.

Anzaldúa, Gloria (2012) *Borderlands. La Frontera. The New Mestiza*, 4a ed., Aunt Lute Books, Los Ángeles.

Besserer, Federico (2004) "Inappropriate/Appropriate Feelings: The Gendered Construction of Transnational Citizenship", en Kia Lilly Caldwell, Kathleen Coll, Tracy Fisher, Renya, Ramirez, y Lok Siu (eds.), *Gendered Citizenships: Transnational Perspective on Knowledge Production, Political Activism, and Culture*, Palgrave Macmillan, Nueva York.

Brown, Susan, Frank Bean, Mark. Leach, y Rubén Rumbaut (2011) "Legalization and naturalization trajectories among mexican immigrants and their implications for the second generation", en Richard Alba y Mary Waters (eds.) *The Next Generation: Immigrant Youth in a Comparative Perspective*, New York University Press, Nueva York.

Capussotti, Enrica, Ioanna Laliotou, y Dawn Lyon (2007) "Migrant Women in Work", en Luisa Passerini, Dawn Lyon, Enrica Capussotti y Ioanna Laliotou (eds.) *Women Migrants from East to West: Gender, Mobility and Belonging in Contemporary Europe*, Berghahn, Books, Nueva York.

Chang, Grace (2000) *Disposable Domestics: Immigrant Women Workers in the Global Economy*, South End Press, Nueva York.

Chavez, Leo (1997) *Shadowed Lives: Undocumented Immigrants in American Society*. 2a ed., Cengage Learning, Fort Worth.

Chin, Margaret (2005) *Sewing Women: Immigrants and the New York City Garment Industry*, Columbia University Press, Nueva York.

De Genova, Nicholas (2002) "'Migrant Illegality' and deportability in everyday life", en *Annual Review of Anthropology*, vol. 31, Antropologist and development, Massachusetts.

Dreby, Joanna (2015) *Everyday Illegal: When Policies Undermine Immigrant Families*, University of California Press, California.

Fix, Michael y Wendy Zimmermann (2001) "All under one roof: mixed-status families in an era of reform", en *International Migration Review*, vol. 35, núm. 2, The Center for Migration Studies, California.

Foner, Nancy y Joanna Dreby (2011) "Relations between the Generations in Immigrant Families", en *Annual Review of Sociology*, vol. 37, Sociology of Mass Communication, Danvers.

García, San Juanita (2017) "Racializing "illegality": an intersectional approach to understanding how mexican-origin women navigate an anti-immigrant climate", en *Sociology of Race and Ethnicity*, vol. 3, núm. 4, Department of Sociologý, University of Washington, Washington.

Gonzales, Roberto, y Steven Raphael (2017) "Illegality: A contemporary portrait of immigationm, en *Journal of Social Science*, vol. 3, núm. 4, The Russell Sage Foundation, Nueva York.

—, (2011) "Learning to be illegal: undocumented youth and shifting legal contexts in the transition to adulthood", en *American Sociological Review*, vol. 76, núm. 4, American Sociological Association, Nueva York.

Glenn, Evelyn Nakano (2010) *Forced to Care: Coercion and Caregiving in America,* Harvard University Press, Cambridge.

—, (1994) "Social constructions of mothering: A thematic overview", en Evelyn Nakano Glenn, Grace Chang y Linda Rennie (eds.) *Mothering, Ideology, experience and agency,* Routlegde, Nueva York.

Hainmueller, Jens, Duncan Lawrence, Linna Martén, Bernard Black, Lucila Figueroa, Michael Hotard, Tomás Jiménez, Fernando Mendoza, María Rodriguez, Jonas Swartz y David Laitin (2017) "Protecting Unauthorized Immigrant Mothers Improves Their Children's Mental Health", en *Science,* vol. 357, núm. 6355, Nueva York.

Hondagneu-Sotelo, Pierrette (2007) *Doméstica. Immigrant workers cleaning and caring in the shadows of affluence.* 2a ed. University of California Press, California.

—, Pierrette y Ernestine Avila (1997) ""I'm here, but I'm there" The meanings of latina transnational motherhood", en *Gender & Society,* núm.11, SAGE / Journals, Oakland.

López, Jane Lilly (2015) "Impossible Families": mixed-citizenship status couples and the law", en *Law & Policy,* núm. 37, Wiley Online Library, Denver.

Marrow, Helen (2010) "Access not denied? The role of american localities can play", en *Field Actions Science* (FACTS) *Report.* Special Issue, núm. 2, Migration and Health, París.

McAdams, Dan (1991),*Stories We Live By: Personal Myths and the Making of the Self,* William Morrow and Company Inc., Nueva York.

Menjívar, Cecilia (2006) "Global processes and local lives: guatemalan women's work and gender relations at home and abroad", en *International Labor and Working-Class History,* núm. 70, Globalization and the Latin-American Workplace, Cambridge.

Montecino, Sonia (1990) "Símbolo Mariano y constitución de la identidad femenina en Chile", en *Estudios públicos,* núm. 39, Centro de Estudios Públicos, Santiago de Chile.

Mummert, Gail (2012) "Pensando las familias transnacionales desde los relatos de vida: Análisis longitudinal de la convivencia intergeneracional", en Marina Ariza y Laura Velasco (coord.) *Métodos cualitativos y su aplicación empírica: Por los caminos de la investigación sobre migración internacional*, Universidad Nacional Autónoma de México / El Colegio de la Frontera Norte, Ciudad de México.

Parrado, Emilio, y Chenoa Flippen (2015) "Migration and gender among Mexican woman", en *American Sociological Review* 70(4), American Sociological Association, Nueva York.

Pedraza, Silvia (1991) "Women and migration: The social consequences of gender", en *Annual Review of Sociology*, vol. 17, University of California, Los Ángeles.

Piore, Michael (1979) *Birds of Passage: Migrant Labor and Industrial Societies*, Cambridge University Press, Cambridge.

Portes, Alejandro y Min Zhou (1993) "The new second generation: segmented assimilation and its variants", en *The Annals of the American Academy of Political and Social Science*, vol. 530, University of Pennsylvania, Pennsylvania.

Pratt, Geraldine (2012) *Families Apart: Migrant Mothers and the Conflicts of Labor and Love*, University of Minnesota Press, Minneapolis.

Ruszczyk, Stephen y Guillermo Yrizar Barbosa (2016) "A second generation of immigrant illegality studies", en *Migration Studies* vol. 5, núm. 3, Oxford.

Sassen, Saskia (1988) *The Mobility of Labor and Capital: A Study in International Investment and Labor Flow*, Cambridge University Press, Cambridge.

Segura, Denise (2007) "Working at motherhood: chicana and mexican immigrant mothers and employment", en Denisse Segura y Patricia Zavella (eds.) *Women and Migration in the US-Mexico Bordelands: A Reader*, Routledge, Nueva York.

Slack, Jeremy, Daniel Martínez, Scott Whiteford y Emily Peiffer (2015) "In harm's way: family separation, immigration enforcement programs and security on the us-mexico border", en *Journal on Migration and Human Security* vol. 3, núm 2, SAGE, Nueva York.

Smith, Robert (2006) *Mexican New York: Transnational Lives of New Immigrants*, University of California Press, Los Ángeles.

—, y MIDA team (2017) "Legal status, local ecosystems and gender in the mexican initiative for deferred action", en ponencia presentada por Sara Angel Guerrero-Rippberger y Guillermo Yrizar Barbosa, LASA, Lima.

Souza Rodriguez, Isabel (2016) "Unauthorized mothering. legal status, legal violence, and the resilience of undocumented families", en Roksana Badruddoja y Maki Motapanyane (eds.) *"New maternalism": Tales of Motherwork (dislodging the unthinkable)*, Demeter Press, Ontario.

Spener, David (2009) *Clandestine Crossings: Migrants and Coyotes on the Texas-Mexico Border*, Cornell University Press, Nueva York.

Tienda, Martha y Karen Booth (1991) "Gender, migration and social change", en *International Sociology*, vol. 6, núm. 1, SAGE, Barcelona.

Uttal, Lynet (1996) "Custodial care, surrogate care, and coordinated care: employed mothers and the meaning of child care", en *Gender & Society*, vol. 10, núm. 3, University of California, Los Ángeles.

Viladrich, Anahí (2012) "Beyond welfare reform: reframing undocumented immigrants entitlement to health care in the United States, a critical review", en *Social Science & Medicine* vol. 74, College of Social Sciences, Amsterdam.

Yoshikawa, Hirokazu (2012) *Immigrants Raising Citizens: Undocumented Parents and Their Children*, Russell Sage Foundation, Nueva York.

Yrizar Barbosa, Guillermo (2016) "Papers, places and piñatas: immigrant social mobility in a mexican New York post IRCA", en *Dissertation Proposal, Sociology,* CUNY Graduate Center, Nueva York.

—, Guillermo (2015) "Mixed immigration status families from Mexico under the us deportation regime: narratives and changes after 2000", ponencia presentada en el Congreso anual de *La Asociación de Estudios Latinoamericanos (LASA)*, San Juan, Puerto Rico.

—, Guillermo y Rafael Alarcón (2015) "Las familias mexicanas con estatus inmigratorio mixto y la deportación masiva de Estados Unidos", en REMHU - *Revista Interdisciplinar da Mobilidade Humana*, vol. 23, núm. 45, Porto Alegre.

De la prótesis emocional a las relaciones líquidas. El uso de las TIC en la experiencia migratoria. Historia de una joven indocumentada en Italia

María del Socorro Castañeda Díaz

Introducción

¿Hasta dónde las Tecnologías de Información y Comunicación (TIC) contribuyen a transformar la experiencia migratoria? ¿Cuánto ha cambiado la manera de vivir en otro país al contar con instrumentos tecnológicos que se emplean en la vida cotidiana? ¿Qué tan sólidas, duraderas y profundas llegan a ser las redes sociales que los migrantes crean con base en el uso de la tecnología?

Todo parece indicar que los instrumentos tecnológicos dan, a quienes cuentan con ellos y los convierten en parte fundamental de su vida cotidiana, la sensación de tener en las manos posibilidades inmensas de comunicación, de información e incluso, de socialización. Los migrantes de hoy se van, pero aparentemente, gracias al uso que hacen de la tecnología, se quedan, o al menos esa es su percepción.

Sin embargo, es preciso reconocer que esas supuestas posibilidades que da el uso de las tecnologías pueden convertirse en un arma de dos filos y que una gran cantidad de usuarios de las TIC están desarrollando una cierta dependencia de ellas, que incluso puede degenerar en adicción. Mientras "una persona normal puede hablar por el móvil o conectarse a Internet por la utilidad o el placer de la conducta en sí misma; una persona adicta, por el contrario, lo hace buscando el alivio del malestar emocional (aburrimiento, soledad, ira, nerviosismo, etcétera) (Marks *et al.*, citados en Echeburúa y De Corral, 2010).

Es el caso de algunos migrantes, que en un intento por hacer menos traumática su separación del terruño, viven con el *smartphone* en la mano y no se permiten dejar totalmente su lugar de partida, como si la tecnología fuera una posibilidad de aminorar e incluso anular el proceso de separación y les diera la sensación de estar físicamente en el lugar de donde partieron.

Las TIC, como afirman Moriggi y Nicoletti "nos permiten contraer espacios y tiempos en la comunicación, hasta ilusionarnos con participar en tiempo real en cada acontecimiento". Así, los usuarios de Internet creen tener "una especie de suplemento prometeico de aquella ubicuidad que no podemos vivir y que muchos a primera vista (¡pero sólo a primera vista!) desearían, para compensar la finitud la existencia" (2009: 109).

Es evidente que ambas situaciones, el alivio del malestar emocional y la sensación de poseer el don de la ubicuidad, son parte de la cotidianidad de algunas personas migrantes, que permanecen conectadas a través de la tecnología a su lugar de origen y, en ocasiones, también se relacionan con su entorno en el lugar de destino por medio de redes que se fortalecen, se amplían e incluso se crean a través de Internet.

La hiperconexión, resultado del uso constante de las TIC, da una neta impresión de omnipresencia y, de esta forma, muchas personas que viven lejos del terruño mantienen el sentido de pertenencia a la comunidad de origen, sobre la cual se informan y con la que se relacionan directamente a través de sitios *web, chats,* comunidades y redes sociales virtuales, y en ocasiones, usando esos mismos medios, están conectadas con otros migrantes que también viven en el lugar de destino.

Con la tecnología al alcance, los límites de tiempo y espacio aparentemente se anulan, porque ésta "aumenta las facultades del individuo no solamente en términos de prolongación, de potenciación, sino que remodela a distintos niveles (práctico, cognitivo y también emotivo) las condiciones en las que se habita y se concibe el mundo" (Moriggi y Nicoletti, 2009: 114).

La hija de una mujer migrante

Si como proponen Moriggi y Nicoletti (2009: 115) "para poner en movimiento la máquina de las emociones, hoy tenemos a nuestra disposición mucho más respecto a lo que podemos directamente mirar, probar, tocar, oler", entonces un teléfono inteligente o una computadora se convierten, para quienes los utilizan, en una suerte de prótesis, dado que les permiten extender sus sensaciones y, sobre todo, sus emociones, a un plano que va más allá de lo que tienen a su alcance en el mundo real y de hecho, tal como lo hace una prótesis, cubren artificialmente ciertas funciones, en este caso, relacionadas con estados de ánimo.

Tal es la situación de una joven de 27 años, originaria de la Ciudad de México, a quien para efectos de esta investigación llamaremos Hortensia, quien vive en Milán, Italia, como inmigrante indocumentada, desde octubre de 2016.

Como se verá más adelante, en los últimos once meses, desde su llegada al país receptor, Hortensia ha hecho uso constante de la tecnología en diversas maneras.

Su historia es, además, diferente a la de la mayor parte de sus compatriotas radicados en la península. La que en otro lugar de destino podría ser una historia común, en Italia tiene algunas particularidades. La joven, que en su país natal concluyó la licenciatura en Administración de Empresas, trabaja como cuidadora de una anciana y antes se dedicó a labores de limpieza, pero no tiene documentos que acrediten su estancia legal, ni permiso para trabajar, al contrario de la mayoría de los mexicanos residentes en Italia.

Según el Instituto de Estadística Italiano, (ISTAT), citado en TuttiItalia (2017), hasta el 1 de enero de 2016 había en la península 4,127 mexicanos registrados, que representaban el 0.08% de los 6'981,617 inmigrantes presentes en el territorio italiano (ItaliaOra, 2017).

De acuerdo con el Instituto de los Mexicanos en el Exterior (IME 2017), dependiente de la Secretaría de Gobernación, la edad promedio de los mexicanos que radican en Italia es de 40 años. De ellos, 73% son mujeres y 27% son hombres. Los migrantes mexicanos radicados en aquel país provienen principalmente de la Ciudad de México, Nuevo León, Jalisco, Veracruz y Estado de México, en ese orden.

Según la misma fuente, la migración mexicana en Italia está integrada por 24% de amas de casa, 22% reporta "otra" actividad que no especifica, 20% son empleados que se dedican a algún oficio, 18% son profesionistas, 15% estudiantes y 1% son misioneros. Hay 14 empresarios que cuentan con una actividad en territorio italiano, y representan apenas el 00.004519% del total de migrantes mexicanos.

Pero la historia de migración de Hortensia no empieza con su decisión de quedarse a vivir en Italia. De acuerdo Massey (citado en Portes, 1998: 51), "un factor importante de predicción de la probabilidad de migración laboral es la experiencia de migración previa del individuo y de su grupo de parentesco". En este caso, estar familiarizada con la decisión de radicar en otro país tiene un origen preciso: en 1997, su madre, que entonces tenía 31 años y tres hijos y era cabeza de familia, decidió emigrar del entonces llamado Distrito Federal hacia Houston, Texas. La joven lo relata de esta forma:

> Pues la idea de irse para allá era para darnos a nosotros, sus hijos, una mejor calidad de vida, porque realmente la situación no estaba fácil, y ella es una persona que no tiene estudios.
> Ella trabajaba allá de mesera en un restaurante y trabajó también de recamarera en un hotel, siempre trabajos pues... sobre todo pesados, porque ella no es una persona que obtuvo documentos fácilmente, siempre sus trabajos eran en fábricas y cosas así.

Wagner (2008) menciona que, para el caso de las mujeres que deciden migrar solas, dejando a sus hijos en el país de origen, la sociedad hace "una ecuación: madre=amor único y felicidad; emigración de la madre=destrucción necesaria; con su contraparte de buena madre=presencia directa y absoluta; madre transnacional=mala madre". Aunque en realidad no existe un modelo único de comportamiento y desde el punto de vista empírico hay diversos casos en los que se desmiente la existencia generalizada de lo que Wagner (2008) llama "supuesto sufrimiento de los hijo/as transnacionales", la situación de Hortensia tiene algunas características que coinciden con la ecuación, dado que, como relata:

> Éramos tres: mi hermano el mayor en ese tiempo tenía 17 años, iba a cumplir 18, le faltaban meses; mi hermana tenía 15 años y yo iba a cumplir 11 años. Realmente me afectó demasiado que se fuera, porque nos dejó con una persona que en ese momento nos maltrataba demasiado. Mi hermano cumplió la mayoría de edad y mi hermana se casó a los 16 años, y pues yo me quedé con esa persona. Es que fue un maltrato tanto físico como mental y lo sufrimos en general los tres. Fue la hermana de mi mamá, y pues

se podría decir que yo aguanté un poco más que mis hermanos; ellos estuvieron un año y yo estuve dos años ahí. Me fui de ahí cuando tenía 13.

Hortensia, su familia y su madre, son una muestra de que no todas las circunstancias en que hay una madre transnacional tienen elementos iguales, y que en la práctica la situación puede ser positiva o negativa, dependiendo, entre otros factores, de "la edad, las circunstancias en las que se quedan los hijo/as (personas a cargo; grado de comunicación; frecuencia de remesas; red social; perspectivas de reunificación)" (Wagner, 2008).

De acuerdo con el relato de la joven, su madre se desentendió de la familia y el tiempo que envió remesas fue poco. Seis meses después de su partida dejó de mandar dinero. A esto atribuye que su tía haya optado por el maltrato. Durante dos años, Hortensia resistió, hasta que llegó el momento en que decidió confiar en la madre de una amiga de la escuela, contándole su situación y pidiéndole que le ayudara a comprar un boleto de autobús hacia Pachuca, Hidalgo, ciudad de origen de su mamá. Ayudada por esa mujer, pudo llegar hasta la casa de otra tía materna, y aunque ésta decidió aceptarla, era entonces una joven de 22 años que no podía ofrecer demasiado y por lo mismo, Hortensia, quien para entonces era una adolescente de 13 años, tuvo que comenzar a trabajar.

La ausencia fue larga. La mujer permaneció en Houston de 1997 a 2010, y cuando regresó voluntariamente, trajo consigo dos hijos, producto de la relación con un mexicano, cuya existencia ignoraban los hijos que se habían quedado en México.

Así, el caso de la madre de Hortensia ejemplifica que, como afirma Wagner (2008) "la migración [...] muchas veces no lleva a la destrucción de las familias y de la vida de los hijo/as, sino que saca a la luz problemas que existían ya antes de la migración. La historia familiar, por eso, es un factor decisivo en esto". Es probable que la situación de la mujer, cabeza de una familia de tres hijos, sin apoyo de una pareja o de la familia, la haya orillado a decidir migrar/escapar, no obstante que en su ambiente cercano no había experiencias migratorias previas ni tampoco contaba con redes sociales en Estados Unidos.

Además, el proyecto migratorio fue fallido, porque, a decir de Hortensia:

Cuando ella regresó, lo hizo dinero, con pocos ahorros que imagino había hecho en los últimos meses. Y es un poco complicado, ¿no? porque como realmente hizo una vida allá, pues también tenía sus gastos. Creo que sus condiciones no eran buenas, porque sólo llegó con el dinero justo para poder sobrevivir por unos meses en lo que encontraba algún trabajo o algo.

A pesar de que la relación con la madre migrante fue conflictiva, la joven no manifiesta el "discurso sancionador" que menciona Wagner (2008) y que "se basa, por un lado, en un sufrimiento de los hijo/as que se lo presenta como absoluto, sin cambios ni solución y, por otro, en un concepto de maternidad que corresponde a un modelo patriarcal de familia nuclear y armónica".

Contrariamente, la joven dice entender la situación de su madre:

> Tal vez ahora tengo una mayor comunicación con ella, soy una persona adulta, entiendo demasiadas cosas. Mi mamá pues igual y se arrepiente de tantas cosas, no lo sé, pero yo creo que el hecho de intentar tener más comunicación es como ese lazo personal que ambas intentamos sanar.

Migrar sin tecnología al alcance

Hortensia menciona un elemento que, dice, si en la época en que su madre se fue hubiera existido, habría dado un giro diferente a los acontecimientos: Internet y las redes sociales. Lo explica diciendo que con la ayuda de un *smartphone* habría podido contar con alguna herramienta para ampliar su conocimiento y encontrar el apoyo necesario para superar el maltrato. Así lo expresa:

> Definitivamente, si hubiese existido el *smartphone*, pues yo creo que inconscientemente en ese medio recibes tanta asesoría a veces en Internet, en enlaces *Facebook*, en las redes sociales, ¿no? Entonces pues yo creo que no hubiese estado tan, tan, tan asustada ante el maltrato, o hubiese podido buscar soluciones de cómo tener

ayuda. No lo sé, siento que hubiese sido una situación totalmente mejor.

Sin embargo, no considera que usar la tecnología le habría podido dar una mejor situación familiar, y en ese sentido, especifica:

> Yo creo que, si hubiéramos estado en un mundo como el de ahora, en cuestión del uso de tecnología, tal vez habría tenido un poco más de contacto con mi mamá, definitivamente, no sé, entre llamadas y cosas así; pero siento en lo personal que, aunque hubiese existido la comunicación y la tecnología como hoy en día... mi mamá siempre buscó como más su lado personal, ir a hacer una vida personal. Creo que ella fue quien puso esa barrera.

La joven relata, además, cómo ante el maltrato sufrido y luego de la decisión de escapar a Pachuca, su madre, "sólo se dio por bien enterada, y basta", y esta situación se habría presentado, considera, aunque hubiera contado con tecnología que le permitiera agilizar la comunicación con su madre, con quien, entonces, cuenta:

> Realmente no teníamos comunicación. Ella hablaba una vez cada quince días, una vez cada tres semanas a una caseta de una tienda comercial. Mi tía esperaba la llamada o le marcaba de una caseta pública, así manteníamos comunicación en ese tiempo, esa era la manera de comunicación de ella.

Lo que se evidencia es que, en el caso de análisis, la joven percibe la tecnología como la mayoría de los que como ella son nativos digitales, para quienes la aproximación al conocimiento se basa "en la búsqueda y el descubrimiento en forma de red, experiencial, colaborativo, activo, auto-organizado, basado en la solución de problemas y en el compartir conocimientos" (Moriggi y Nicoletti, 2009: 127). Es decir que, desde su punto de vista, la tecnología, utilizada durante una etapa crítica de su vida, le habría permitido superar una situación problemática, porque desde su punto de vista, los instrumentos tecnológicos no solamente habrían sido su fuente de información, sino que, además, utilizándolos como medio de comunicación le habrían ayudado a mantener la calma ante una situación que estaba fuera de control.

De esta forma, al mencionar que con el uso de las TIC no habría estado "tan asustada" ante el maltrato y habría buscado "soluciones de cómo tener ayuda", la joven evidencia que la tecnología habría sido para ella esa prótesis emocional que le estaba haciendo falta, porque incluso habría sustituido (tal como en efecto, lo hace una prótesis cuando un miembro falta) el afecto y la orientación que en ese momento requería.

La historia de Hortensia cambió de nuevo cuando decidió migrar de la hoy Ciudad de México, donde originalmente la dejó su madre, a Pachuca, Hidalgo, en ese caso forzadamente, para escapar del maltrato de su tía.

El cambio de vida fue drástico, pues su joven familiar no podía encargarse totalmente de la manutención de la adolescente, quien decidió trabajar para pagar sus estudios. Así, empezó a colaborar como "cerillita", empacando la mercancía de los clientes en un centro comercial cercano a su nueva casa. Aunque solamente podía trabajar tres horas al día, eso le bastaba para ayudarse económicamente.

Ahí trabajó durante dos años de la secundaria y en el último año cambió actividad, al obtener empleo en una panadería, donde permaneció hasta el primer año de preparatoria. Los siguientes dos años laboró también como empleada en una perfumería. Al concluir la preparatoria, Hortensia decidió hacer una pausa en sus estudios, misma que duró un año. Justo entonces comenzó a trabajar para una empresa internacional de electrónica. Ese trabajo, reconoce Hortensia, definió su vocación, porque comenzó a aprender sobre temas relacionados con la administración y se sintió tan identificada que decidió elegir la Administración de Empresas como su carrera profesional.

Su trabajo ahí duró siete años. Combinaba sus estudios universitarios en una escuela privada de Pachuca con las actividades laborales, pero relata que, después de ese tiempo se separó del cargo:

> Yo renuncié. Terminé de la mejor manera con ellos, pero muy desilusionada porque yo decidí hacer una carrera porque realmente quería ocupar un puesto administrativo. Fueron siete años de trabajo, en los que demostré día a día que me gustaba ser

parte de esa familia y que quería un crecimiento ahí. Ellos no me pudieron dar la oportunidad y yo renuncié.

Hortensia narra sus condiciones laborales en esa empresa y recalca que la decisión de renunciar obedeció a que no veía posibilidades de crecimiento. En realidad, de acuerdo con la narración de la joven y aunque ella no lo percibe de esa manera, durante su permanencia ahí sufrió discriminación laboral, entendida como la circunstancia en la cual "de dos trabajadores con la misma capacidad productiva pero que difieren en alguna característica personal no relacionada con ésta, uno recibe un trato inferior en cuanto a posibilidades de obtener empleo, condiciones de trabajo o educación" (Baquero, Guataqui y Sarmiento, 2000). Esto se evidencia en su testimonio, cuando afirma:

> Es que después de tanto tiempo entendí que era tanto una burocracia de… ¿cómo te podré decir? de elitismo, que ellos sólo permitieron crecer a amigos, conocidos, por influencias y no por el desempeño. Como en todo, había gente que me apoyaba y gente que no me apoyaba. Pero sí subí de puesto en algún momento. Yo entré como una vendedora y terminé siendo la jefa de una plantilla de 12 personas y subí, pero no hasta el puesto que yo me había fijado como objetivo y que creía merecer. Ahí, vi primero la astucia que tiene otra gente para ganar terreno con los jefes. En segunda, había muchas preferencias, en tercera, pues yo creo que no sólo yo era buena en mi trabajo, había demasiadas personas que éramos buenas. Pero había preferencias, yo creo que sobre todo eso: preferencias.

La situación de Hortensia en la empresa, además, es el reflejo de una condición en la que una joven mujer (tenía 17 años cuando ingresó a trabajar y permaneció ahí hasta los 24) no tiene acceso a un ascenso laboral:

> La chica que siempre terminaba quedándose con el puesto, suena raro, pero era la que andaba con el jefe. Tal vez fue algo que yo nunca acepté; sí, en algún momento el jefe me insinuó algo, pero no lo acepté, y observaba cómo desgraciadamente, gente que tenía seis meses trabajando ahí, de la nada subía puestos.

Esta condición muestra, además, que la joven fue víctima de discriminación ocupacional, lo cual implica que, en su condición de mujer, nunca o sólo en un caso excepcional podría alcanzar ciertos niveles jerárquicos en su lugar de trabajo, aunque estuviera calificada para ello. La consecuencia lógica de tal situación es una baja escala salarial (Baquero, Guataqui y Sarmiento, 2000).

Tras renunciar después de tanto tiempo, encontró un empleo como promotora de tarjetas de crédito en un banco. Esa actividad le resultaba muy pesada porque además de que debía cubrir muchas horas, trabajaba en un sistema de comisiones que le exigía altas cuotas de venta al mes. Tiempo después consiguió otro puesto en el que promovía un servicio de *catering*, donde tenía mejores ingresos y buenas comisiones, dado que vendía el servicio de *buffet* sobre todo a dependencias gubernamentales.

De Pachuca a Milán: del viaje de placer a la estadía como migrante

La idea de emigrar a Italia no surgió como un plan específico, según narra Hortensia. En realidad, el viaje a ese país lo reservó cuando terminó sus estudios profesionales y aún trabajaba en la empresa de electrónica. Su intención era conocer Roma y entonces adquirió el boleto a través de un sistema que ella describe como una especie de "tanda" organizada por la agencia de viajes donde trabajaba una amiga suya. Se trataba de una oferta a través de la cual se iba pagando el viaje con dos años de anticipación, lo que le daba la ventaja de un 40% de descuento, siempre y cuando hiciera un primer pago del 40% del total inmediatamente. Ella hizo un pago total de 16,000 pesos mexicanos (aproximadamente 720 euros) por un boleto de ida y vuelta, y tuvo la posibilidad de elegir la fecha de ida y regreso en cualquier momento durante el lapso de dos años, mientras pagaba el pasaje.

En ese tiempo, cuando cubría las cuotas para adquirir su boleto, relata, dejó el trabajo en la empresa electrónica y tuvo los empleos ya mencionados. Entonces pensó incluso en la posibilidad de poner un negocio en Pachuca, pero la idea de conocer otro lugar le pareció más atractiva e incluso lo vio como una recompensa a su esfuerzo y trabajo de tantos años, pero también como la posibilidad de cambiar de vida luego de que, además de las dificultades para encontrar un trabajo satisfactorio, enfrentó la cancelación de sus planes de boda.

Así, emprendió el viaje pensando en que

> Realmente necesitaba un cambio, ¿sabes? Un cambio general, personal, muy fuerte y poner distancia de muchas cosas. Primero que nada, estaba muy deprimida y dolida por todo lo que me había pasado en los dos últimos años, realmente buscaba un cambio general, porque yo misma estaba tocando fondo, y también claro que influyó la frustración de no encontrar un trabajo pagado decentemente en México.

En el caso de Hortensia se puede apreciar cómo "el proyecto migratorio no sólo es planteado como una estrategia familiar, sino de realización personal" (Acosta, 2013). De esta manera, la joven entra en el grupo de

> mujeres inmigrantes que la literatura ha clasificado como 'aventureras', cuyos proyectos migratorios están motivados por incentivos de búsqueda individual [...] que cuentan con mayor nivel educacional y que no tienen hijos. En ellas, el proyecto migratorio se plantea como una decisión personal de búsqueda de mejoramiento de condiciones que en origen no eran necesariamente precarias. (Acosta, 2013).

Hortensia llegó a Roma y luego se trasladó a Milán, donde vive un conocido, ex jefe suyo en la empresa de electrónica. Con él estableció contacto, aunque con el tiempo no resultó un apoyo para ella, y probablemente a causa de los celos de su novia italiana, el muchacho, cuenta Hortensia, se portó "extremadamente mal" con ella, quien, sin embargo, ya estaba decidida a quedarse, y no obstante que su vuelo de regreso estaba programado para tres meses, lo dejó perder.

La relación más útil para ella fue la que estableció con Andrea, una mexicana a quien conoció a través de una página de *Facebook* que reúne a mexicanos que viven en Italia. Aquí se advierte que, más allá de las relaciones cara a cara, Hortensia buscó establecer vínculos virtuales:

> Lo primero que hice cuando llegué aquí fue agregarme al grupo *Facebook* de mexicanos en Italia. Ahí conocí a Andrea, que me parece que es una de las administradoras del grupo. Andrea trabaja como portera de un edificio y, al mes y medio de haber llegado a Italia, me ayudó a conseguir unas horas de trabajo haciendo limpieza.

Como se ve, dado que el proyecto migratorio de Hortensia no fue planificado, la joven encontró dificultad para insertarse en el mercado laboral ejerciendo su profesión:

> Empecé a buscar un trabajo relacionado con lo que yo he estudiado, porque traigo mi cédula profesional, pero me di cuenta de que sin documentos no puedes hacer absolutamente nada acá. Después vi la parte de que, si quieres que te hagan en algún momento válida acá la carrera, debes de hacer un máster o una especialidad relacionada, algo que justifique que tienes un estudio también en Italia, es lo que entendí

Esta situación, sin duda, representa "una movilidad profesional descendente" (Acosta, 2013) respecto de lo que había realizado en México, que poco tiene que ver con los empleos que ha conseguido (siempre irregularmente) en el lugar de destino.

De acuerdo con el relato de la joven, a pesar de no estar ejerciendo su profesión, en términos económicos en Italia siempre ha considerado que tiene una situación mejor. Tomar la decisión de quedarse es un claro reflejo de que la migración resultó para ella, además de un reto personal y una manera de superar un cuadro depresivo, "un vehículo de integración social y movilidad económica" (Portes, 1998: 53). Como empleada en la empresa de electrónica, cuenta, percibía 7,500 pesos mexicanos al mes (alrededor de 335 euros), y cada dos meses recibía un bono de 1,500 pesos (cerca de 68 euros), con lo que su salario máximo era de poco más de 400 euros mensuales.

Haciendo el aseo, en cambio, percibía 27 euros diarios, es decir, cerca de 605 pesos, a razón de nueve euros (alrededor de 201 pesos) por hora. Como cuidadora, gana 1,100 euros libres mensuales, lo que implica que percibe poco más de tres veces el sueldo que tenía en su país como profesionista, con la salvedad de que en México tuvo durante cuatro de los siete años en que trabajó, prestaciones como el aguinaldo, una prima dominical y seguridad social, cuando fue contratada directamente por la empresa de electrónica, en lugar de la agencia de *outsourcing* que al inicio la colocó en ese puesto.

En Italia no tiene prestaciones en el empleo como cuidadora que obtuvo fortuitamente. La joven narra que cuando estaba a punto de caducar su permiso de 90 días de estancia como turista, entró a un bar atendido por una chica peruana. Hortensia hizo plática con ella y le preguntó si tenía la referencia de alguna vacante, le dejó su número telefónico y tres semanas después recibió la llamada en la que le informaba sobre la posibilidad de cuidar a una mujer anciana y enferma. Durante la entrevista de trabajo, Hortensia advirtió dos cosas: que no hablaba el idioma y que no tenía documentos, sin embargo, al siguiente día fue contratada y se mudó a la casa de la mujer, quien vive con su hijo.

Según cuenta, ese empleo llegó para ella en el momento justo, cuando incluso comenzaba a arrepentirse de haber dejado perder el vuelo de regreso.

Desde entonces permanece en la península como migrante irregular, y representa para el país de destino "habilidades, voluntad de trabajar más duramente y por salarios más bajos" (Portes, 1998). Para ella, los 1,100 euros que recibe significan una ganancia importante respecto a la situación laboral que enfrentaba en México, sin embargo, no considera que está trabajando "al negro" y su empleador no paga los impuestos que corresponderían a su atención sanitaria y su pensión.

Hortensia sabe el riesgo que corre al quedarse en el territorio europeo y también conoce la situación de las personas migrantes indocumentadas en Italia. De acuerdo con el sitio Yo extranjero (2017), quienes, de acuerdo con la ley vigente son considerados "inmigrantes clandestinos" deben ser rechazados en las fronteras o expulsados inmediatamente, a menos que estén en una situación de necesidad, no se establezca la identidad del extranjero, no se pueda preparar la documentación para el viaje de retorno a su país o no se cuente con transporte adecuado para efectuarlo. En esos casos, son retenidos por el tiempo necesario para su identificación y expulsión, según disposición de la autoridad policial competente validada por un juez, en centros de internamiento y de asistencia especializados, de acuerdo con el artículo 14 de la Ley de Inmigración 286/98.

A pesar de su situación irregular, Hortensia tiene claro el tiempo que desea permanecer en Italia y para qué:

> Haciendo cuentas, pienso que en aproximadamente en tres años podré ahorrar lo suficiente para construir una casa, tal vez no lujosa, pero algo decente para que yo pueda regresar, además de que estoy a punto de liquidar las deudas que tenía con una tía. Una casa es mi sueño, al tener algo mío, me sentiría realmente una mujer realizada, porque con la carrera terminada, y con mi casa, pues me independizaría, y considero que estoy joven, entonces quiero llegar a ese objetivo a los 30 años.

Como se puede apreciar, el proyecto migratorio de la joven está más definido que al principio, si bien depende totalmente de que las autoridades no averigüen su condición de indocumentada. El haber conseguido un puesto laboral relativamente seguro, a pesar de trabajar sin prestaciones, le permite un ahorro importante. Dado que vive en la casa de sus empleadores, no tiene necesidad de gastar en la renta de una habitación ni en su alimentación. De esta forma, la mayor parte de su salario, que como ya se mencionó es de 1,100 euros mensuales, lo envía a México, aunque, dice, no se priva de nada:

> Tampoco me reprimo, tengo acá para mis necesidades, de cierta manera para mis gustos, si quiero ir a comer tal vez a algún lugar puedo hacerlo; tal vez no lo hago a un ritmo mensual, pero si hay alguna reunión o algo, puedo ir tranquilamente, aunque debo organizarme con lo que tengo y con lo que me quedo de dinero y mantenerme con eso, no malgastar la plata, porque pues tampoco es que esté aquí de vacaciones.

Sin embargo, la joven considera que el trabajo que ahora tiene podría no durar los tres años que ella espera, porque depende directamente de la salud de la mujer a quien cuida y que, de acuerdo con la propia Hortensia, no es de las mejores, pues la señora tiene problemas de habla y de movilidad. En este sentido, es probable que, en el caso de que la señora falleciera, Hortensia encontrara otro puesto semejante, con lo que se cumpliría lo que señala Acosta (2013) respecto a que "las cuidadoras inmigrantes se percatan de las dificultades para moverse fuera del circuito del trabajo doméstico", lo que deriva en un proceso denominado "suelo pegajoso", en el que las mujeres migrantes "se ven adheridas a este tipo de labores vinculadas a la reproducción social, y por tanto devaluadas socialmente, lo que termina atrapándolas en la base de la pirámide económica".

Hortensia describe su situación laboral de la siguiente manera:

> A la señora no la cargo en brazos, pero a veces en cuestión emocional y mental me afecta demasiado, demasiado, demasiado, pero busco la manera de tranquilizarme o de hacer que mi estancia aquí sea un poco más llevadera.
> Definitivamente es un poco frustrante, esa parte en la que a veces reacciono, veo cuál es el *lavoro* que estoy haciendo y tal vez más dinero no compensa la impotencia de no ejercer mi carrera aquí, no poder estudiar otra cosa, aunque tampoco la pude ejercer en México, porque fue la misma situación durante dos años, y de estar allá ganando siete mil pesos, a estar acá… Es que tal vez puedo sacrificar tres años de mi vida, pero sé que cuando regrese voy a tener una vida mucho más tranquila.

El don de la ubicuidad: "estar" en México y en Italia

Precisamente para aliviar su estado anímico, Hortensia recurre a una "prótesis emocional", a su *smartphone*, que se ha convertido en un sustituto de las relaciones afectivas profundas que le hacen falta en su vida de migrante. En sus propias palabras:

> ¿Qué me motiva anímicamente? Pues sí, definitivamente el tener contacto día a día con mi familia, con la gente que quiero. Eso hace que mi estancia sea definitivamente más llevadera. Es que un celular de hoy en día, que es una computadora, y el Internet, yo creo que te solucionan la vida. Si yo no tuviera un aparato electrónico, definitivamente no lograría una comunicación con mi familia. Lo primero que hice cuando empecé a tener un sueldo fue comprarme una *Tablet* y mi celular, porque no podía estar sin un aparato electrónico.

La joven no utiliza su *smartphone* poco tiempo durante, el día, por el contrario, explica que ha establecido una relación con México:

> Por medio de redes sociales, como *WhatsApp* y *Facebook*, utilizando el smartphone. Lo hago diario, les escribo o les llamo, pero por *Whats* casi todo el día platico con mi mamá, y hago llamadas sólo una vez. Tengo comunicación casi todo el día con ellos.... Pero si lo vemos por horas, de todo mi día, seis horas estoy en contacto con México, y tres horas por la noche. Es difícil por los horarios, porque cuando yo me despierto ellos duermen.

Como se puede observar, la joven privilegia el uso de *WhatsApp* para comunicarse con su madre, aunque dispone también de *Facebook* para estar en contacto. Esta posibilidad de utilizar varios medios, conocida como *polymedia*, (Madaniu y Miller, 2012, citados por Flores, 2013) se refiere no solamente a las opciones que se tienen en Internet para comunicar, sino al sentido que éstas adquieren con base en el modo en que los sujetos las eligen para *estar* con otros; es decir que hay una cierta selectividad de acuerdo con la situación que quieren solucionar o la circunstancia en la que se quieren comunicar. En el caso de análisis, todo indica que, para Hortensia, el modo ideal para comunicarse con las personas a quienes considera más cercanas es *WhatsApp*, mientras que, como se vio, *Facebook* es el medio que emplea para establecer nuevas relaciones que pueden o no ser duraderas.

De acuerdo con su relato, durante nueve horas diarias, Hortensia mantiene contacto con su país utilizando el *smartphone*. Y es precisamente esa interacción cotidiana tan intensa la que motiva a cuestionar si el proceso migratorio de la joven puede llegar a la etapa de asimilación, entendida como la "adecuación del inmigrante a la sociedad receptora, que requiere que éste adquiera la cultura, costumbres y modos de vida de la comunidad de acogida" (Retortillo, 2006).

Aunque está físicamente ausente, ella *permanece* en el lugar de origen, a través de un aparato electrónico que aparentemente le permite estar en dos sitios al mismo tiempo. O al menos esa parece ser su percepción. La joven, sin estar consciente de ello, considera que el contacto a través de

Internet le da un cierto don de la ubicuidad, y que la posibilidad de estar en México mientras vive en Italia, se la debe a esa "prótesis emocional".

Más claramente: si según la Real Academia Española (RAE, 2017) una prótesis es una "pieza, aparato o sustancia que se coloca en el cuerpo para mejorar alguna de sus funciones, o con fines estéticos" o bien un "procedimiento mediante el cual se repara artificialmente la falta de un órgano o parte de él; como la de un diente, un ojo, etc.", Hortensia tiene en el contacto con su patria, obtenido por medio de Internet, la posibilidad de mejorar su vida en un lugar en el cual le son ajenas la lengua y la cultura y además, con ese contacto intenso y cotidiano, está reparando artificialmente la falta de una familia y de amistades cercanas.

De acuerdo con López Pozos (2009), el proceso migratorio "puede ser percibido de manera tajante como una herida, una fisura, que en el plano psicológico trae consigo el sufrimiento, experimentado como un choque violento y con repercusión en la personalidad". Aunque Hortensia migró voluntariamente, de acuerdo con su testimonio está viviendo una situación que ella misma describe como un sacrificio, en la cual la tecnología ha resultado un apoyo importante, dado que, sin ésta: "[…] sería más difícil mi estancia acá. Claro que haría amigos, pero nada es como la familia. Creo que trabajaría más duro para regresar más rápido".

Así, el *smartphone*, a decir de Hortensia:

> Definitivamente es como mi arma valiosa, mi medio de comunicación, con todas las aplicaciones que tengo, *internet*, grupos, y demás. Es como mi medio hacia mi gente, hacia los lugares que conozco, hacia la comida que siempre he comido, hacia mi cultura. Yo creo que como lo he dicho ya una vez: sin celular me moriría.

Para ella, el *smartphone*, además de ser esa prótesis emocional que sustituye el contacto afectivo familiar que le hace falta, tiene también una utilidad práctica que le ayuda en su vida cotidiana. Lo narra de la siguiente forma:

> ¡Hoy en día el *smartphone* te permite acceder a tantas aplicaciones! Por ejemplo, a mí me gusta leer y he descargado muchos libros en

línea y gratis. Por otro lado, es como mi herramienta de trabajo, porque gracias a él podía buscar ciertas palabras que no entendía y me daba una idea de lo que la gente me decía cuando yo no entendía el italiano, buscaba aplicaciones de palabras, traductores y demás. Empecé a aprender lo poco que hablaba del idioma por *internet*, porque veía videos tutoriales en *YouTube*.

Las relaciones líquidas con sus pares

Además de mantener comunicación con amigos y familiares, Hortensia está utilizando Internet para establecer relaciones de amistad en el país receptor. Al respecto, explica:

> Desde que soy migrante, yo creo que muchas de las relaciones que ahora tengo como mis amistades aquí en Milán, las conocí por medio de Internet. Por ejemplo, una chica salvadoreña que hoy es una buena amiga y muy gentil conmigo, a ella yo la conocí en *Facebook*, y casi después de un año la chica sigue en contacto conmigo, seguimos saliendo, vamos a comer y demás.

Sin embargo, también considera que una buena parte de los nexos establecidos con personas conocidas a través de Internet no han prosperado:

> Simplemente han sido relaciones pasajeras, de un "¡Hola! ¿Cómo estás? ¿De dónde eres? ¿Cuánto tiempo tienes aquí?" y jamás en la vida me han vuelto a ver esas personas y al principio teníamos un contacto de mensajes y demás, pero te hablo de que 60% de esas relaciones no ha crecido.

Como ya se mencionó, está inscrita en una página de *Facebook* dedicada a la socialización de mexicanos que habitan en la península, sin embargo, cuenta que su contacto con ellos es limitado:

> Yo pienso que en general los pocos mexicanos que están aquí y que frecuentan la página de *Facebook* no ayudan al proceso de adaptación al país. No podría decir que esa página es demasiado

útil; creo que lo único útil para mí es la parte donde puedo encontrar alimentos que me gustan. Yo entiendo la parte que ellos quieren hacer: es como de eventos y demás, para poner un poco en alto el nombre de México, lo entiendo, lo respeto, pero en su mayoría tienen maneras de pensar que definitivamente no me ayudan, no me dan una mano para aclarar mis pensamientos y estabilizarme acá. No han contribuido para nada a mejorar mi situación de migrante.

De hecho, la primera relación que le permitió encontrar un trabajo eventual haciendo limpieza se inició a través de la página de *Facebook* con una de las administradoras de ésta, con quien sin embargo Hortensia ya no tiene relación. Los nexos que ella ha iniciado a través de la mencionada red social, especialmente aquellos que involucran a sus paisanas los describe así:

> Pues de las paisanas que están en la página, yo conozco como a 30. Todas eran súper amigas al principio, muy agradables conmigo, pero cuando les preguntaba quiénes necesitaban gente para trabajar, no me daban respuesta. Yo sé que no son de mi familia y no tienen por qué arreglarme la vida, pero tenía yo la esperanza de que, por ser gente de la misma raza, ayudarían, pero no, ya no me quisieron tender una mano, yo creo que no hay solidaridad.

Se trata, pues, de relaciones superficiales, líquidas, como tantas que inician y terminan con un *click* en las redes sociales. De acuerdo con Zygmunt Bauman (2010, citado en Cornejo, 2012) en la sociedad posmoderna los vínculos son caracterizados por la fragilidad, misma que inspira sentimientos de inseguridad y poco interés en estrechar lazos, que, además, cuando existen, son endebles, lo que permite que se desanuden con extrema facilidad.

Probablemente la poca solidaridad que la joven encuentra entre sus paisanos obedece al hecho de que, como explica Vázquez (2013), según Bauman, vivimos bajo el imperio de la caducidad y del individualismo exacerbado, fenómenos que han hecho volátiles, precarias o transitorias las relaciones humanas.

Así, abunda Vázquez (2013), existe un vínculo sin cara que ofrecen las redes sociales en Internet. Justo a esas no-relaciones, a esos lazos efímeros, se ha enfrentado Hortensia, en el caso de sus connacionales contactados en la página de *Facebook*. Sobre ellos, señala:

> Es gente que tiene tanto tiempo acá y me hubiese gustado su orientación, pero es gente que no conoces de toda la vida y no sabes cuál es su manera de pensar. Deberían buscar realmente dar ese apoyo a los mexicanos en Italia, tal como se llama el grupo de *Facebook*, yo creo que ese debería de ser el objetivo principal, y no. Yo no tengo documentos y no puedo tener una vida social como ellos, pero mi necesidad de adaptación es la misma, lo que yo paso, como aprender hábitos de comida, horarios, cosas diferentes, ellos también lo pasaron.

Ellos, de acuerdo con el testimonio de la joven, son una muestra de que, como lo aseguró Bauman (2007) en su momento, en la sociedad posmoderna "las relaciones, los riesgos y angustias de vivir juntos o separados son siempre pensadas en términos de costos y beneficios, un cálculo de costos y conveniencias". Los migrantes que ya se han establecido en el lugar de destino manifiestan un interés hacia sus paisanos que se limita a una socialización superficial y fundamentalmente virtual, pero, de acuerdo con la experiencia vivida por Hortensia, no tienen intenciones de profundizar en un nexo que pueda implicar el compromiso de asistir solidariamente a una recién llegada, ni siquiera orientándola en asuntos como el uso del idioma o el conocimiento de hábitos, usos y costumbres del país, mucho menos si esa recién llegada no tiene documentos que avalen su permanencia.

La página de *Facebook* a la que pertenece Hortensia fue creada por algunos migrantes mexicanos como un medio para comunicarse y encontrarse incluso sólo virtualmente en un país lejano, pero en realidad, ésta bien podría desaparecer en cualquier momento, porque, en la sociedad posmoderna, "nuestras comunidades son artificiales, líquidas, frágiles; tan pronto como desaparezca el entusiasmo de sus miembros por mantener la comunidad ésta desaparece con ellos" (Vásquez, 2008).

De cualquier forma, aunque la comunidad permaneciera, podría desaparecer para Hortensia, que sin más ni más puede cancelar su inscripción, dado que no ha encontrado en ésta el apoyo que ella considera que su condición de migrante requiere.

Esa es una de las características de las relaciones líquidas: todo se puede borrar apretando un botón en los dispositivos que conectan a las personas. De esta manera, el *smartphone* adquiere una condición ambivalente para la joven migrante, pues mientras por una parte se ha convertido en una prótesis emocional que sustituye la ausencia de relaciones reales en el lugar de destino, también ha sido el instrumento para crear lazos efímeros que, de la misma forma que nacen, pueden desaparecer.

Esa es la característica de las relaciones que establece Hortensia con sus pares: son líquidas. Como explica Trabucchi (2007), el término usado por Bauman se refiere a esa liquidez que significa también precariedad, incertidumbre, flexibilidad, turbulencia, volatilidad, transitoriedad. Pero, sobre todo: esa liquidez en la que Bauman insistió, tiene que ver con una característica de los líquidos, que, a diferencia de los cuerpos sólidos no tienen una forma propia, sino que tienden a cambiar con gran facilidad, adaptándose al cuerpo que los contiene.

Las posibilidades de que Hortensia repita una relación profunda como la que tiene con su amiga migrante salvadoreña, a quien cuenta que conoció en *Facebook*, son muy bajas. Ella misma afirma:

> Las relaciones que tengo con los paisanos son por *Facebook*, y no los he eliminado de mis contactos porque siento que tal vez en algún momento los podría necesitar, y no sé si ellos a mí me han eliminado de sus contactos porque no es algo de lo que yo esté muy al pendiente.

Los frágiles vínculos con sus paisanos que inician y terminan en las redes sociales, podrían ser su refugio ante el semi-aislamiento casi obligado en el que vive dada su condición de indocumentada; sin embargo, ella misma reconoce que no encuentra mayor utilidad en éstos, ni tampoco existe una afinidad real con quienes, a pesar de ser sus pares y haber vivido su mismo proceso, no reconocen en ella a una persona similar, dado que no tiene la misma condición de migrante regular. Así le ocurrió incluso cuando una mexicana contactada en *Facebook* y a quien pudo conocer personalmente, se negó a darle trabajo haciendo la limpieza en su casa, bajo el argumento de que no podía arriesgarse porque Hortensia no contaba con el *permesso di soggiorno*.

Lo mismo sucedió cuando paulatinamente otras paisanas conocidas en la página de *Facebook* se fueron alejando, al darse cuenta de que la condición de Hortensia era distinta, que no estaba en Italia por haberse casado con un nativo del lugar ni tampoco se encontraba estudiando en alguna universidad de la península.

Lo que le ocurre corresponde a lo que sucede con las relaciones iniciadas a través de Internet, que, según Cornejo y Tapia (2012) "se establecen a demanda y pueden cortarse a voluntad, pudiendo ser disueltas antes de convertirse en detestables". Ante la necesidad de la joven migrante de establecer contacto con sus paisanos, ha encontrado una respuesta: se trata de nexos que, así como tienen un acceso fácil, también tienen una salida sencilla; son relaciones "sensatas, higiénicas, fáciles de usar, amistosas con el usuario, en contraposición de lo pesado, inerte, lento y complicado de las verdaderas" (Cornejo y Tapia, 2012).

A manera de reflexión

La historia de Hortensia, como se pudo apreciar en el relato, tiene un antecedente familiar significativo: la migración de su madre, que de alguna manera coincide con la de ella, dado que todo parece indicar que ambas *escaparon* a otro país como resultado de una situación personal complicada. La primera dejó a sus tres hijos con la idea de darles una vida mejor; la segunda decidió hacer un viaje que terminó en una larga estancia, por un cuadro depresivo que le hizo buscar un cambio de vida.

La joven ha vivido, además del proceso migratorio de su madre, dos migraciones propias. La primera, de la Ciudad de México a Pachuca y la segunda, de Pachuca a Milán. En ambos casos, la opción para ella ha sido encontrar un trabajo que le permita mejorar su vida.

La diferencia entre ambas es la presencia en su proceso migratorio de las TIC. La ausencia de éstas, en el caso de la madre, y siempre atendiendo el relato de Hortensia, le permitió aislarse, dar pocas noticias suyas, romper el lazo afectivo con los hijos y empezar otra vida, en la que incluso se hizo de una nueva familia.

En el caso de la joven entrevistada, poseer un aparato electrónico, a decir de ella misma, le ha hecho más llevadera la ausencia de su hogar e incluso le ha permitido reiniciar una relación armoniosa con su madre. "Sin celular me moriría", confesó Hortensia durante su entrevista, lo que pone en evidencia que ese dispositivo representa para ella la prótesis emocional que sustituye el afecto que no encuentra en el país receptor.

La mayoría de las relaciones que la joven establece en Italia han iniciado a través de las redes sociales virtuales, y no todas han prosperado, por el contrario, se trata de vínculos transitorios que pueden durar poco o nada y eventualmente se pueden borrar con sólo apretar un botón.

Aparentemente, con el paso del tiempo Hortensia ha establecido un plan migratorio que se diferencia del inicio de su estancia en Italia, cuando casi instintivamente decidió permanecer en la península, aun sin contar con los documentos que acreditaran su estancia legal.

Sin embargo, ese plan que, según sus palabras, representa un "sacrificio" que durará tres años, no incluye otros objetivos aparte de hacerse de una casa y, eventualmente, de un negocio. Todo parece indicar que ella ha dejado de lado la carrera profesional, y, de acuerdo con lo expresado durante la entrevista, no está considerando hacerse de capital humano, entendido como "el carácter de agentes [*agency*] de los seres humanos, que por medio de sus habilidades, conocimientos y esfuerzos, aumentan las posibilidades de producción" (Sen, 1998), esto, en gran medida a causa de que su propia condición de indocumentada le impide capacitarse o especializarse en algún rubro relacionado con su profesión.

Lo que aparentemente Hortensia tiene planeado, es aumentar su capacidad humana, definida por Sen (1998) como la "habilidad para llevar el tipo de vida que considera valiosa e incrementar sus posibilidades reales de elección". En este sentido, ella misma afirma que tiene intenciones de perfeccionar su conocimiento de la lengua italiana, de conocer más acerca de la historia de ese país pero, sobre todo, enfatiza que ha aprendido a apreciar la cultura gastronómica de la península, gracias a lo cual han mejorado su salud y su apariencia, y estos, dice, son los conocimientos que piensa llevar consigo cuando vuelva a México.

Como reflexión final y tras observar la historia de Hortensia, vale la pena dejar en el aire una interrogante: ¿la tecnología es realmente una herramienta adecuada para optimizar el proceso migratorio, o más bien se corre el riesgo de que ésta se convierta en un impedimento para la socialización con el entorno?

Mantener el contacto con los seres queridos en el lugar de origen puede ser, sin duda, un apoyo para hacer menos traumática la migración. Sin embargo, un exceso de comunicación con los seres queridos en el país de origen puede llegar a convertirse en un obstáculo para la adaptación al nuevo ambiente, sobre todo si, inconscientemente, se emplean los dispositivos electrónicos como prótesis emocionales, que sustituyen los posibles nexos que se podrían establecer en el mundo real.

Por otra parte, emplear la tecnología para acercarse a redes de migrantes del propio país, en lugar de un ejercicio provechoso, puede ser un modo de fomentar relaciones efímeras que terminan con extrema facilidad y en las cuales difícilmente se puede profundizar, lo que implica contar con menos apoyo durante el proceso de adecuación a la nueva cultura.

Así, la tecnología aparece ante los migrantes como un remedio y al mismo tiempo como un perjuicio. Sin duda, es imposible detener su uso, que, sin embargo, ofrece a la academia la posibilidad de iniciar estudios profundos que ayuden a comprender las distintas maneras en que las TIC están influyendo en una transformación del proceso migratorio.

Fuentes consultadas

Acosta González Elaine (2013) "Mujeres migrantes cuidadoras en flujos migratorios sur-sur y sur-norte: expectativas, experiencias y valoraciones", en *Polis. Revista Latinoamericana,* vol.12, núm. 35, Revues, Santiago de Chile.

Baquero, Jairo, Juan Carlos Guataquí y Lina Sarmiento (2000) "Un marco analítico de la discriminación laboral. Teorías, Modalidades y Estudios para Colombia", en *Borradores de Investigación*, núm. 8, Universidad del Rosario, Bogotá.

Bauman, Zygmunt (2007) *Amor líquido: acerca de la fragilidad de los vínculos humanos*, Fondo de Cultura Económica, Ciudad de México.

Cornejo, Marqueza y María de Lourdes Tapia (2012) "Redes sociales y relaciones interpersonales en Internet", en *Fundamentos en Humanidades*, año XII, núm. II, Universidad Nacional de San Luis, San Luis, Argentina.

Echeburúa, Enrique y Paz de Corral (2010) "Adicción a las nuevas tecnologías y a las redes sociales en jóvenes: un nuevo reto", en *Adicciones*, núm. 22, Sociedad Científica Española de Estudios sobre el Alcohol, el Alcoholismo y las otras Toxicomanías, Palma de Mallorca.

Flores Márquez, Dorismilda (2013) "Coordenadas móviles. Estar lejos y estar juntos. Columna", en *Razón y Palabra*, Proyecto Internet del Tecnológico de Monterrey, campus Estado de México, Zinacantepec.

IME (Instituto de los Mexicanos en el Exterior) (2017) *Estadísticas de Mexicanos en el Exterior*, IME, Ciudad de México.

ItaliaOra (2017), *Popolazione. Real Time Statistics*: Roma. Consultado en www.italiaora.org/

López Pozos, Cecilia (2009) "El costo emocional de la separación en niños migrantes: un estudio de caso de migración familiar entre Tlaxcala y California", en *Agricultura, Sociedad y Desarrollo*, vol. 6, núm. 1, Colegio de Postgraduados, Texcoco.

Moriggi, Stefano y Gianluca Nicoletti (2009) *Perché la tecnlogia ci rende umani. La carne nelle sue riscritture sintetiche e digitali*, Alpha Test, Milán.

Portes, Alejandro y Josef Bôrôcz (1998) "Migración contemporánea. Perspectivas teóricas sobre sus determinantes y sus modalidades de incorporación", en Malgesini Graciela (comp.) *Cruzando fronteras. Migraciones en el sistema mundial*, Icaria / Fundación Hogar del Empleado, Barcelona.

RAE (Real Academia Española) (2017) "Definición de Prótesis", en *Diccionario de la Lengua de la Real Academia Española*, Madrid.

Retortillo, Álvaro *et al.* (2006), "Inmigración y modelos de integración: entre la asimilación y el multiculturamismo", en *Revista Universitaria de Ciencias del Trabajo*, núm. 7, Universidad de Valladolid: Valladolid, España.

Sen, Amartya (1998) "Capital humano y capacidad humana", en *Cuadernos de* Economía, vol, 17, núm. 29, Universidad Nacional de Colombia, Bogotá.

Trabucchi, Romano (2007) "Incerti, flessibili, ma sopratutto liquidi", en *HR online*, núm. 8, Associazione Italiana per la Direzione del Personale, Milán.

TuttiItalia (2017) *Messicani in Italia - statistiche e distribuzione per regione*, GWIND Srl, Roma.

Vázquez Rocca, Adolfo (2008) "Zygmunt Bauman: Modernidad líquida y fragilidad humana", en *Nómadas. Revista Crítica de Ciencias Sociales y Jurídicas*, núm. 19, Publicación Electrónica de la Universidad Complutense de Madrid, Madrid.

Vásquez Rocca, Adolfo (2013) "Video Entrevista: Bauman: modernidad líquida y movimiento de los indignados", en *Bligoo*, Blog, Madrid.

Wagner, Heike (2008) "Maternidad transnacional: discursos, estereotipos, prácticas", en Gioconda Herrera y Jacques Ramírez (eds.) *América Latina migrante: estado, familias, identidades*, Facultad Latinoamericana de Ciencias Sociales Ecuador / Ministerio de Cultura del Ecuador, Quito

Yo Extranjero (2017) "Italia. Inmigrantes irregulares y clandestinos", en *Blog Compartiendo experiencias e información sobre la vida y la Inmigración en Italia*, Milán.

Autoras y autores

Adriana Paola Zentella Chávez es Maestra en Antropología Social por el CIESAS-Pacífico Sur y doctoranda en Ciencias Políticas y Sociales por la Universidad Nacional Autónoma de México. Sus líneas de investigación son: Pueblos indígenas, género y etnicidad; Migraciones indígenas, interculturalidad, educación y salud en regiones indígenas y Derechos humanos y feminismos.

Alejandra Díaz de León es doctoranda en Sociología por la Universidad de Essex. Alejandra se especializa en migración en tránsito por México, especialmente en la forma en la que los migrantes usan sus redes sociales para sobrevivir el cruce por el país.

Andrea Bautista León es Doctora en Demografía Aplicada por la Universidad de Texas en San Antonio, maestra en Estudios de Población por la Facultad Latinoamericana de Ciencias Sociales-México. Ha participado en equipos de investigación bajo la línea de migraciones, empleo, educación y juventudes. Actualmente co-coordina el proyecto "Sistema Nacional de Información sobre Migración de Retorno y Derechos Sociales: Barreras a la Integración" de El Colegio de México, A.C. Entre sus publicaciones están el artículo especializado (2017) "De ida y vuelta: vulnerabilidad y exclusión del mercado de trabajo a migrantes en Estados Unidos y retornados en México en un contexto demográfico y migratorio cambiante" en *Geografares*, 0 (24) y el capítulo de libro (2018) "En búsqueda de su camino. Características de los jóvenes que no estudian ni trabajan en la Ciudad de México" en *Entre la educación y el trabajo, la construcción cotidiana de las desigualdades juveniles en América Latina* [en coautoría con G. Sánchez-Soto].

Bertha Alicia Bermúdez Tapia es estudiante del doctorado en Sociología por la Universidad de Colorado en Boulder, Maestra en Ciencias Sociales con especialidad en Estudios de Género por la Universidad de Chile y licenciada en Ciencia Política por el Instituto Tecnológico de Estudios Superiores de Monterrey, campus Monterrey. Actualmente se encuentra trabajando como becaria de investigación del programa de Población y Salud del Instituto de Ciencias del Comportamiento (IBS-CU, Boulder). Sus investigaciones más recientes han sido financiadas por la Fundación Tinker y el Consejo Nacional de Ciencia y Tecnología de México.

Carlos Alberto González Zepeda es candidato a Doctor en Ciencias Sociales y Humanidades en la UAM-Cuajimalpa, es investigador colaborador en el Observatorio Regional de las Migraciones en El Colegio de Michoacán. Sus líneas de investigación son: Estudios transnacionales; Territorio, espacio y movilidad; Formas organizativas de los migrantes y participación política; Desarrollo y remesas colectivas; Política migratoria México-Estados Unidos. Es miembro fundador y editor de la Revista Diarios del Terruño, entre sus últimas publicaciones está el capítulo de libro (2018) "Relaciones de poder, conflicto y supervivencia organizacional. Una aproximación desde las entrañas del *Club Jiquilpan USA*".

Diego Terán es estudiante del Doctorado en Estudios de Población del Centro de Estudios Demográficos, Urbanos y Ambientales (CEDUA) de El Colegio de México, Maestro en Demografía por la misma institución y Licenciado en Economía por la Universidad Autónoma de Zacatecas. Ganador del primer lugar en el premio Gustavo Cabrera 2014 (modalidad tesis de maestría) con la tesis "La migración México-Estados Unidos, hacia la nueva geografía del retorno del siglo XXI", dirigida por la Dra. Silvia E. Giorguli y la Dra. Landy L. Sánchez.

Elba Rosa Gómez Barajas es Doctora en Innovación Educativa y Métodos de Investigación por la Universidad de Málaga (España). Profesora titular en la Universidad de Guadalajara. Pertenece al Sistema Nacional de Investigadores y tiene perfil PRODEP. Como docente-investigadora ha impartido clases como profesorada colaboradora o invitada en Universidades de España, Argentina y Perú. Ha participado en proyectos de investigación financiados por la Unión Europea y países iberoamericanos. Es autora o coautora de diversas publicaciones en las líneas de investigación: Procesos de innovación educativa, competencias y TIC aplicadas a la educación.

Enrique Martínez Curiel es Doctor en Antropología por la UNAM. Miembro del Sistema Nacional de Investigadores. Profesor e investigador de la Universidad de Guadalajara donde desarrolla las líneas de investigación: Migración internacional México-Estados Unidos, Hijos de inmigrantes en Estados Unidos, Migración y educación y Jóvenes en transición a la adultez. Es autor del libro (2016) *Los que se van y los que se quedan. Familia, migración, educación y jóvenes en transición a la adultez en contextos binacionales.*

Guillermo Yrizar Barbosa es candidato a doctor en sociología por el *Graduate Center* de la Universidad de la Ciudad de Nueva York; Maestro en Desarrollo regional por El Colegio de la Frontera Norte y Licenciado en Ciencia Política por el Instituto Tecnológico y de Estudios Superiores de Monterrey, campus Monterrey. Sus trabajos de investigación han sido apoyados y financiados por el Centro de Estudios México-Estados Unidos de la Universidad de California en San Diego (USMEX), el Centro de Estudio Demográficos de CUNY (*CIDR, Baruch College*), la beca Fulbright-García Robles (COMEXUS), y el Consejo Nacional de Ciencia y Tecnología de México.

Héctor Daniel Hernández Flores es estudiante de Doctorado en Antropología y Maestro en Antropología Social por la de la UNAM y Licenciado en Ciencias Sociales por la UACM. Desde 2016 es docente de licenciatura en la UNAM. Sus principales líneas de investigación: Juventud rural, Nuevas ruralidades, trabajo, consumo y globalización, están enfocadas al conocimiento de la diversidad de los sujetos juveniles y de las condiciones estructurales a las que se enfrentan en el presente.

José Manuel Ríos Ariza es Doctor en Pedagogía, profesor titular de la Universidad de Guadalajara y titular de la Universidad de Málaga (España). Pertenece al Sistema Nacional de Investigadores de México. Como docente e investigador ha trabajado en 15 países que pertenecen a Europa y América. Ha dirigido tesis doctorales a profesores universitarios de España, México, Chile, Argentina, Austria, Uruguay y Perú. Ha participado en proyectos de investigación financiados por España, la Unión Europea y países de Hispanoamérica. Es autor o coautor de publicaciones en artículos de investigación y libros. Sus líneas de investigación son: Procesos de innovación educativa, evaluación y Tecnología educativa.

María del Socorro Castañeda Díaz es Maestra en Humanidades: Estudios Latinoamericanos por la Universidad Autónoma del Estado de México, Licenciada en Ciencias de la Comunicación por el Instituto Tecnológico y de Estudios Superiores de Monterrey y campus Toluca. Es investigadora-profesora de tiempo completo en el Instituto de Ciencias Agropecuarias y Rurales (ICAR) de la Universidad Autónoma del Estado de México (UAEM). Su investigación, publicaciones y presentación de ponencias se centran en temas sobre comunicación entre adolescentes a través de redes sociales y migrantes mexicanas en Europa.

Norma Baca Tavira es Doctora en Geografía por la Universidad Nacional Autónoma de México (UNAM). Es investigadora-profesora en el Instituto de Ciencias Agropecuarias y Rurales (ICAR) de la Universidad Autónoma del Estado de México (UAEM). Miembro del Sistema Nacional de Investigadores (CONACYT) y del Cuerpo académico "Género, migraciones y desigualdades" (SEP). Entre sus últimas publicaciones están las coordinaciones de los libros *Movilidades y migrantes internacionales. Reflexiones sobre campos de relaciones socio-económicas entre comunidades de migrantes en México y Estados Unidos* (2018) [coeditado con A. Mojica], *Migraciones y movilidades en el centro de México* (2018) [coeditado con R. Romo, P. Román y M. Innamorato]; *Migraciones y trabajo en el capitalismo global* (2017) [coeditado con J. Olvera, M. Riccardi y S. Sanhueza]; *Continuidades y cambios en las migraciones de México a Estados Unidos. Tendencias en la circulación, experiencias y* *resignificaciones de la migración y el retorno en el Estado de México (2016)* [coeditado con J. Olvera]; *Trabajo global y desigualdades en el mercado laboral*, (2016) [coeditado con D. Castillo y R. Todaro].

Olga Lorenia Urbalejo Castorena es profesora-investigadora del Instituto de Investigaciones Históricas-Universidad Autónoma de Baja California. Licenciada en Historia por la UABC, Maestra en Geografía Humana por El Colegio de Michoacán, y Doctora en Ciencias Antropológicas por la UAM-Iztapalapa. Pertenece al Sistema Nacional de Investigadores, cuenta con varias publicaciones, la más reciente: "Young Mixtecs. The vicisitudes of life in Tijuana", en *Revista Voices of Mexico*. Entre otras actividades, se destacan haber realizado estancias académicas de investigación y docencia en el Instituto de Altos Estudios Sociales (IDAES) de la Universidad Nacional de San Martín en Buenos Aires, Argentina, y en El Colegio de la Frontera Norte. Sus temas de investigación abarcan el análisis del espacio urbano, frontera y migración, así como los segmentos poblacionales de jóvenes e indígenas en Baja California.

Oscar Ariel Mojica Madrigal es Doctor y maestro en Ciencias Sociales con Especialidad en Estudios Rurales por El Colegio de Michoacán, y Licenciado en Historia por la Universidad Autónoma de Baja California-Tijuana. Miembro del Sistema Nacional de Investigadores (CONACYT). Profesor-investigador en El Colegio de Michoacán donde, además de llevar a cabo proyectos de investigación basados en los impactos socioculturales de la migración internacional en comunidades rurales mexicanas, ha puesto atención al diseño e implementación de talleres y otras acciones para sensibilizar e informar a la población en general sobre las implicaciones de migrar en la actualidad. Así, diseñó los talleres *Juegos para entender y aprender de la migración*. Además de coordinar el proyecto *Radionovelas de las migraciones* y *Experiencias MigRAPtorias: del diario de campo al relato sonoro*. Entre sus últimas publicaciones está el libro *Movilidades y migrantes internacionales. Reflexiones sobre campos de relaciones socio-económicas entre comunidades de migrantes en México y Estados Unidos* (2018) [coeditado con N. Baca].

Rosa Patricia Román Reyes es Doctora en Estudios de Población por El Colegio de México. Profesora Investigadora en el Instituto de Ciencias Agropecuarias y Rurales (ICAR) de la Universidad Autónoma del Estado de México (UAEM), miembro del Sistema Nacional de Investigadores del CONACYT, líder del cuerpo académico "Género, migraciones y desigualdades", docente en programas de licenciatura y posgrado de la UAEM. Sus líneas de investigación son: Mercado de trabajo, la dinámica, composición y estructura de las familias y los hogares y la Migración y su impacto en los hogares y condiciones de vida. Entre sus publicaciones recientes se destacan la coordinación [con S. Ochoa] del libro *"Población y mercados de trabajo en América Latina. Temas emergentes"* y los capítulos "Tensiones teóricas y metodológicas en la medición de la migración internacional en América Latina" [en coautoría con N. Baca] y "El trabajo voluntario es trabajo: retos e implicaciones para su conceptuación y medición" (en coautoría con M. V. Sosa y L. Gandini).

Este libro se terminó de imprimir en el mes de Marzo del 2019 en
Impresos Vacha, S.A. de C.V.
Juan Hernández y Dávalos Núm. 47, Col. Algarín,
Ciudad de México, CP 06880, Del. Cuauhtémoc.